Mosaik bei
GOLDMANN

Buch

Lachen signalisiert nicht nur Freude und Wohlbefinden. Wer viel lacht, ist gesünder, glücklicher und erfolgreicher. Denn intensives Lachen hat positive Auswirkungen auf das Immunsystem, es »schaltet« im Gehirn Glückssignale an, macht stark in Krisenzeiten, fördert die Kreativität, hilft Konflikte lösen, verbessert das zwischenmenschliche Klima und vieles mehr. Aber wie kriegt man es hin, mehr zu lachen, vor allem wenn man glaubt, dass man eigentlich nichts zu lachen hat?

Heiner Uber und André Steiner erklären anhand der neuesten Erkenntnisse aus Anthropologie, Neurologie, Biochemie und Psychologie, welche zentrale Rolle das Lachen in unserem Alltag spielt. Sie erkunden, ob zum Beispiel auch Hunde oder Schimpansen lachen und welche Rolle das Lachen in anderen Kulturen und Religionen spielt. Und sie zeigen, wie man die Kraft des Lachens nutzen kann und wie jeder durch Übungen des Lachyoga oder durch Lachmeditation ganz gezielt seine Lebensfreude, seine Gesundheit, seinen privaten wie beruflichen Erfolg positiv beeinflussen kann.

Autor

Heiner Uber, geboren 1951, ist Buchautor und Journalist (u. a. für »Die Zeit«). Nach intensiver Beschäftigung mit Lachyoga während diverser Indienaufenthalte arbeitet er heute zudem als Coach für Unternehmen und veranstaltet Lachseminare.

André Steiner, geboren 1963 in der Schweiz, ist Zen-Trainer und Management-Coach. Seit vierzehn Jahren arbeitet er im Bereich Persönlichkeitsentwicklung, Rhetorik und Unternehmenskultur. Dabei integriert er Methoden des Zen und Elemente des Lachyoga.

Heiner Uber / André Steiner

Lach dich locker

So lachen Sie sich erfolgreich,
glücklich und gesund

Mosaik bei
GOLDMANN

Die Ratschläge in diesem Buch wurden von den Autoren und vom Verlag sorgfältig erwogen und geprüft, dennoch kann eine Garantie nicht übernommen werden. Eine Haftung der Autoren bzw. des Verlags und seiner Beauftragten für Personen-, Sach- und Vermögensschäden ist ausgeschlossen.

FSC
Mix
Produktgruppe aus vorbildlich bewirtschafteten Wäldern und anderen kontrollierten Herkünften

Zert.-Nr. SGS-COC-1940
www.fsc.org

Verlagsgruppe Random House FSC-DEU-0100
Das FSC-zertifizierte Papier *Munken Print* für Taschenbücher aus dem Goldmann Verlag liefert Arctic Paper Munkedals AB, Schweden.

1. Auflage
Vollständige Taschenbuchausgabe März 2006
Wilhelm Goldmann Verlag, München,
in der Verlagsgruppe Random House GmbH

Umschlaggestaltung: Design Team München
Umschlagfoto: zefa/T. Hemmings
Satz: Buch-Werkstatt GmbH, Bad Aibling
Druck und Bindung: GGP Media GmbH, Pößneck
BS/WR · Herstellung: Han
Printed in Germany
ISBN 10: 3-442-16780-9
ISBN 13: 978-3-442-16780-7

www.goldmann-verlag.de

Inhalt

Ein Vorwort

von Richard R. Ernst, Nobelpreis für Chemie 1991

Wie viel Ernst verträgt ein Buch über das Lachen?

Wie viel Ernst verträgt ein Vorwort zu einem Buch mit dem Titel *Lach dich locker*? Keine Angst, die Toleranzgrenze ist niedriger, als der geneigte Leser zu denken glaubt! So hat mir einmal im Gymnasium der Lehrer in darstellender Geometrie mit dem Namen Otto Fröhlich anlässlich von Allotria meinerseits eingeschärft: »Seien Sie Ernst, ich bin Fröhlich!« Natürlich ohne viel Erfolg! Spaß und Lachen gehören zum Leben – nicht nur, aber ganz besonders – eines fünfzehnjährigen Wildwuchses, der Tag für Tag in die sterile Schulbank gezwungen wurde. Sie wissen, wer lacht, lebt länger! Und so lebt in der Tat der »Ernst« mit seinen 71 Jahren noch immer fröhlich.

Lachen ist eine Reaktion auf eine so lächerlich ernste Welt. Also lieber Ernst heißen, als ernst sein! Sicher sind Sie nach dem Verstehen des wissenschaftlichen »Lachprinzips« in allen Lachfach-Fragen klüger, vielleicht können Sie sogar leichter und häufiger lachen. Womöglich erhöhen sich sogar Ihre Chancen, eine Professur für Lachologie zu erhalten und dabei ebenso lächerlich zu werden wie alle Dozenten, die ihr Fachgebiet zu tierisch ernst nehmen. Dann können Sie den Witz, den Sie schon in Ihrer preisgekrönten Habilitationsarbeit behandelt haben, Jahr für Jahr wieder von neuem analysieren und sezieren, bis wirklich auch allen Hörern das Lachen vergangen ist.

Was hat nun, mögen Sie fragen, ein Chemiker als Vorwortschreiber in einem Buch über das Lachen verloren, zumal wenn dieser Chemiker auch noch mit Familiennamen Ernst heißt? Ich kann Ihnen antworten: pure Freude und Fröhlichkeit. Pure Freude darüber, dass meine Arbeit dazu beigetragen hat, einen Forscherblick in die Gehirne der Menschen zu werfen und ich indirekt einen bescheidenen Beitrag leistete, dem Lachen auf die »neuronale Wurzel« zu fühlen.

Auf jeden Fall wünsche ich den geneigten Leserinnen und Lesern viele Lachfreuden beim Verschlingen dieses Buches. Vielleicht sind Sie nachher ein besserer Mensch, der von seiner Umgebung kaum mehr erkannt wird. Vielleicht wagen Sie es dann auch, von der Kanzel herunter einen Witz in die andächtige Gemeinde zu schmettern, den die Zuhörer nie wieder vergessen werden und der Sie unsterblich macht. Vielleicht werden Sie gelassener Ereignisse verdauen können, die vorher für Sie Schicksalsschläge bedeutet hätten. Vielleicht lernen Sie auch, Ihren fantasielosen Chef besser zu ertragen. Kurzum – werden Sie durch dieses Buch zu einem fröhlicheren Menschen, der auch über sich selbst lachen kann und für die Umgebung wesentlich pflegeleichter wird als ein nörgelnder ewiger Griesgram.

Lust auf Lachen

Worum es in diesem Buch geht

Jeder macht es, jeder mag es, alle kennen es, alle können es. Kaum fängt einer an, machen wir mit. Das gilt in Kenia wie in China und in Ingolstadt wie in Indonesien. Die Rede ist von einer der ältesten Fähigkeiten des Menschen, wahrscheinlich ebenso alt wie Sex und Fortpflanzung und wesentlich älter als das Sprechen oder gar Schreiben. Die Rede ist vom Lachen. Gelacht haben die Menschen schon, als sie vor einer halben Million Jahren als zottelige Horde über die Savannen zogen. Und solange es Menschen gibt, solange wird es auch das Lachen geben. Dieses Buch handelt vom Lachen. Lachen ist viel wichtiger, als man bisher dachte.

Gut zu wissen
Wissenschaftliche Studien haben nachgewiesen, dass positiv gestimmte Menschen eine um rund fünf Jahre höhere durchschnittliche Lebenserwartung haben als ihre miesepeterigen Zeitgenossen.

Auch wir Autoren sind überzeugt: Wer nach dem »Lachprinzip« lebt, lebt einfach besser. Dieses Buch zeigt Ihnen, welchen konkreten Nutzen das Lachen, diese Mutter aller Kraft spendenden Mentalstrategien, für uns Menschen hat. Es soll Lust auf Lachen machen, weil Lachen gut tut, gesund ist, die Kreativität steigert, Erfolg und Glück fördert – wenn das nicht allein schon Grund genug ist, einfach zu lachen und den Weg der Heiterkeit umgehend einzuschlagen.

Die Menschheit konnte schon Flugzeuge bauen und fliegen, Atombomben zünden und von Hamburg nach Haiti telefonieren, da wusste man immer noch nicht, *warum* wir eigentlich lachen. Natürlich weil etwas lustig ist. Aber genau so gut könnten wir auch mit der Zunge schnalzen oder mit den Fingern schnippen. Doch das macht der Mensch nicht, sondern – er lacht. Für vieles hat sich die Wissenschaft interessiert, aber das Lachen zu erforschen lag für Neurologen, Biologen und Psychologen so weit entfernt wie die Sahara für eine Polarexpedition. Kaum ein Mediziner, der sich noch vor einer oder zwei Generationen der Volksweisheit »Lachen ist die beste Medizin« anschließen wollte. Sich mit so etwas zu beschäftigen galt bis vor kurzem unter Wissenschaftlern eher als »lächerliche« denn als ernst zu nehmende Forschung – mit folglich deutlichen Wissenslücken verglichen mit der Fülle empirischer Daten, die wir über Sexualität, Depression oder Schlaflosigkeit zur Verfügung haben.

Zugegeben: Lachen ist ein »schwieriger« Forschungsgegenstand – es tritt nur spontan und meist auch nur kurzzeitig auf. Und vor allem: Was auch sollte man untersuchen? Wie viel Luft beim Lachen aus dem Mund stößt oder ob Frauen häufiger als Männer lachen? Lange konnte die Wissenschaft nichts Zweckdienliches im Lachen entdecken. Auch die abendländische Philosophie tat sich in ihrem akademischen Ernst schwer mit dem Lachen. Im Vergleich zu Legionen dicker Bände über Dialektik, Ethik und Ästhetik hat sie zu diesem Thema nicht viel und wenn, dann zumeist Falsches beigesteuert. Arthur Koestler, Philosoph und Schriftsteller, brachte das mangelnde Verständnis auf den Punkt: Lachen befand er, sei ein »Luxusreflex«, »dessen Besonderheit in erster Linie darin besteht, keinerlei biologischen Nutzen zu haben.« Allerdings ist den Hegels und Heideggers zugute zu halten, dass sie auf keine Kenntnisse der neuralen Vorgänge im Gehirn zugreifen konnten, dass sie weder von der Bedeutung des limbischen Systems noch von Dopamin und Endorphinen je gehört hatten.

Alles hat einen Sinn

Die Natur kennt vom weißen Fell des Eisbären bis zum langen Hals der Giraffe keine sinnlosen Investitionen. Was nutzlos ist, wird aussortiert. Lachen muss also im Lauf der Evolution einen Überlebensvorteil gebracht haben, andernfalls hätte die Natur das Lachen nicht erfunden oder, falls doch, es als zwecklos wieder verworfen.

Erst moderne Techniken wie Computer-Magnetresonanztomographie und Verfahren der Molekularbiologie setzten die Wissenschaftler in die Lage, dem »Sinn des Lachens« genauer nachzuspüren – mit überraschenden, teilweise sogar sensationellen Ergebnissen. Seitdem entwickeln sich immer präzisere Vorstellungen, wo die Quelle allen Lachens sitzt, wie sie funktioniert und warum letztendlich das Lachen für den Menschen so lebenswichtig ist. Wir werden in diesem Buch

Forschern wie Ilona Papousek, Professorin für Biopsychologie in Graz, dem Neuroimmunologen Lee Berk von der Loma Linda Universität in Kalifornien und dem Neurologen Dean Mobbs von der Stanford Universität begegnen. Ihre Arbeit beweist, dass Lachen entschieden mehr ist als Koestlers »Luxusreflex«, dass tatsächlich enge Zusammenhänge zwischen Lachen und Gesundheit, Lachen und Glücklichsein, Lachen und Erfolg bestehen.

Lachen als Lebenselixier

Deshalb wendet sich dieses Buch an Menschen, die bislang wenig, und auch an jene, die schon immer viel gelacht haben. An die Ärztin und den Heilpraktiker, weil Lachen körpereigene Heilkräfte stärkt, genauso wie an den Manager, weil eine heitere Unternehmenskultur die erfolgreichere ist. Vor allem aber will *Lach dich locker* eine Anleitung sein für alle Menschen, die wieder glücklich werden wollen. Lachen ist ein Lebenselixier, es ändert unsere Lebenseinstellung, verfahrene und blockierte Situationen lösen sich auf. Aus diesem Grund ist Lachen so wichtig – im Beruf und mit dem Partner im Bett, für die Karriere und generell für mehr Harmonie und Verständnis zwischen den Menschen.

Doch wie soll das gehen: sich erfolgreich und glücklich lachen? Kann Erfolg und Freude reine Übungssache sein? Hat, wer sich erfolglos, freudlos und unglücklich fühlt, nur noch

Gut zu wissen

Bei angenehmen Emotionen, und da zuallererst beim Lachen, wird unser Gehirn positiv stimuliert, die Lebensfreude wird gesteigert.

nicht gelernt, sich durch aufbauende Emotionen zu motivieren? Vieles spricht dafür: Antonio Damasio, einer der international renommiertesten Hirnforscher, konnte beweisen, dass jeder Denkvorgang sich automatisch mit neurochemischen und hormonellen Prozessen und als Folge davon mit Emotionen – positiven wie negativen – verknüpft.

Dem Lachen auf der Spur

Gleich zu Beginn dieses Buches gehen wir der Frage nach, warum die Evolution das Lachen »erfunden« hat. Ferner interessiert uns, ob der Mensch das einzige Säugetier mit der Fähigkeit zum Lachen ist. Wir erfahren weiter, ob der aufrechte Gang des Menschen mit eben dieser Fähigkeit zu tun hat. Anschließend unternehmen wir eine Reise: Sie führt uns in benediktinische Klöster und in den Himmel über Bayern, von da aus weiter nach Indien, China und Japan. Wir treffen dabei Lachyogis, eine schallend lachende Heilige Maria, dickbäuchige, sich vor Lachen kugelnde Bodhisattvas und einen milde lächelnden Buddha. Auf seinen Spuren wandern wir den »Zen-Weg zum heiteren Menschen«. Ziel dieser Exkursionen ist es, verschiedene Kulturen des Lachens kennen zu lernen, für uns zu nutzen und die Frage zu beantworten: Wird im Himmel eigentlich gelacht?

Damit ist unsere Reise noch nicht zu Ende. Sie führt uns weiter mitten in unser Gehirn und dort in das so genannte *mesotelencephale Belohnungssystem.* Es ist Teil des limbischen System und gehört zum entwicklungsgeschichtlich ältesten Bereich unserer grauer Zellen. Das limbische System wird auch Reptilienhirn genannt, weil wir Menschen es nicht nur mit Elefanten, Hasen und Ratten, sondern auch mit Schlangen, Schildkröten und Krokodilen gemein haben. Wenn wir lachen, passieren in diesem mesotelencephalen Belohnungssystem erstaunliche Vorgänge. Einer davon hängt eng mit der Gesundheit und den Selbstheilungskräften des Körpers zusammen.

Gut zu wissen

Lachen, das haben die Forscher mittlerweile herausgefunden, hat schmerzlindernde Wirkung, es stimuliert das Immunsystem und wirkt gleich einem körpereigenen Medikament bei hohem Blutdruck.

Diese mittlerweile in klinischen Untersuchungen wiederholt nachgewiesenen positiven Effekte wollen wir uns genauer ansehen.

Ein eigenes Kapitel widmet sich den Techniken des Hasya- oder Lachyoga, mit denen man sich in euphorische Glücksgefühle katapultieren kann. Lachyoga stammt aus Indien und ist tief in der traditionellen Heilkunde des Subkontinents verwurzelt. Wir wollen es ausführlich vorstellen, seine Anwendung beschreiben und damit zeigen: Heiterkeit kann man lernen. Die Kraft des Lachens kann jeder nutzen, im Beruf wie im Privaten.

»Leben nach dem Lachprinzip« heißt die Aufforderung in der weiteren Folge. Dabei geht es weniger faktisch, dafür aber praktisch zur Sache: Wir zeigen, wie Sie eine positive Lebenseinstellung entwickeln können, was das mit Lachen zu tun hat und wie und wann Sie die positive Kraft des Lachens erfolgreich einsetzen können. Es geht dabei um Sex und Lachen, um Lachen als Sozialisierung im Unternehmen, um das Lachen als Gegenentwurf zur Krise, das Lachen zur Bewältigung von Stress. Ein wichtiger Aspekt sind die erst in letzter Zeit entdeckten positiven Auswirkungen des Lachens in Gesundheitsvorsorge und Heilung. Wir berichten von aktuellen Entwicklungen in den unterschiedlichsten Therapiebereichen und wie man dabei Lachyoga einsetzen kann.

Wer lacht, kann nicht gleichzeitig aggressiv sein.

Deshalb hat Lachen auch eine – in unserer Zeit weitgehend unterschätzte – gesellschaftliche und politische Dimension. Wir, die Autoren, sind davon überzeugt, dass das globale Wirtschaftsleben weltweit in den kommenden zwei Jahrzehnten einen Paradigmenwechsel erfahren muss, will die Menschheit nicht in eine ökonomische wie ökologische Sackgasse mit katastrophalen Folgen schlittern. Themen wie globale Verantwortung und Wirtschaftsethik, der Übergang vom konfrontativen zum kooperativen Management müssen zunehmend das Wertesystem am einzelnen Arbeitsplatz bis in die Spitzen der Konzerne bestimmen. Vielleicht mag an dieser Stelle die Vorstellung noch lächerlich erscheinen, was ein einfaches Lachen mit solch globalem Anliegen zu tun hat. Doch gleich im folgenden Kapitel erfahren wir, dass Lachen primär eine Friedensgeste ist – und das nicht erst seit ein paar tausend Jahren. Lachen gehört zum archaischen Repertoire des Menschen, das bis in jene Zeit zurückreicht, als sich unsere Ahnen von den Savannen Zentralafrikas auf den Weg in die letzten Winkel des Globus machten. Einem Repertoire, das für uns späte Enkel dieser Steppenvorfahren in Moskau und Berlin, in München und Bombay nichts von seiner Bedeutung verloren hat.

Es begann mit einem Lachen

Die verbindende Wirkung des Lachens haben wir, die Autoren, vor ein paar Jahren selbst auf sehr amüsante Weise erfahren. Wir begegneten uns damals erstmals in München in einer Weinhandlung, jeder von uns beiden griff im selben Augenblick zur selben Flasche australischen Shiraz, von der es nur mehr diese einzige, letzte gab. Wir lachten uns – jeder diese Flasche Wein halb in seiner Hand – an und beschlossen, sie gemeinsam zu trinken. Diesem ersten Treffen folgten etliche weitere, bald entdeckten wir ähnliche Interessen und Ansichten und stellten mit Erstaunen fest, dass auch unsere Berufe ähnliche Inhalte haben. André Steiner, der Psychologe, Zen-Trainer, der als Coach für Persönlichkeitsentwicklung, Seminarleiter und Berater für Unternehmenskultur, Kommunikation und Führungsmanagement arbeitet – Heiner Uber, Buchautor, als Laughter-Coach und Lachexperte mit Seminaren wie Vorträgen europaweit unterwegs.
In vielen und langen Gesprächen diskutierten wir die Parallelen des Zen mit denen des Hasya-Yoga und entwarfen ein Konzept, wie die positive Kraft des Lachens im privaten wie im geschäftlichen Bereich, also von der Familie bis zur Firma, zu nutzen sei. Dabei entstand auch die Idee zu *Lach dich locker.* Einem Buch, das ohne die Mithilfe einiger Menschen in seiner jetzigen Form jedoch nicht möglich geworden wäre. Da ist zuerst Professor Richard Ernst, der Schweizer Nobelpreisträger für Chemie, dessen Forschungen die Magnet-

resonanztomographie und damit den »Blick« ins Gehirn wie auf die Vorgänge dort während des Lachens möglich gemacht haben. Wir möchten uns an dieser Stelle für sein Vorwort bedanken. Ein dickes »Dankeschön« geht auch an die Grazer Universität und dort an die Professorin für Biologische Psychologie Ilona Papousek. Sie erforscht die emotionalen und gesundheitlichen Auswirkungen des Lachens. Großzügig stellte sie uns aktuellste Ergebnisse zur Verfügung.

Zum Schluss noch einige wenige Hinweise zum Buchtext selbst. Wenn wir im Folgenden allgemein von Managern, Studenten, Autofahrern oder Software-Programmierern sprechen, dann sind natürlich immer auch Managerinnen, Studentinnen, Autofahrerinnen und Software-Expertinnen gemeint. Ferner: Weil wir *Lach dich locker* als Autorenduo verfasst haben und jeder von uns beiden dieses oder jenes Beispiel aus der eigenen Coaching-Praxis und dem eigenen Erleben berichtet, haben wir uns zur besseren Orientierung des Lesers entschlossen, jeweils in Klammern ein (A.S.) für André Steiner oder ein (H.U.) für Heiner Uber anzufügen, sobald einer von uns aus seiner »Ich-Perspektive« erzählt.

Nun bleibt nur noch, dem Leser kurzweilige Stunden voll Sach- und Lachinformationen zu wünschen und ihn einzuladen, uns auf eine gelotologische, sprich lachwissenschaftliche Reise zu begleiten, die im Schatten eines gigantischen Braunkohlebaggers beginnt.

Am Anfang war das Lachen

Von der evolutionären Bedeutung der Freude

Gute hundert Meter geht es steil einen gigantischen Krater hinab. Unten frisst sich einem stählernen Biber gleich ein Baggerkoloss durch eine Mondlandschaft aus Geröll und Gestein. Diese liegt mitten in Europa, eine knappe halbe Autostunde südlich von Helmstedt im Tagebaurevier von Schöningen. Güterzugweise wird hier Braunkohle von den lastwagengroßen Schaufeln des Monsterbaggers abgeraspelt. Berge von Abraum hat er bereits Schicht um Schicht abgetragen – und dabei zufällig eine archäologische Sensation freigelegt: knapp zwei Dutzend Schädel von Steppenpferden, die hier – so die Radiokarbondatierung – vor rund einer halben Million Jahre von altsteinzeitlichen Jägern erlegt wurden. Wo sich heute der Bagger in die Kohlelagen nagt, muss zu jener Zeit das Ufer eines sumpfigen Sees gelegen haben – Tränke für die zotteligen Urpferde und Jagdrevier unserer nicht minder zotteligen Ahnen. Wichtigster Fund jedoch sind acht aus dem ehemaligen Ufermorast geborgene Speere. Nach Auskunft der Archäologen sind sie die bislang »ältesten bekannten Holzwaffen der Welt«.[1] Forscher der Heidelberger Uni rekonstruierten sie und führten mit den Nachbauten ausgiebige Wurfexperimente durch. Man wollte herausfinden, wie effektiv die Waffe war. Zur Überraschung der Experten erreichten sie eine hohe Flugstabilität und erstaunliche siebzig Meter Wurfweite.

Doch was hat das mit dem Lachen zu tun? Die Antwort erfahren wir in Kalifornien an der Universität von San Francisco.

Entwaffnendes Lachen

Dort arbeitet Paul Ekman, Professor für Psychologie und weltweit anerkannter Emotionsforscher. Eines seiner Experimente ist vor allem im Zusammenhang mit den steinzeitlichen Speeren und dem Lachen aufschlussreich.

Ekman ließ je eine Gruppe von Männern und Frauen sich in einer Distanz von hundert Metern aufstellen. Gruppe A musste eine ganze Reihe emotionaler Regungen darstellen: Weinen, grimmiger Blick, Zähnefletschen, Lächeln und Lachen – Gruppe B sollte bestimmen, welche Emotionen gezeigt wurden. Weil das auf diese Entfernung nicht möglich war, ließ Ekman beide Gruppen schrittweise aufeinander zugehen und das Experiment so lange wiederholen, bis eine eindeutige Aussage gelang. Mit erstaunlichem Ergebnis, denn bereits bei neunzig Metern registrierten die Gruppen, dass ihre Gegenüber lachten, während andere Regungen nicht erkannt wurden. Keine andere emotionale Äußerung können wir aus so großer Distanz erkennen.

Eine Entfernung von neunzig Metern ist deutlich weiter als der weiteste Speerwurf eines frühzeitlichen Jägers und damit ein ausreichender Fluchtvorsprung. Unsere in Savannen und Tundren lebenden Vorfahren konnten demnach bei einem Zusammentreffen mit einer ihnen fremden Horde aus sicherer Distanz abwägen, ob sie aufeinander zugehen oder ihren Speer griffbereit halten sollten. Für jede dieser Alternativen war die bereits aus großer Entfernung erkennbare Mimik entscheidend: Lachten sich die Anführer an, signalisierten sie ihre friedliche Haltung.

Lächeln und Lachen sind archaische Friedensgesten.

Lachen enthält eine elementare, für unsere Urahnen wie für uns geltende Information: Wer lacht, entspannt die Kiefermuskulatur, ein kräftiges Zubeißen ist während des Lachens unmöglich. »Du musst vor mir keine Angst haben, ich will dir nichts Böses, von mir geht keine Gefahr aus«, hat schon in grauer Vorzeit jede Lachbotschaft bedeutet.

Ähnliche Freundschaftsgesten wie das Lachen können wir bei allen in Rudeln und Horden lebenden Säugern, wozu letztlich auch der Mensch gehört, entdecken. Am einfachsten, wir beobachten einander fremde Hunde während ihres komplexen Begegnungsrituals im Park: In sicherer Distanz voneinander gehen sie in die Knie, halten dabei Blickkontakt, entspannen die Beißmuskulatur, stehen auf und trotten langsam aufeinander zu. Erst dann folgt die Begrüßung und das Kennenlernen mit Schwanzwedeln und Beschnuppern. In einem späteren Kapitel – »Gelacht wird im Gehirn« – erfahren wir, dass solche Begrüßungsrituale von denselben limbischen Arealen in den Gehirnen von Hund wie Mensch gesteuert werden. Insofern unterscheidet sich das Zusammentreffen zweier prähistorischer Jägerhorden nicht wesentlich von der Begegnung zweier Wolfsrudel. Das »Anlachen« zur Begrüßung ist dabei eine erste Kontaktaufnahme, deren kommunikative Aussage bis heute gilt. Folgerichtig sprechen wir von »entwaffnendem Lachen« und meinen damit den Nachhall dieses archaischen Signals:

Wer lacht, beißt nicht.

Lachen verbindet

Doch Lachen ist über diesen sprichwörtlichen Sinn hinaus auch ganz konkret im verhaltensbiologischen Kontext entwaffnend: Es löst die in potenziell bedrohlichen Situationen automatisch ausgelöste Fight-or-Flight-Reaktion auf. Menschen, die sich anlachen, gehen immer aufeinander zu und nie voneinander weg. Genau das meinen wir, wenn wir dem anderen ein »einnehmendes«, »verbindliches« oder »gewinnendes« Lachen attestieren.

In der Frühzeit seiner Evolution verfügte der Mensch nur über ein rudimentäres Sprachvermögen. Die Spezies Homo habilis, der bereits einfache Werkzeuge benutzende Urahne von uns heutigen Menschen, besaß vor rund zwei Millionen Jahren mit rund sechs- bis siebenhundert Kubikzentimetern Hirnmasse etwa die Hälfte dessen, was dem modernen Homo sapiens (dem heutigen »denkenden, weisen« Menschen) an grauen Zellen zur Verfügung steht. Das reichte nicht für ausgefeilte Dialoge, wohl aber für Körpersignale und einfache Zurufe: Kreischen, Knurren, Fauchen – und eben auch Lachen. Die moderne Anthropologie zählt deshalb Lächeln und Lachen zu den ältesten und wichtigsten Formen der Kommunikation – eine Art nonverbales Esperanto, ein universell verständliches Zeichen, über das alle Menschen verfügen, das weltweit alle Menschen verstehen.

Lachen muss man nicht lernen

Kleinkinder durchlaufen während ihrer Entwicklung bereits früh diesen Evolutionsschritt. Lange vor dem Sprechen, im Alter zwischen zwei und drei Monaten, können sie schon lachen. Es ist die gleiche Zeit, in der Babys beginnen, Gesichter zu erkennen. Dieses erste Lächeln eines Kleinkinds erfolgt bei der Wahrnehmung des »Auge-Nase-Stirn-Schemas«, wobei dieser Schlüsselreiz am unmittelbarsten beim Erblicken des Gesichts der Mutter in Verbindung mit ihrem Lachen wirkt.

Erster Meilenstein

Bei vielen Indianervölkern ist dies ein wichtiges Ereignis im Leben eines Menschen, denn erst, nachdem der kleine Hopi, Azteke oder Apache zum ersten Mal gelacht hat, erhält er seinen Namen. Für die amerikanischen Ureinwohner wird der Mensch erst mit dem Lachen vollständig.

Lachen muss, anders als Gehen, Radfahren oder Sprechen, nicht erlernt werden. Es ist einfach da. Damit gehört das Lachen zu den so genannten anthropogenen Verhaltensmustern, über die wir Menschen »von vorneherein« verfügen, weil sie als biologisches Erbe in den Genen gespeichert sind – wie das Suchen nach der Mutterbrust, das Saugen und Schlucken oder auch das Weinen. Weil Lachen nicht gelernt werden muss, weil es sozusagen »mitgegeben ist«, können Taubstumme ebenso herzhaft lachen wie ihre Mitmenschen, die sich über das Hören die Sprache angeeignet haben.

Verständigung ohne Worte

Auch mit fortschreitender Evolution, als Sprache eine präzisere Kommunikation innerhalb der Gruppe und gegenüber Fremden möglich machte, hatte das Lachen längst nicht ausgedient. In erster Linie, weil ein einziges Lachen die Friedensabsicht ehrlicher und direkter kommuniziert als viele Worte.

»Mit deiner Rede kannst du lügen, mit deinem Lachen nicht«, sagt ein indisches Sprichwort.

So konnte es vorkommen, dass in den Weiten der Savanne weder ein kurz- noch ein langatmiger *Peace Talk* der prähistorischen Kommunikation diente. Denn mit der Entwicklung der Sprache entwickelten sich auch die unterschiedlichen Sprachen, es war also keineswegs sichergestellt, dass man richtig verstand, was die anderen meinten. Da war dann die wortlose, aber ausdrucksreiche und eindeutige »Sprache des Lächelns und Lachens« als vorverbale Unilingua von Vorteil. Wir wissen nicht, was uns in einer fremden Sprache mitgeteilt wird, aber das Lachen eines Fremden deuten wir immer richtig. Jeder Tourist kennt es: Man muss weder Hindi noch Suaheli, weder Maya noch Mandarin sprechen, und dennoch weiß man, was die Marktweiber in Rajasthan oder

Yucatan, in einem Kaff am Kongo oder am Yangtse mit ihrem breiten Lachen meinen: »Du bist willkommen, nimm meine beste Ware, ich betrüge dich nicht, zwischen uns herrscht Friede.« Das Signal verstehen wir heute ebenso wie vor einer Million Jahren: in der Vorstandsetage wie auf der Mammutjagd – einerlei, ob der Mensch das Fell eines Bären umhängen oder den Laptop unter den Arm geklemmt hat.

Friedensgesten, Freundschaftsangebote und vertrauensbildende Maßnahmen

Lachen ist das effektivste, über zigtausend Generationen tradierte, vertrauensbildende Signal zwischen Menschen. Deshalb sind wir wie vor hunderttausend Jahren einem freundlich lachenden Gesicht mehr zugeneigt als dem miesepeterigen. Dahinter steht das tief in unserer Erfahrung verankerte »Urwissen« des Lachens als Friedenssignal. Im Lachen, zumal wenn wir mit einem Fremden kommunizieren, geben und bekommen wir einen Vorschuss an Vertrauen. Weil Vertrauen für das Überleben sehr wichtig ist, verfügen wir über ein hochsensibles Sensorium, das sehr genau ein authentisches Lachen von einem gekünstelten unterscheiden kann. Ohne ganz genau und ganz bewusst zu wissen, woran wir echtes Lachen erkennen, nehmen wir es an seinem Klang wie an der Mimik wahr.

Ursache ist, dass beim echten Lachen Regionen des limbischen Systems aktiv sind, während beim kontrollierten und nicht emotionalen Lachen andere Gehirnregionen die Gesichtsmuskulatur steuern (wir kommen im Kapitel »Gelacht wird im Gehirn« ausführlich darauf zurück). Echtes Lachen kann man aus diesem Grund schwer vortäuschen, wir reagieren mit unmittelbarer Abneigung auf »falsches« Lachen und auf »gekünstelt« lachende Menschen. Wir benutzen das Lachen des anderen als Indikator für seine Vertrauenswürdigkeit.

Echtes Lachen
Beim echten Lachen ziehen sich die um die Augen liegenden Ringmuskeln zusammen. Weil sich als Folge davon die Haut in Lachfalten legt, entstehen »Krähenfüße«. Wer dagegen falsch und aufgesetzt lächelt oder lacht, hat keine dieser physiognomischen Reaktionen, die auch nicht mit viel Übung zu simulieren sind.

Lachende Zweibeiner

Beobachtungen an Primaten erlauben den – allerdings nicht zu beweisenden – Schluss, dass der aufrechte Gang des Menschen und sein spezifisches Lachen sowie die zugehörige Mimik sich parallel entwickelt haben. Denn erst mit dem aufrechten Gang und dem dabei erhobenen, nach vorne gerichteten Gesicht wird die Mimik zu einem weithin deutlich sichtbaren Signal. Bipedalismus nennen die Paläoanthropologen die Fähigkeit zu aufrechtem, zweibeinigem Gang. Obwohl er etliche Nachteile mit sich brachte – Bipedalisten sind viel langsamere Läufer als jeder Vierbeiner und damit dem Fressfeind Großkatze deutlich unterlegen –, entwickelten sich andererseits die einstigen Vorderfüße zu »freien« Armen, mit denen sich bei aufgerichtetem Körper äußerst effektiv Steine auf angreifende Raubtiere werfen und Knüppel schwingen ließen. Die Möglichkeit, diese ersten Fernwaffen einzusetzen, bedeutete für Verteidigung und Jagd einen Vorteil, der entscheidend zur evolutionären »Karriere« der Spezies Mensch beitrug. Gleichzeitig waren mit der »neuen« Technik aber auch Distanzangriffe auf Artgenossen möglich, weithin deutlich sichtbare Friedenssignale wie das Lachen bekamen damit ihren »Überlebenssinn«.

Für diese Theorie spricht ein Verhalten, das man von Schimpansen kennt. Sie richten sich bei Drohgebärden wie auch bei Friedensgesten hoch auf und strecken ihr Gesicht nach vorne. Ein aufschlussreiches Verhaltensmuster, besagt es doch: Die Evolution hat das Lachen nicht erst beim Menschen, sondern schon bei unseren nächsten Verwandten Schimpanse, Bonobo, Gorilla und Orang-Utan »erfunden«.

Von der Primatenforscherin Jane Goodall wissen wir, dass junge Affen sich sehr ähnlich wie Kinder verhalten: Mit Fangspielen und einem spielerischen Balgen bringen sie sich gegenseitig zum Lachen. Doch das Primatenlachen hat, so Goodall, noch eine ganz andere, »menschliche« Dimension: »Ich meine echtes Lachen, Lachen, das uneingeschränkt als solches zu erkennen ist, die Art Lachen, bei der man sich auf dem Boden wälzt und sich ›ausschüttet‹ in einem Anfall von schierer Vergnügtheit und elementarer Lust. Ich habe im afrikanischen Urwald wilde Schimpansen derart lachen sehen.«[2]

Auch Ratten lachen

Die wahre Sensation kommt jedoch aus einem Labor der Bowling Green State Universität von Ohio. Die Zoologen Jeffrey Burgdorf und Jaak Panksepp konnten zeigen, was vordem kaum jemand für möglich hielt: Nicht nur Menschen und Affen, auch Ratten lachen. Aus einem einfachen Grund war das bislang der Forschung entgangen: Rattenlachen liegt mit einer Frequenz von über fünfzig Kilohertz im Ultraschallbereich und damit weit jenseits dessen, was unser Ohr zu hören in der Lage ist. Burgdorf und Panksepp wollten eigentlich wissen, wie Ratten akustisch kommunizieren, und »belauschten« sie deshalb mit Mikrofonen, die Ultraschall noch registrieren können. Ein Computerprogramm »übersetzte« dann das Gefiepse in auch für Menschen hörbare Töne. Die beiden beobachteten zudem, wann und warum die Nager lachen: wenn sie sich gegenseitig necken, sich spielerisch jagen, balgen und sich – ja, auch Ratten tun das – gegenseitig kitzeln.

Für Manfred Spitzer, Direktor der Psychiatrischen Universitätsklinik in Ulm, ist dieses aus dem Necken resultierende Lachen ein wesentlicher Bestandteil sozialer Interaktionen: »Wenn Lachen auf Spielen und Kitzeln zurückgeht, von Ratten über Affen bis zum Menschen, und wenn es beim Toben, Raufen und Kitzeln auch um Vertrauen geht, dann ist Lachen ein ganz wichtiges Signal für soziale Bindungen. In diesen lebend entwickelt sich der Mensch, auf Kooperation angewiesen und durch sein Gehirn für Kooperation und Vertrauen belohnt.« Die spielenden, sich kitzelnden und lachenden Ratten, so Spitzer, sind ein Indikator, dass Lachen ein Gruppenphänomen ist, über das wahrscheinlich auch andere in

Verbänden lebende Säuger mit differenzierter Intelligenz – beispielsweise Delfine und Elefanten – verfügen.

Lachen als Sozialisierungsgeste

Auch bei tobenden Kindern kann man exakt dieses Verhalten entdecken. Es wird bereits in der Säuglingsphase geübt: Wenn die Mutter ihr Kind mit Kraulen und Kitzeln auf der Brust stimuliert, beginnt das Baby zu lachen. Später wird dieses »Lachtraining« durch Necken erweitert. »Jeder Lacher«, so Spitzer, »straft damit alle Lügen, die uns einreden wollen, der Mensch sei nichts als des Menschen Wolf, von Natur aus egoistisch und unsozial.« Wie unmittelbar dieser Sozialisierungseffekt wirkt, kann jeder mit einem einfachen Experiment selbst überprüfen: Stellen Sie sich zusammen mit ein paar Freuden als enge Gruppe auf einen belebten Marktplatz oder in die Fußgängerzone, und beginnen Sie, laut zu lachen. Es wird nicht lange dauern, und neugierige Passanten schließen sich lächelnd Ihrer Gruppe an, ohne zu wissen, worum es überhaupt geht. Jedes Straßentheater verdankt sein Publikum diesem Effekt.

Während Lachen bei uns Erwachsenen überwiegend über soziale Interaktionen wie Witze, humorige Bemerkungen oder einen Komödienbesuch ausgelöst wird, ist es bei Kindern ähnlich den Ratten mit Fangspielen, spielerischen Neckereien und Kitzeln verbunden. Indem Kinder sich gegenseitig zum Lachen bringen, lernen sie, Vertrauen in andere zu fassen. Gleichzeitig trainieren sie ihre soziale Koordination, ein aggressionsfreies Zusammenwirken beim Spiel und das gegenseitige aufeinander Eingehen.

Wie stark das Lachen soziale Beziehungen fördert, konnte der amerikanische Psychologe Robert Provine in einer groß angelegten Studie herausfinden. Er protokollierte über tausend Situationen mit lachenden Menschen nach den Kriterien, wann sie wie und warum lachten. Einige der erstaunlichen Ergebnisse: In Indien lachen die Menschen häufig, wenn sich ihnen unbekannte Vertreter einer höheren Kaste zuwenden. Den umgekehrten Fall konnte er nicht beobachten. Ferner: Frauen lachen Männer häufiger an als Männer Frauen. Provine schließt aus diesem Verhalten, dass körperlich oder sozial schwächer Gestellte mit ihrem Lachen um Sympathie und Verbesserung ihrer sozialen Situation werben. Lachen und Anlächeln habe deshalb nur in vergleichsweise wenigen Situationen mit Komik und Witz zu tun, generell gehe es immer darum, dass Sozialbeziehungen über das Lachen bestärkt werden.

Vom Lachen zum Auslachen

Folgt man dieser Argumentation, dann hat sich das menschliche *Lächeln* evolutionsgeschichtlich von einer zähneblekkenden Unterwürfigkeitsmimik der Primaten zur beschwichtigenden Kontaktgebärde entwickelt. Das *Lachen* dagegen hat seinen Ursprung im Keuchen miteinander scherzender Affen, das sich aus dem Spiel mit geöffnetem Maul und entspannter Kiefermuskulatur herleitet. Zu Beginn des Lächelns wie des Lachens sind die mimischen Bewegungen, die beide Gebärden einleiten – das Hochziehen der Mundwinkeln – identisch, der Übergang zwischen beiden Gebärden ist fließend.[3]

Weil bereits Primaten über diese Klaviatur sozialer Kontaktprogramme verfügen, folgen wir noch einmal Jane Goodall in den afrikanischen Regenwald. Goodall beobachtete, dass Menschenaffen durchaus zu Lachreaktionen fähig sind, die wir Menschen zunächst nur bei uns vermuten würden. Dabei denken wir uns das Lachen der Menschenaffen oft »als eine einfache Reaktion auf eine einfache Stimulation wie beispielsweise Kitzeln, halten es jedoch für ausgeschlossen, dass es eine Reaktion auf differenzierte Situationen vom gleichen Typ sein könnte, wie er Menschen zum Lachen zu bringen vermag. In Wirklichkeit können selbst entfernte und

Jane Goodalls Beobachtungen bestätigen die Untersuchungen von Lawrence Pineo, einem Verhaltensforscher an der Stanford Universität. Er beobachtete bei Schimpansen regelrecht humoriges Verhalten mit Hüpfen und Kreischen, sobald einem anderen Affen ein Missgeschick – etwa eine aus der Hand fallende Banane – zustößt. Von jungen Bonobos weiß man, dass sie sich einen Spaß daraus machen, bevorzugt höherrangigen Affen ihrer Horde ausgetüftelte Streiche zu spielen, was die Gruppe verbindet und in ihrem Verhalten koordiniert. Sind sie dabei erfolgreich, beginnen die Bonobo-Schelme, auf der Stelle zu hopsen, wobei sie Lachlaute ausstoßen, die entfernt an bellendes Husten – eine Folge des unterschiedlichen Kehlkopfaufbaus der Primaten – erinnern.

vergleichsweise komplexe Geschehnisse das Schimpansenlachen auslösen. Ich habe schon miterlebt, wie Schimpansen über kompliziertere Gegebenheiten, etwa die unangenehme Lage eines Artgenossen, lachen.«[4]

Dabei ist der Übergang vom Lachen zum Auslachen fließend. Auslachen ist ein »fortgeschrittenes« Lachen, weil es koordinierende Intelligenz voraussetzt, welche die für andere verfängliche Situation erkennt oder sogar solch eine Situation planend herbeiführt. Wenn bereits Bonobos über dieses Vermögen verfügen, dann ist das Lachen aus Schadenfreude ein ebenso archaisches Verhalten wie das Lachen als Friedensgeste. Während Ersteres ein gruppendynamisches Erlebnis innerhalb des Rudels oder der Horde darstellt, ist die zweite Grundform des Lachens für die Kommunikation der Horde und des Individuums nach außen wichtig.

Eine dritte Hypothese über die Ursache des Lachens, die der Verhaltensforscher Konrad Lorenz zuerst formulierte, geht von der Drohgebärde des Zähnefletschens aus und postuliert mit dem Argument des dreckigen, gehässigen und zynischen Lachens dessen aggressiven Ursprung. In den letzten Jahren ist dieser Ansatz von den aktuellen Ergebnissen der Psychobiologie widerlegt worden. Sie konnte Zusammenhänge zwischen dem Lachen und einer gleichzeitigen Euphorisierung nachweisen. Die aggressive, aus dem Zähnefletschen abgeleitete Variante des Lachens mit einem diabolischen »Hä-hä-hä« hat mit dem Lachen als solchem nichts gemein. Sie wäre genauer als Grinsen zu bezeichnen, doch unsere Sprache operiert bisweilen ungenau und benennt wie in diesem Fall ein unterschiedliches Verhalten mit demselben Begriff.

Wie die Schadenfreude in die Welt gekommen ist

In unseren Coaching-Seminaren führen wir eine einfache Übung durch – zur Demonstration dessen, was dieses archaische Muster des Lachens aus Schadenfreude auslöst. Es ist ein simples Abzählspiel mit der Garantie zum »Fehlermachen«. Dabei lassen wir die Teilnehmer im Kreis Aufstellung nehmen und abzählen: eins, zwei, drei und so weiter bis zehn. Lediglich die Zahlen sechs und sieben werden durch die Begriffe »Zicke« und »Zucker« ersetzt. Weil das Abzählen in schnellem Stakkato erfolgt, schleichen sich bereits in den ersten Runden Fehler ein, statt mit »Zicke« wird mit »sechs« und statt mit »Zucker« mit »sieben« weitergezählt. Kaum hat sich ein Teilnehmer verhaspelt und muss – so die Regel – ausscheiden, lacht der Rest der Gruppe. Das einfache Spiel demonstriert: Auf einen Fehler reagieren wir mit Lachen. Wir kennen dieses Muster bereits aus unserer Schulzeit: Begeistert meldet sich ein Schüler oder eine Schülerin auf eine Frage des Lehrers, wird aufgerufen, sagt etwas Falsches, und schon wiehert die Klasse. Allerdings lachen wir nur über den Fehler des anderen, wenn dieser für ihn keine Bedrohung darstellt.

Die lachenden Götter

Eine Geschichte aus Indien erzählt uns, wie dieses Lachen aus Schadenfreude in die Welt gekommen ist. Hauptdarsteller ist Ganesha, der elefantenköpfige Sohn Shivas und seiner Gemahlin Parvati. Ganesha ist der populärste Gott im hinduistischen Volksglauben. Kaum ein gläubiger Inder wird je eine geschäftliche Unternehmung starten oder eine private Reise antreten, ohne vorher mit Gebet und Blumenopfer Ganesha um Beistand und gutes Gelingen zu bitten. Lord Ganesha ist sicher auch deshalb so populär, weil dieser Gott viele menschliche Eigenschaften und davon nicht immer die besten besitzt.

Ganeshas Wutausbruch

Ganesha ist manchmal ziemlich zornig, von ungestümer Kraft und – er ist verfressen. Vor allem die *halwa* genannten, süßen Opferkuchen haben es ihm angetan, er kann nicht genug davon bekommen. Das wurde ihm zum Verhängnis, weil sein Bauch immer dicker und praller wurde, bis er schließlich platzte. Doch Ganesha ließ sich nicht von seiner Fresssucht abbringen, er sammelte die verstreuten Kuchen auf, stopfte sie zurück in seinen Bauch und band sich die medizinkundige Kobra als Gürtel um seine Hüften, worauf die klaffende Wunde heilte. Dieser Anblick erheiterte Sonne, Mond, die Sterne und alle anderen Götter so sehr, dass sie in schallendes Lachen ausbrachen. Ganesha geriet darüber in rasenden Zorn, voll Wut riss er seinen linken Stoßzahn aus und warf ihn nach den Gestirnen und Göttern, worauf diese noch mehr lachten. Das tun sie übrigens heute noch. Und die Menschen? Die konnten sich von den Göttern das Lachen abschauen und begannen selbst zu lachen. »Lachen ist mit Gott sprechen«, sagt deshalb ein altes indisches Sprichwort.

Ganesha hat sich schon vor Tausenden von Jahren wieder beruhigt. Seitdem sitzt er mild lächelnd mit verschränkten Beinen wahlweise auf einem Thron oder einem Brokatkissen, um seinen Bauch nach wie vor die heilkundige Kobra – man weiß ja nie – und zu seinen Füßen eine Ratte. So beobachtend, unterstützt er die Menschen, auf dass sie Sicherheit und Erfolg bei allen ihren Unternehmungen haben. Kaufleute wie Lastwagenfahrer, Schriftsteller und Philosophen haben deshalb den ewig sanft schmunzelnden Rüsselriesen zu ihrem Schutzpatron erkoren.

Im Westen steigerte Nietzsche das Lachen aus Spottlust und Schadenfreude zu einem Lachen, dem nichts mehr heilig ist. In seiner Schrift *Jenseits von Gut und Böse* entwirft er eine Rangordnung der Philosophen »je nach dem Range ihres Lachens – bis hinauf zu denen, die des *goldnen* Gelächters fähig sind. Und gesetzt, dass auch Götter philosophieren, wozu mich mancher Schluss schon gedrängt hat –, so zweifle ich nicht, dass sie dabei auch auf eine übermenschliche und neue Weise zu lachen wissen – und auf Unkosten aller ernsten Dinge! Götter sind spottlustig: es scheint, sie können selbst bei heiligen Handlungen das Lachen nicht lassen.«[5]

Nietzsche macht seine fröhliche Betrachtung an den lachseligen Episoden aus dem griechisch-antiken Pantheon fest. Und in der Tat: Gelacht wird nicht zu knapp auf dem Olymp wie die Verserzählungen *Ilias* und *Odyssee* belegen. Bei Homer heißt Nietzsches goldenes Götterlachen *asbestos gelôs,* was soviel wie »unlöschbares«, also immerwährendes und durch nichts aufzuhaltendes Gelächter bedeutet; unter Altphilologen heißt es *homerisches Lachen.*

Homerisches Lachen

In einem Fall geht es um den klumpfüßigen, hässlichen, aber handwerklich höchst geschickten Gott Hephaistos und seine Gemahlin Aphrodite, den Inbegriff von Schönheit und Sinnlichkeit. Diese betrügt ihren Gatten regelmäßig mit dem Kriegsgott Ares, was wiederum Helios, den Gott der Sonne, des Lichts und der Wahrhaftigkeit, ermuntert, Hephaistos über Aphrodites Seitensprünge aufzuklären. Der sinnt auf Rache: Er baut eine unsichtbare Falle um das Bett seiner Frau. Als Ares Aphrodite in eindeutiger Absicht aufsucht, schnappt diese zu. Dabei hat es Hephaistos so eingerichtet, dass alle anderen Götter der delikaten Amoure und ihrer Enttarnung beiwohnen. Als Zeugen des in flagranti Ertappten heben sie aus tausend Götterkehlen eben jenes *asbestos gelôs* an, den Inbegriff der Schadenfreude, das nicht enden wollende Lachen über die Blamage.

Befreiendes Lachen

Gleichzeitig hat dieses Lachen noch eine zusätzliche Qualität: Es löst die Beklemmung und Peinlichkeit der Situation und damit die dramatische Spannung auf. Das gleiche Muster erleben wir in seiner modernen und profanen Variante, wenn wir – jetzt in der Rolle der zuschauenden Götter – in der Boulevardkomödie Zeuge einer amourösen Verwicklung und ihrer Enttarnung auf der Bühne werden.

Die antiken Griechen kannten sich mit dem Lachen gut aus. Die entspannende, also »von der Spannung befreiende«

Kraft des Lachens war ein fester Bestandteil des theatralen Ablaufs, welche nach der Katharsis, der Reinigung und Läuterung, einsetzte. Bei den griechischen Theaterfesten folgte auf Stunden höchster Anspannung – drei Tragödien wurden an einem Tag in Folge aufgeführt – am Abend ein Satyrspiel, der Auslöser für ausuferndes, orgiastisches Gelächter mit derben Scherzen, Zotenreißereien, diesseitiger Lebens- und Körperlust.

Es war diese Sinnlichkeit des Lachens, die dem Christentum über viele Jahrhunderte ein Dorn im Auge war. Ein Dorn, der auch heute noch die Haltung der Kirche zum Lachen prägt.

Lachen als Erlösung und Erleuchtung

Von der Heiterkeit im Himmel

Beißende Hiebe mit der Geißel, unterdrückte Schreie von weit hinter dem Kreuzgang: Ein Mönch liegt mit freiem Oberkörper bäuchlings über einem roh gezimmerten Eichentisch. Frater Pilatus, einer der größten und stärksten aus dem Konvent und deshalb vom Abt eigens für diese Aufgabe ausgewählt, zieht das mit Blut überkrustete Strafinstrument über den geschundenen Rücken seines Bruders. Und die anderen Mönche? Die sitzen schweigend im Refektorium und lauschen verschreckt. Sie wissen, auch ihnen kann solch Strafe drohen, für eine schlimme Verfehlung, nahezu ein Frevel an Gott: für lautes Lachen.

Solche Szenen sind seit dem sechsten Jahrhundert keine Seltenheit in den Klöstern der Benediktiner. Die Art der Strafe wurde mittlerweile abgeschafft, dennoch besteht auch heute noch ein Lachverbot hinter benediktinischen Klostermauern, gestreng der Regel des Ordensgründers: »Der Mönch ist nicht leicht und schnell zum Lachen bereit, steht doch geschrieben: Der Tor bricht in schallendes Gelächter aus.« Lachen gilt als diesseitig, als Verführung zu einem Leben voll fleischlicher Lust, als Beleidigung Gottes. »Leere oder gar zum Lachen reizende Worte nicht reden. Vieles oder gar schallendes Lachen nicht lieben«, heißt es in den Benediktusregeln.

Es ist ein ungeschriebenes elftes Gebot:
»Du sollst nicht lachen.«

Und Benedikt von Nursia steht mit seinem Verbot nicht allein. Auch Jesuitengründer Ignatius von Loyola ordnete in seinen um 1540 verfassten Regeln an: »Lache nicht, und sage nichts, was Lachen hervorruft.« Johannes Chrysostomos, Prediger und im vierten Jahrhundert Bischof von Konstantinopel, verkündete: »Nicht dazu sind wir beisammen, um schallendes Gelächter anzuschlagen, sondern um zu seufzen, und mit diesem Seufzen werden wir uns den Himmel erwerben.«[1] Mit der Begründung, Jesus selbst habe nie gelacht, diskreditierte er Lachen und Freude als eine dem menschlichen Wesen nicht entsprechende und unwürdige Gefühlsäußerung.

Verpöntes Lachen im Christentum

Zu den Grundlagen der abendländischen Kultur zählt eine blutrünstige Tradition von Leid, Folter und Hinrichtung, die seit der Kreuzigung Christi die Gefühlslage der westlichen Gesellschaften bestimmt. Ein Christ, so heißt es, könne in Erinnerung an den Kreuzestod kein gottgefälliges Leben führen, sobald er lache. So verging den frommen Eiferern, Kirchenvätern, Heiligen, Ordensgründern jeder Sinn für Heiterkeit. Quäle deinen Körper, gönne ihm Leid, aber kein Lachen – dann wirst du ein gottesfürchtiger Mensch. Äbte, Bischöfe und Kardinäle als Hüter der wahren Lehre interpretierten die frohe Botschaft in eine drohende Botschaft um: »Wer gottesfürchtig ist, lacht nicht«, predigten sie den Gläubigen als Tugend wahren Christseins. Die gruseligste Ikonographie dieser Gottes- und Jenseitsfurcht liefert uns die Gotik, die Kathedrale von Reims zum Beispiel: Das steinerne Relief über dem Hauptportal zeigt Fürsten, Edelleute und gemeines Volk, panischen Schrecken in den Gesichter, vom Satan in Ketten gelegt und zum Inferno eines flammenden Höllenkessels gezerrt. Da ist wahrlich kein Platz für Lachen, auch nicht unter jenen Seligen, die dem ewigen Sühnegräuel entkommen sind. Allein ein Engel spricht den Verdammten Trostworte zu, bevor sie in die nie endende Feuerfolter gestoßen werden. Ein anderes Beispiel für solch Gräuelfantasien ist die Kathedrale von Orvieto, ebenfalls das Hauptportal: Ausgemergelte, fledermausflügelige Teufel reißen den Sündern die Zungen aus den Mündern, drücken ihnen mit breiten Daumen die Augen aus den Höhlen, hetzten Höllenhunde auf sie, haben ein Geschlinge von Schlangen losgelassen, das in Ohren und Hirne kriecht, sich in Gesichtern und Genitalien festbeißt.

Angst und Ernst

Wir heutigen Menschen haben, wenn überhaupt, nur noch einen kunsthistorischen Bezug zu diesen in Stein gemeißelten Darstellungen mit ihrer einzigen Botschaft: »Das widerfährt dem, der kein gottgefälliges Leben lebt. Bereitet euch also mit Gebet und Buße auf das Jenseits vor, sonst droht dergleichen.« Man stelle sich Kinder vor, damals, an der Hand der Mutter vor diesen Bildwerken stehend, wie sie zu fragen beginnen: »Wer sind diese Fratzen, was machen sie, was bedeutet das, wird das uns allen zustoßen?« Und was wussten Mütter und Väter auf diese angstvollen Fragen zu antworten? Die Bibel half weiter – mit der selig machenden Leidensmoral der Bergpredigt, dem Klassiker des christlichen Wertekanons: »selig, die arm sind vor Gott«, »selig die Trauernden«, »selig, die hungern und dürsten, denn sie werden getröstet werden«. Entsprechend ernst blickt im Dom von Siena eine Gruppe von Männern herab auf die Schar der Sünder. Es sind Gottes Stellvertreter auf Erden oder, genauer, deren in Ton gebrannte Porträtbüsten, aufgereiht an Gesimsen, die das Hauptschiff umlaufen – die Päpste Benedikt VI., Damasus II., Silvester III., Leo VI. Knapp zweihundert insgesamt und einer mit finsterer und grimmigerer Miene als der andere.

»Geht in eine x-beliebige Kirche, und seht euch Jesus am Kreuz an. Natürlich ist er ernst. Und sein Ernst erfüllt die ganze Kirche. Dort zu lachen scheint nicht am rechten Platz zu sein. Und wer hätte schon gehört, dass Gott je gelacht hätte.« Der Satz stammt aus einem Vortrag Oshos – außerhalb des Kreises seiner Schüler besser unter seinem früheren Namen Baghwan bekannt – und zielt auf die patriarchalen Religionen des Vorderen Orient. Auf den Islam, und da speziell auf seine fundamentalistische, sinnenfeindliche Variante (es findet sich im Koran keine einzige Sure über das Lachen), auf das Christentum, das Judentum. »Diese Religionen sind gegen das Leben, gegen die Liebe, gegen das Lachen. Gegen die Freude; sie sind gegen alles, was das Leben zu einer gewaltigen Erfahrung voller Segnungen machen kann.«[2] Und in der Tat – das Hier und Jetzt ist ein Jammertal und eine Jammerzeit. Heiter und lustig soll es demnach nicht zugehen unter den Menschen in einer Welt, die sich als Wartesaal für ferner Zukunft Freuden versteht: warten auf das von Mohammed prophezeite Paradies, warten auf die Wiederkunft Christi, warten auf den Messias.

Angesichts dieser Grundhaltung überrascht es zunächst, dass speziell das Judentum eine der sublimsten, intelligentesten und schillerndsten Kulturen des Humors entwickelte, mit Witzen, die sich nicht über andere Gruppen, sondern über sich selbst lustig machen, mit einem grandiosen Gespür für die Komik der eigenen Unzulänglichkeit und Ausweglosigkeit. Eines der besten und wohl auch das berühmteste Beispiel hierfür ist Roberto Benignis Film *Das Leben ist schön* – die herzzerreißende Geschichte eines Vaters und seines Sohns in einem Konzentrationslager, das zum Schauplatz eines wundervollen, lebenswerten Lebens umgedeutet wird. Es ist reine Spekulation, Gründe für diese typisch jüdische Welthaltung und das Lachen über diese Welt als Realität gewordenes Jammertal darzulegen. Allein so viel: Über die Jahrhunderte hinweg wurden die Juden wie kein anderes Volk der Erde – die Indianer wohl ausgenommen – vertrieben, verfolgt, gemordet und vernichtet. Vielleicht mussten sie diesen Sinn für das Absurde der menschlichen Existenz entwickeln, um überhaupt überleben zu können.[3]

Und Gott lacht doch

Zurück zu den Christen: Vereinzelt formulierte die katholische Theologie Antithesen zum Verbot, das Erdenleben in Heiterkeit zu führen. Auch wenn diese Entwürfe den Kanon der kirchlichen Lehre nicht ändern konnten, wollen wir sie erwähnen. Ausgangspunkt der Argumentation ist die Kernaussage der Genesis: »Und so schuf Gott den Menschen nach seinem Bild.« Im Umkehrschluss bedeutet das: Ist der Mensch als Abbild Gottes des Lachens fähig, dann muss auch Gott lachen. Und in der Tat – »Gott lacht dem Isaak zu« ist die wörtliche Übersetzung von *Jishaq-El,* des hebräischen Namens von Abrahams Sohn. Aus diesem »zulachenden Gott« hat der Mönch Johannes Klimakos eine Generation nach dem lachfeindlichen Benedikt von Nursia folgende Gegenthese abgeleitet: Weil also Gott lacht, sollen auch die Menschen lachen. »Gott will nicht, dass der Mensch traurig ist aus dem Schmerz der Seele; er will vielmehr, dass er aus Liebe zu ihm lache und fröhlich sei.«[4] Ein ketzerischer Gedanke, der über ein halbes Jahrtausend brauchte, bis er im sinnenfreudigen Barock zum *Common sense* wurde. Die bestienbevölkerten Höllenvisionen der Gotik verschwanden von den Kirchenportalen und machten Platz für ein völlig neues Bild vom Jenseits. Zuerst in der auf antike Vorbilder zurückgehenden Renaissance und dann besonders in der barocken Kirchenmalerei tummeln sich lachende Putten im Himmelsgewölbe, einzig mit der Aufgabe, dem »Publikum« folgende frohe Botschaft zu verkünden: »Jesus Christus hat die Macht der Finsternis besiegt. Aus voller Freude darüber lachen wir.«

Hochgeschaukelt durch gegenseitige Konkurrenz, trieben die Prediger ihre Lästermaulereien immer toller, was vor allem von den Reformatoren heftigst angeprangert wurde. In der Folge und mit der Gegenreformation führte das im 16. Jahrhundert zum Bann der wüsten Predigten, wobei sich da und dort das Osterlachen in abgemilderter Variante über die Zeit rettete oder die Tradition wieder neu aufgegriffen wurde. Mitte des 19. Jahrhunderts war dann aber definitiv »Schluss mit lustig«: »Gegen Fabeln, gereimte Dichtungen und Obskures« hieß das Verbot der ostersonntäglichen Lachorgien in der Kirche, 1853 auf einer Synode in Regensburg erlassen. Doch selbst kirchliche Beschlüsse sind, so die aktuelle Entwicklung, nicht für die Ewigkeit gemacht. Seit einigen Jahren

Osterlachen
In der Barockzeit fand die heitere Botschaft Eingang in die Osterliturgie: »Risus pascalis« – Osterlachen – hieß die bei den Gläubigen populäre Einlage während des österlichen Hochamts, die zu wahren Lachorgien führte. Dazu wurden von der Kanzel deftige Witze gerissen, die Prediger verspotteten Bischöfe, Kardinäle, ja sogar den Papst. Sie wussten, dass Lachen die Lebenslust steigert und damit die Ohren offen werden für die Botschaft der Auferstehung. Es war Ausdruck der Seligkeit des Siegs Jesu über Tod und Teufel. Wein, Weib und alles was man damit anstellen kann, wurden heftig und deftig strapaziert. Und auch handfester Klamauk kam nicht zu kurz: Johannes Oekolampad, ein in Basel wirkender Reformationsprediger, berichtet voll Abscheu von solch einem Auftritt im Jahr 1518: »Einer schrie immer Kuckuck wie der gleichnamige Vogel. Ein anderer legte sich auf Stroh, tat, als wäre er im Begriff, ein Kalb zu gebären, und trieb die näher Kommenden nach Art der Gänse durch Schnattern von sich weg.«[5]

feiert das Osterlachen eine noch zögerliche Auferstehung. Einige aufgeschlossene Priester haben sich der »lustigen Tradition« besonnen und das Risus pascalis in moderater Variante wieder in ihre Ostermessen aufgenommen. Vielleicht ist das Lachen doch ein Geschenk Gottes an die Menschen, das sie friedlich, heiter und für die frohe Botschaft empfänglich stimmt.

Ein Weg zur Erlösung

Nahezu zeitgleich zum Regensburger »Lachbann« kam von ganz anderer und unerwarteter Seite ein Angriff auf die offizielle Kirchenlehre. Lachen, hieß es da, kann sogar Erlösung bedeuten. Versteckt in einer heiteren Erzählung, wurde der ketzerisch revolutionäre Gedanke von einem Gelegenheitsliteraten vorgetragen. Sein Name: Franz von Kobell. Kobell war Professor für Mineralogie an der Münchner Universität, Zeitgenosse von König Ludwig I. und der März-Revolution. Seinerzeit war er vor allem als Verfasser humoriger Mundartgedichte und Novellen berühmt, darunter auch die Erzählung »Der Brandner Kaspar und das ewig' Leben«. In ihrer Bühnenfassung wurde sie zu einem der populärsten und meistgespielten Theaterstücke Deutschlands.

Erleichtert nimmt das Publikum zur Kenntnis: Erstens – im Himmel wird trotz aller Pfaffenpredigten herzhaft gelacht. Zweitens – der Brandner Kaspar erfährt entgegen aller christlichen Sühne- und Leidensmoral keine Fegefeuerfolter, er darf von himmlischem Lachen begleitet gleich in den Himmel. Drittens – Lachen befreit entgegen aller kirchlichen Dogmen von der Sünde, mehr noch, es ist ein Weg zur Erlö-

Die Mär vom Brandner Kaspar
Längst schon sollte nach Gottes Plan der alte Kaspar Brandner im Jenseits weilen, doch immer wieder springt er mit listigen Tricks dem Gevatter Tod von der Schaufel. Das geht aber nicht ewig so, irgendwann erwischt es ihn doch. Jetzt steht er an der Himmelstür, der Himmelspförtner geht im dicken Sündenbuch Brandners irdische Verfehlungen durch. Da gäbe es nicht viel zu lesen, wären da nicht jene Schummeleien, mit denen er der göttlichen Vorsehung ein Schnippchen aufs andere geschlagen hat. Viele Jahre Fegefeuer stehen auf solche Vergehen. Brandner ist schon auf dem Weg zur Feuerfolter, da braust hinter der Himmelstür wahrhaft göttliches Lachen auf. Mutter Maria hat von Brandners trickreichen Spitzbübereien zur Erschwindelung eines längeren Lebens gehört und fällt darob in ein nicht enden wollendes Lachen. Wie die Geschichte ausgeht? Alle Seligen und Heiligen, ja selbst der ernste Erzengel Michael können nicht mehr an sich halten, schließlich, so die Regieanweisung, »biegt sich der ganze Himmel vor Lachen«.

sung von Verdammnis. Viertens – Lachen ist aufgrund der Punkte eins und drei höchst subversiv. Es untergräbt patriarchale Herrschaftsstrukturen, zumindest in Kobells von Gottvater regiertem Himmel. Denn fünftens – Lachen und folglich Vergebung sind weibliche Prinzipien, Auslöser des himmlischen Lachens sind weder Gottvater noch Jesus, sondern die heilige Mutter Maria.

Weit reichendes Tabu

Welch revolutionäre Erlösungsmetaphysik, die Kobell da in seiner heiteren Mär vom Brandner Kaspar versteckt hat. Man muss sich vergegenwärtigen: Zweitausend Jahre christliche Leidenslehre haben die Haltung des Abendlands zum Lachen bestimmt, haben es tabuisiert und als Teufelswerk stigmatisiert, mit nachhaltiger und von uns schon gar nicht mehr wahrgenommener Wirkung bis fast auf den heutigen Tag und in allen gesellschaftlichen Bereichen – natürlich beim Militär, selbstredend in Wirtschaft und Politik, in den Bildungsinstitutionen Schule und Universität, selbst in den Familien. Ich – Heiner Uber – erinnere mich an Erzählungen meiner Großeltern aus deren Kindheit: »Bei Tisch wird nicht gelacht«, »Wenn der Vater spricht, wird nicht gelacht«, »Nur Irrende und Irre lachen«, »Am Lachen erkennst du den Narren«. Noch in den fünfziger Jahren konnte vorkommen, dass man als Kind von einem Kaplan schallende Ohrfeigen bekam, weil man es wagte, in der Kirche laut zu lachen. Und das, obwohl nicht einmal Gottesdienst war. Solcherart waren die pädagogischen Maximen, welche erst in den sechziger Jahren mit dem antiautoritären Aufbruch der Studenten- und Jugendrebellion nicht mehr gehalten werden konnten.

Alle Lachverbote versuchen, auf verdecktem Weg das subversive Potenzial des Lachens zu unterdrücken.

Während des italienischen Faschismus gab es kurzzeitig einen Erlass, der das laute Lachen in der Öffentlichkeit unter Strafe stellte, und noch zur vorletzten Jahrhundertwende ließen die Padres in Padua wie in Palermo die Kirchenglocken läuten, sobald fahrendes Theatervolk auf der Piazza erschien, um mit seinen Späßen das Publikum zum Lachen zu bringen. Das akustische »Sperrfeuer« sollte die – wohl auch kleruskritischen – Witze der Komödianten übertönen.

Die subversive Kraft des Lachens

Die Kenntnis der subversiven Kraft des Lachens ist wohl weltweites Kulturgut. Zumindest erreicht uns aus Japan eine Geschichte mit vergleichbarer Botschaft und einem zusätzlichen, dem Abendland bislang fremden Aspekt. Doch zuerst die Geschichte: Sie spielt in Kawabe-cho, einem kleinen Dorf auf der Insel Hondo in der Provinz Wakanabe, und handelt von der wunderschönen Shintogöttin Niutsuhime.

Ein Lachfest in Japan

Vor langer Zeit machte sich Niutsuhime auf eine Reise. Sie flog aus ihrem Schrein und über die knorrigen Kiefern eines kleinen Waldes hinweg. Dabei verfing sich ihr langer, seidener Kimono in einem der Äste, und die Göttin war mit einem Mal splitternackt. Als die Bauern auf den Reisfeldern dies sahen, erschraken sie zuerst, dann schütteten sie sich aus vor Lachen. Das wiederum brachte Niutsuhime in Zorn und Rage und, wieder zurück in ihrem Schrein, sann sie auf Rache. Sie ließ es regnen, so sehr, dass die Reisfelder in den Fluten ertranken, kleine Bäche zu reißenden Flüssen anschwollen und alle Fische hinwegspülten, sie schickte Legionen von Ratten, die sich über die Reiskammern der Bauern hermachten. Bald litten die Menschen schrecklichen Hunger, doch trotz aller Gebete und Opfer blieb die Göttin unversöhnlich. Als nichts mehr half, kam ein Kind auf eine wahrlich kindliche Idee: »Wir ziehen uns komische Kleider an, wir machen lustige Sachen, wir lachen, so viel wir können, und ziehen den Berg hinauf zu Niutsuhimes Schrein. Wenn sie uns so sieht, muss sie bestimmt selbst lachen. Und wenn sie lacht, wird auch die schlechte Zeit ein Ende haben.« So kam es dann auch: Die Menschen der Gegend versammelten sich zu einer Lachprozession, schnitten Grimassen, die Männer gaben sich als Frauen aus und die Frauen als Männer. Dann machte sich der kichernde Tross auf den Weg zu Niutsuhime. Kaum war die vor Lachen sich biegende und schüttelnde Prozession angekommen, lugte die verärgerte Göttin hinter dem Torbogen ihrer Behausung hervor. Ein kurioser Anblick bot sich ihr, der erst ein Schmunzeln und dann ein Lachen in ihre eben noch finstere Miene zauberte. Schließlich lachten alle zusammen – und wirklich: Alles wurde wieder gut. So hat sich Niutsuhime mit Lachen besänftigen lassen. Weil aber den Launen einer Göttin nicht so recht zu trauen ist, wiederholen die Leute von Kawabe-cho ihre Lachprozession bis auf den heutigen Tag, immer Anfang Oktober, wenn die Ernte eingefahren ist – zur Sicherheit, damit die Göttin freundlich gesonnen bleibt.[6]

Das Lachen ist der Weg

Vorstellungen vom Lachen als einer kraftvollen Quelle spiritueller Energie, die sogar Einfluss auf das Wollen und Handeln der Götter hat, findet man auch im japanischen Zen, wo Lachen als Erkenntnis- und Erleuchtungsweg praktiziert

Als Mahakashyapa lachte und Buddha lächelte
Vor langer Zeit versammelte Buddha Shakyamuni seine Anhänger auf dem Gridhrakuta, dem heiligen Adlerberg am Fuß des Himalaja, und hielt eine Predigt über das Lotus-Sutra, welches von der Erlösung aller Lebewesen handelt. Anschließend setzte er sich unter einen Baum und begann, für eine lange Zeit zu schweigen. Mitten in dieser Stille nahm Buddha eine Blume und hob sie in die Höhe, damit alle Menschen um ihn herum sie sehen konnten. Dabei schwiegen auch sie nach dem Vorbild des Erhabenen. Nur einer mit dem Namen Mahakashyapa begann zu lachen. Da sprach Buddha: »Ich besitze den Korb der wahren Lehre, in dem die Seligkeit des Nirwana sich spiegelt, das wahre Sein, die formlose wahre Form, die nicht auf Worten und Buchstaben beruht, eine besondere Überlieferung außerhalb der Schriften. Dies alles vertraue ich dem Mahakashyapa an.« Nicht der Intelligenteste, nicht der Stärkste, nicht der Demütigste, nicht der Mutigste, nicht der Bescheidenste, sondern Mahakashyapa, der einfach lachte, wurde damit der erste Nachfolger Buddhas.

wird. Die Wurzeln dieser Haltung gehen zurück bis in die Zeit des historischen Buddha Shakyamuni und auf eine Meditation, während derer Buddha denjenigen »erkannte«, der die Lehre nach seinem Tod bewahren sollte.

Diese Anekdote führte in der Folge zu einem intensiven Diskurs unter buddhistischen Gelehrten. Zwei Deutungen stehen sich gegenüber: Hat Mahakashyapa gelacht, weil er sich im Zustand der Erleuchtung befand – oder hat er Buddha selbst und die andächtig in die Stille lauschenden Anhänger ausgelacht?

Bald nach Buddhas Tod brachten indische Mönche und Vertreter der Erleuchtungslehre die Worte des Erhabenen über die Berge des Himalaja nach China, wo sich innerhalb weniger Generationen sehr eigenständige Richtungen entwickelten. Der Chan-Buddhismus und dessen japanische Variante des Zen gehören zu ihnen. Besonders in den Lehren von Chan und Zen hat das Lachen eine herausragende Bedeutung, es ist gleichzeitig Quelle, Zündfunke und Zustand der Erleuchtung.

Budai – der lachende Buddha

Knappe drei Autostunden südwestlich von Shanghai liegt die Stadt Hangzhou. Hangzhou wäre eine laute, staubige und unter einer Smogglocke brütende, wenig einladende Industriemetropole, gäbe es da nicht am Stadtrand den zwischen sanften Hügeln und riesigen Parkanlagen liegenden *Xi Hu*. Das Gebiet um diesen »Westsee« zählen die Chinesen zu den schönsten Gegenden ihres Lands. Von hier aus ein paar Kilometer Richtung Sonnenuntergang liegt mitten in den Bergen

Lingyin Si, das »Kloster der Seelenzuflucht«. Um 325 von einem indischen Wandermönch gegründet, wurde *Lingyin Si* innerhalb kurzer Zeit weit über die Grenzen der Provinz hinaus als spirituelles Zentrum bekannt, bald lebten hier an die dreitausend Mönche, um den Weg der Erleuchtung zu suchen, zu finden, zu gehen.

Gegenüber der Haupthalle mit einer zwanzig Meter hohen goldenen Buddhastatue steigt eine Felswand, *Feilai Feng* (»der herbeigeflogene Gipfel«) genannt, steil empor. Sie ist über und über mit eingemeißelten Reliefs bedeckt. Das größte und prominenteste stellt eine kuriose Figur auf einem Lotusblatt mehr liegend als sitzend dar: dicke Backen, ein Doppelkinn und vor allem ein massiger, kahl rasierter Kopf mit einem über das ganze Gesicht strahlenden Lachen. Die Augen sind schelmisch zu Schlitzen zusammengekniffen, die Mundwinkel reichen fast bis an die Ohren. Dem Burschen scheint vor Lachen gar nichts mehr heilig zu sein.

Die Darstellung geht auf einen Mönch namens Budai oder auch Pu-tai zurück, der laut Überlieferung im zehnten Jahrhundert hier in der Nähe von Hangzhou lebte. Noch heute erzählt man sich von ihm, dass er an die Kinder Leckereien und süße Früchte verteilte, die er in einem Sack auf seinem Rücken trug. Deshalb wohl auch der Name des Mystikers – Pu-tai bedeutet im Chinesischen »Hanfsack«. In der Literatur wird Budai als »der lachende Buddha« und mit gutem Grund auch als »Dickbauch-Buddha« bezeichnet, der Volksglaube verehrt ihn als eine ins irdische Leben zurückgekehrte Reinkarnation Buddhas. Budai wird mit prallem Bauch, einem Symbol des Glückes und der Großzügigkeit, so kugelig rund dargestellt, dass er keinen Vergleich mit Ganesha, dem elefantenköpfigen Gott der Hindus, zu scheuen braucht. Es wird von ihm berichtet, dass er nach seiner Erleuchtung kein Wort mehr gesprochen, dafür aber nur mehr gelacht haben soll. Dieses herzhafte und grundlose Lachen war seine Botschaft an die Menschen; es muss so ansteckend gewesen sein, dass jeder, der ihn lachen hörte, selbst in lautes Lachen verfiel. Denn Pu-tai wollte weder eine Lehre verkünden noch Anhänger um sich scharen, er wollte allein am eigenen Beispiel zeigen, dass Lachen in seiner höchsten Intensität ein direkter Weg zur Erleuchtung ist. Damit wurde Pu-tai eine der zentralen Figuren des Zen-Buddhismus und der Weg des Lachens zu einem wichtigen Zen-Weg in die Erleuchtung. In diesem Sinn ist Pu-tai ein direkter Nachfolger des Mahakashyapa; die Mahakashyapa-Erzählung selbst wurde zu einem wichtigen Quellentext des chinisischen Chan wie des japanischen Zen.

Das Lachen im Zen

In der Praxis sieht das so aus: Zen-Meister stellen ihren Schülern paradoxe Fragen – so genannte *Koans,* auf die man mit keiner vernünftigen Erklärung, dafür aber mit einer spontanen Handlung oder einem schallenden Lachen antwortet. Alle diese Fragen führen an die Grenze der Ratio: »Wenn ihr auf der Straße einem begegnet, der im Besitz der Wahrheit ist, so dürft ihr ihn nicht ansprechen, ihr dürft aber auch nicht schweigend an ihm vorübergehen. Wie wollt ihr ihm begegnen?« Oder knapp und kurz: »Wie klingt das Klatschen einer Hand?«

Im Zen-Buddhismus gibt es zahlreiche Anekdoten, die von Mönchsnovizen auf ihrem Weg zur Erleuchtung erzählen:

Wie sie sich zuerst erfolglos um die rationale Beantwortung dieser Koans mühen und erst im Lachen die Beschränkungen des Nachdenkens sprengen.

Lachen wie der Narr

Eine Geschichte erzählt von einem jungen Novizen aus der Provinz Shou-Chou, der sehr hart an seiner Erleuchtung arbeitete. Er ging mit einem Koan, das ihn seit langem beschäftigte, zu seinem Meister. Als dieser von den Schwierigkeiten des Novizen hörte, lachte er schallend, dann stand er auf und ging weg. Der junge Mönch war ob der Reaktion seines Meisters noch ratloser als zuvor. Während der folgenden Tage konnte er weder essen noch schlafen, und selbst das Nachdenken über das Lachen des Meisters führte zu keinem Ergebnis. Am Abend des vierten Tages ging der junge Mönch nochmals zum Meister und berichtete von seiner Verwirrtheit. Der hörte aufmerksam zu, dann sagte er: »Mönch, kennst du die Wurzel deiner Verwirrtheit? Du bist dümmer als ein Narr, das ist die Wurzel deiner Verwirrtheit!« Der Mönch war tief betroffen: »Ehrwürdiger, wie kannst du so etwas sagen? Wie kann ich dümmer sein als ein Narr?« Der Meister erklärte: »Der Narr genießt es, Menschen lachend zu sehen. Und du? Du fühlst dich verwirrt, wenn andere lachen. Sage mir, bist du nicht dümmer als ein Narr?« Als der junge Mönch dies hörte, begann er, lautstark zu lachen. Man erzählt sich von ihm, dass er sich von da an im Zustand der Erleuchtung befand.

Hilfe auf dem Weg zur Erleuchtung

Um den nach Erleuchtung suchenden Novizen auf den Weg zu helfen, haben die Zen-Meister eine äußerst effektive Technik entwickelt, die sie bei diesem Sprung ins Lachen unterstützt. Wir sind in einem Zen-Kloster in Kyoto und werden Zeuge folgender eigenartiger Situation: Ein junger Mönch sitzt meditierend im Lotussitz. Plötzlich ein gezielter Schlag mit einem Holzstock auf seine Schulter, der Mönch zuckt kurz zusammen. Für uns Westler überraschend: Er hatte selbst mit zusammengefalteten Händen darum und um drei weitere Hiebe gebeten. Daran soll es nicht fehlen. Denn ein älterer Mönch, *Godo* genannt und für die Unterweisung der Novizen zuständig, steht schon bereit. Bis weit aus der Meditationshalle hinaus und über den Hof ist das Knallen seines Holzstocks zu hören. Wird auch hier, in einem japanischen Zen-Kloster, wie einst bei den Benediktinern die Prügelstrafe exerziert – für eine Verfehlung, für lautes Lachen gar? Keineswegs, denn die Schläge mit dem Stock, die Zen-Meister nennen ihn *Keisaku* (»Stab der Erweckung«), sind weder Strafe noch Verweis. Ganz im Gegenteil: Sie sollen dem Novizen helfen, Müdigkeit wie geistige Trägheit zu überwinden, und ihn in seinem Prozess des Erwachens, auf seinem Weg zur Erleuchtung und zu befreiendem Lachen unterstützen. Entsprechend schlägt der *Godo* der Lehre folgend mit »Sachverstand, Weisheit und Mitgefühl«, was hohe Konzentration und tiefen Respekt erfordert.

Einheit statt Trennung

Der Prozess des Erwachens, befreiendes Lachen, Erleuchtung – dies sind die drei Stationen des Zen-Wegs. Zen-Meister sind äußerst zurückhaltend, wenn sie diese Erfahrung der Erleuchtung beschreiben sollen, weil sie nach ihrer Auskunft nicht in Worte zu fassen ist. Hier nur so viel: Unser westliches, duales Denken trennt zwischen dem Ego des Menschen und der Welt um ihn herum: ich und du, ich und meine Freundin, mein Mann, meine Kinder. Ich und mein Haus, ich und mein Auto, ich und mein Job. Anders der Buddhismus: Für ihn sind alle Erscheinungen in einer kosmischen Einheit verbunden, so wie ein Wassertropfen im Ozean aufgeht. Erleuchtung im Sinn der Buddhisten ist die Aufhebung dieser Trennung zwischen Subjekt und Objekt und das Ziel der Meditation. Taisen Deshimaru, ein japanischer Zen-Meister, nennt das »die Rückkehr zum normalen, ursprünglichen Zustand«.

Diese Erleuchtung blitzt – so die Lehre der Zen-Buddhisten – unvermittelt auf. Für sie sind der Klang eines ins Wasser fallenden Kieselsteins, das unvermittelte Quaken eines Frosches, der Schrei der Eule in der Nacht Anlass genug, in schallendes Lachen auszubrechen.

Im Lachen loslassen

Das auf eine Erleuchtungserfahrung folgende Lachen begleitet das Loslassen all dieser um das Ich und die Welt kreisenden Gedanken: negative Grübeleien des Neids, der Gier und des Hasses sowie die sich im Kopf hin- und herwälzenden Überlegungen um die Sorgen und Probleme des täglichen Lebens.

Diese Haltung macht das Zen-Training, dieses Sitzen in Kraft und Stille, bei Managern so populär: »Zen löst die Hindernisse auf und macht den Weg zu mir selbst frei.« Dabei geht es um die Erkenntnis des Potenzials des Augenblicks. Der Zen-Meister Umon beschreibt diese Haltung als ein Leben im unmittelbaren »Jetzt«, als ein identisch sein mit dem, was ist, aber nicht mit dem, was war, was sein könnte, was sein wird. »Jetzt« fällt der Stein ins Wasser, »jetzt« quakt der Frosch: »Wenn ich esse, dann esse ich. Wenn ich gehe, dann gehe ich. Wenn ich schlafe, dann schlafe ich.« Befinden wir uns unmittelbar in diesem »Jetzt«, wandern unsere Gedanken nicht von der Vergangenheit in die Zukunft und wieder zurück. Es ist das pure Erleben.

Jeder kennt das: Wenn man intensiv lacht, denkt man weder über seine Bankauszüge und auch nicht über das Meeting am kommenden Montag nach, weder über Bilanzen noch über Börsenkurse, nicht über Ehesorgen und Sorgerechte, sondern man lacht einfach und ist befreit. In exakt diesem Punkt treffen Zen-Buddhismus und Lachen zusammen – und deshalb beginnen Zen-Meister an diesem Punkt zu lachen. Das nennen sie Erleuchtung.

Andere Länder – andere Lacher

Eine kurze Kulturgeschichte des Fröhlichseins

Auf einer Landstraße in Togo: Ein mit Hirsesäcken voll beladener Lastwagen kippt in einer Kurve um. Der Fahrer ist eindeutig zu schnell gefahren. Einige Säcke rutschen auf die staubige Straße und platzen auf, der größte Teil der Ladung kugelt jedoch eine Böschung hinab und versinkt in einem schlammigen Tümpel unterhalb der Straße. Als die Dorfgemeinschaft von dem Verlust ihrer Ernte erfährt, rennen die Menschen zum Ort des Unfalls. Sie stehen zusammen mit dem unverletzt gebliebenen Fahrer um seinen zerbeulten Lastwagen und schauen sich das Malheur an. Dann beginnt ein erster, dann ein zweiter und ein dritter zu kichern. Schließlich lachen alle. Zuerst zaghaft, dann lauter, zum Schluss schallend. Kein Wort des Vorwurfs, kein Zorn, kein Ärger. Dafür ein nicht enden wollendes Lachen. Wer als Europäer Afrika kennt, kann viele solcher Geschichten erzählen. Sie handeln immer davon, wie die Menschen dort auf kleine und mittlere Katastrophen zuerst mit einem herzhaften Lachen reagieren.

Dieses Verhalten ist einer der zahlreichen Gründe, weshalb die Europäer zu Kolonialzeiten und auch noch später die Bevölkerung des schwarzen Kontinents rundweg als Dummköpfe abstempelten. Es passte nicht unter die Tropenhelme der wilhelminischen und viktorianischen Eroberer, deren eigene Kindheit und Jugend in lachlosen Zonen düsterer Internate und dickmaueriger Militärakademien bei Drill, Prügelstrafe und Autoritätshörigkeit stattfand. Wer, außer einem tumben Narren, lacht schon, wenn Schlimmes passiert, so die bornierte Einstellung der Kolonialisten. Dass genau dieses Lachen ein Hinweis auf hohe emotionale Intelligenz ist, lag jenseits des Verstehens der weißen Massas.

Doch was ist »emotional intelligent« am Lachen der togolesischen Dorfbewohner über den Verlust ihrer Ernte? Simpel gesagt – diese Menschen gewinnen durch Lachen Kraft, als positive Programmierung für die schweren Zeiten, die wohl folgen werden. In den Kapiteln »Gelacht wird im Gehirn« und »Der große Lachanfall« werden wir darstellen, was es mit dieser Programmierung auf sich hat, wie sie funktioniert und wie man dank des Lachens mit den Widrigkeiten und Traurigkeiten des Lebens besser zurechtkommt.

Gegen Tabus anlachen

Die denkbar größte Traurigkeit ist mit dem Tod verbunden. In Mexiko haben die Menschen einen für uns Europäer fast schon makaber zu nennenden Umgang damit entwickelt. Seine Wurzeln reichen zurück in Zeiten, als die Hauptstadt des Landes noch Tenochtitlan hieß und von aztekischen Herrschern regiert wurde.

»Wir fürchten uns nicht vor dem Tod, wir lachen ihn einfach aus«, ist heute noch ein geflügeltes Wort unter Indios.

Und in der Tat: Trauerrituale können kaum lustiger sein als in den Dörfern und Städten zwischen Tijuana und Tulum.

Tonala, gute zehn Kilometer südöstlich von Guadalajara: Pedro und Rosaria machen sich mit einer Lichterprozession auf den Weg zum Friedhof, zum Grab von Isidora, ihrer Mutter. Fünf Jahre ist sie nun schon tot. Wir schreiben den 2. November, den *Dia de los Muertos,* den Tag der Toten. Ganz Mexiko feiert an diesem Datum, die Menschen tanzen, man macht Musik, und es gibt jede Menge Leckereien. Vor allem die Lieblingsspeisen der Verstorbenen werden gekocht, in großen Töpfen auf den Friedhof getragen, dort den Toten serviert und symbolisch mit ihnen zusammen während eines Picknicks zwischen den Grabsteinen gegessen. Denn die Geister der Ahnen, so sagen die Indios, besuchen um diese Zeit ihre Familien. Dieses »Wiedersehen« ist Anlass zur Freude, aber keinesfalls zu Traurigkeit. Deshalb herrscht ein paar Tage lang Partystimmung zwischen den Gräbern. Und auch zu Hause geht es ziemlich heiter zu: Man erzählt sich lustige Anekdoten aus dem Leben der Verstorbenen, macht Späße mit ihnen, als ob sie anwesend wären, erzählt ihnen die neuesten Possen aus dem Dorf und die aktuellsten Witze. Damit sich die Ahnengeister auch richtig wohl fühlen, bauen die Angehörigen mindestens kühlschrankgroße Altäre in den Häusern – mit Blumen, Obst, einem ganzen Wald von Kerzen und Bildern der *Nuestra Señora de Guadalupe,* der Nationalheiligen Mexikos. Es duftet nach schwelendem Kopal – einem Harz des gleichnamigen Baums, dem »Weihrauch« der Indios –, dessen Rauch nach aztekischem Glauben das Diesseits mit der Welt der Ahnen und Geister verbindet.[1]

Rosaria hat Tamales gekocht, eine Art Eintopf aus Mais, gehacktem Fleisch und Gewürzen. Ein voller Teller davon steht neben einem Bild Isidoras auf dem Altar. Daneben eine Dose Coca-Cola und ein Päckchen Zigarillos, beides hat Isidora sehr gern gemocht. Schließlich finden wir noch eine makabere Besonderheit zwischen all den Kerzen und Blumen – einen höchst realistisch anmutenden Totenschädel aus blaugrauem Zuckerguss, der irgendwann angeschnitten und ebenfalls aufgegessen wird. »Nein, wir haben keine Angst vor dem Tod, wir lachen ihn einfach aus«, sagen die Indios. Fast möchte man ihnen glauben, zumindest, was das Auslachen angeht.

Unterschiedliche Lachkultur

Wie kommt es, dass – ganz anders als wir Europäer – sich Afrikaner über eine verlorene Ernte und Mexikaner über den Tod ausschütten können vor Lachen? Bedeutet das nicht zugleich, dass es unterschiedliche Traditionen des Lachens in den verschiedenen Kulturen gibt? Dass wir andere Lachsitten entwickelt haben als die Mexikaner, die Malayen, die Schwarzafrikaner? Wie soll das möglich sein, wo doch Lachen ein durch alle Epochen und Kulturen hindurch weltweit verstandenes Signal ist? Hinter diesen einfachen Fragen verbergen sich äußerst komplexe Zusammenhänge.

Zunächst können wir feststellen:

Alle Menschen lachen gleich, doch jeder Mensch lacht anders.

Es gibt weltweit keine zwei Personen, deren Lachen identisch ist. Jedes Lachen ist so individuell wie ein Fingerabdruck oder die Iris. Selbst eineiige Zwillinge unterscheiden sich in der Frequenzverteilung und im Rhythmus ihres Lachens – und das, obwohl der physiologische Ablauf beim Lachen bei allen Menschen identisch ist: das spezielle Atemholen, die Entspannung der Gesichtsmuskulatur, das Hochziehen der Mundwinkel, das stoßweise Auspumpen der Luft, die während der »Hahas« und »Hihis« mit weit über hundert Stundenkilometern aus dem Mund schießt.

Außerdem:

Alle Menschen lachen über das Gleiche, aber nicht über dasselbe.

Türken wie Tuareg, Grönländer wie Griechen lachen über Fehler, bevorzugt, wenn sie einem anderen passieren. Und einerlei ob Grieche oder Grönländer, alle Menschen überall auf der Welt lachen über entsprechende Witze – Witze über die anderen, den anderen Stamm, das andere Volk, über deren Fehler, deren Schwächen. Ostfriesen-, Polen- und Österreicherwitze haben darin ihren Ursprung. Daneben lachen Menschen über Tabubrüche. Weil aber unterschiedliche Kulturen unterschiedliche Tabus kennen, kann das Lachen darüber in unterschiedlichen Kulturen völlig unterschiedliche Auslöser haben.

Über die anderen lachen

Einige Beispiele – zunächst für das Lachen über die anderen: Erzählt man einem Indianer vom Volk der Lakota einen Polen- oder Österreicherwitz, wird er ihn nicht einmal zum Schmunzeln finden. Ebenso entdecken wir Europäer nichts

Lustiges an Huronen-Witzen, über die man sich im Volk der Lakota vor Lachen biegt. Die Lakota gehören zu den Prärie-Indianern, sie sind exzellente Reiter. Huronen dagegen waren einst Waldgänger. Bei den Lakota gibt es nun eine Fülle von Witzen, die so oder so ähnlich beginnen: »Reitet ein Hurone auf einem gestohlenen Pferd …« Allein dieser Einstieg und diese Vorstellung reichen schon, damit ein Lakota zumindest schmunzelt. Es ist, als würde hierzulande ein Witz wie folgt beginnen: »Kommt ein Bauer aus dem Böhmerwald auf seinem Heufuhrwerk nach Paris …«

Weltweit gilt: Jedes Volk, jede Gruppe, jeder Stamm lacht über die anderen von jenseits des Flusses, der Berge, der Grenze.

Explizit lacht man über ihre Schwächen, die man ja als unmittelbarer Nachbar besonders gut zu kennen glaubt. Die Bayern erzählen sich Witze über die Österreicher, weil diese angeblich etwas langsam von Begriff sind, über die Schweizer, weil diese noch langsamer sind als die Österreicher, und über die Polen, weil die es angeblich nicht allzu genau mit dem Gesetz und der Arbeit nehmen. Im Gegenzug lachen Österreicher, Schweizer, Franzosen und Polen über uns Deutsche: Ihre Piefke-Witze machen sich lustig über unsere angebliche oder auch tatsächliche Arbeitswut, unsere Obrigkeitshörigkeit, unseren Präzisionsfanatismus wie über unseren Mangel an Savoir-vivre, Selbstironie und Humor. Ich (H.U.) erinnere mich an eine Begegnung vor ein paar Jahren mit Jan Thygensen Poulsen, einem dänischem »Lachkollegen«, dem ich vom Plan erzählte, ein Buch über das Lachen zu schreiben – worauf er schallend lachte: Ein Deutscher und ein Buch über das Lachen, das war für ihn der Inbegriff des »Bocks, der zum Gärtner gemacht« wird.

Durch Lachen Distanz überwinden

Bei aller unterschiedlicher Zielrichtung dieser Witze steckt doch hinter jedem immer ein gemeinsames Muster. Das Verulken unserer Nachbarn benutzen wir als Arrangement mit deren vermeintlichen oder tatsächlichen Unzulänglichkeiten: Die Sachsen über die bierlaunigen Bayern und die wiederum über die sparsamen Schwaben. Polen erzählen sich Russenwitze, weil die noch mehr Wodka trinken als sie selbst. Das ist der Grund, warum man sich in Finnland keine Spanierwitze und in Spanien keine Russenwitze erzählt. Türkenwitze wurden in Deutschland erst populär, als in Berlin-Kreuzberg und im Münchner Westend die einstigen Osmanen zu Nachbarn wurden. In den fünfziger Jahren entstanden in der Bundesrepublik – nicht aber in der DDR – innerhalb kurzer Zeit jede Menge Amerikanerwitze, denn die GIs waren im Land, und erste Touristen aus Übersee besuchten Heidelberg und Neuschwanstein.

Verhaltenspsychologisch ist das Lachen über den Fremden eine Annäherungshandlung.

Wir lachen über ihn und reduzieren damit unsere Distanz. Auf diese Weise verliert das Fremde sein Ungewisses und seine Gefährlichkeit, man kommuniziert mit dessen Schwächen und nimmt ihm dadurch den Schrecken.

Aus genau diesem Grund haben Führungskräfte und Politiker ein ambivalentes Verhältnis zum Lachen. Einerseits befürchten sie durch diesen Verlust an Distanz eine Erodierung ihrer Autorität, die durch den Nimbus des Fremden aufrecht gehalten wird. Andererseits suchen sie – zumal in unseren modernen Fernsehdemokratien – Nähe zum Wähler als »Politik-Verbraucher«. »Nur wer sich ernst gibt, wird auch ernst genommen« ist die Maxime der Lachverweigerer, »Wer Freunde haben will, muss freundlich sein« die der opportunen Lächler. Der Spagat zwischen der mitunter verbitterten Ernsthaftigkeit und der lächelnden Anbiederung ist am besten zu Wahlkampfzeiten zu beobachten.

Wenn sich Politiker zum Interview vor die Fernsehkameras stellen, wenn sie sich in Diskussionsrunden »seriös« und »kompetent« und »kritisch gegenüber dem politischen Gegner« geben müssen, wenn sie also »Wichtiges« in die Mikrofone sagen, ist ihre Gesichtsmimik schmallippig, die Mundwinkel sind verhärmt nach unten gezogen. Ein Lachen als »Friedensgeste«, so glauben sie und ihre Imageberater, wäre bei solchen Auftritten vor großem Publikum am falschen Platz. Schauen wir aber in ihre von den Wahlplakaten lächelnden Gesichter, so begegnen uns dieselben Politiker als völlig andere Menschen: mit freundlich hochgezogenen Mundwinkeln, also einladend, gewinnend, für Vertrauen und damit um unsere Stimme werbend. Auch das ist das Werk ihrer Imageberater, die ganz genau wissen, wie das Lachen gezielt einzusetzen ist.

Manipulatives Lachen

Die Methode ist nicht neu. Diktatoren wie Hitler und vor allem Stalin haben sie virtuos beherrscht. Auf offiziellen Fotos zeigte er sie sich als milder Mensch mit weisem Lächeln. Wüsste man es nicht besser, niemand käme auf die Idee, dass hinter dieser freundlichen Fassade die Vernichtung von Millionen von Menschen geplant und befohlen wurde. Mit höchstem Raffinement funktioniert diese Täuschung, wenn sie in Verbindung mit Kindern einherkommt. Fünf- bis zehnjährige Buben und Mädels auf dem Arm oder an der Seite des Despoten, der ihnen in wohlwollender Beschützergeste über den Kopf streichelt und dabei lächelt oder lacht – solche Fotos suggerieren Vertrauenswürdigkeit, Geborgenheit und nichts als friedliche Absicht. Saddam Hussein hat diese verlogene Pose perfekt beherrscht.

Ohnehin begann mit der Erfindung von Film und Fotografie und der täglichen Bildpräsenz der »Führer« in Zeitungen und Journalen zu Beginn des zwanzigsten Jahrhunderts eine rasante Inflation des sich betrügerisch uns aufdrängenden Lächelns und Lachens. Die archaische Friedensgeste wurde aus der Privatsphäre, aus dem emotionalen Dialog zwischen zwei Menschen oder einer Gruppe von Menschen in die mediale Öffentlichkeit übertragen und zu einem manipulativen Signal verwässert. Sehr schnell wurde in der Folge Lächeln und Lachen zum bestimmenden Gesichtsausdruck in der Werbung und in den Medien.

Verstecktes und offenes Lachen

Mit dieser Inflation des Lächelns und Lachens gingen Fortschritte in Zahnheilkunde und Zahnhygiene einher, welche das »gewinnende« Anlachen mit strahlenden, also gesunden Zähnen für jedermann ermöglichte. Es kommt nicht von ungefähr, dass zur selben Zeit, als sich das Fernsehen in den Wohnzimmern der Menschen breit machte, eine Zahncreme mit einem zum Programm gewordenen Markennamen auf den Markt kam: »Signal«. Die Werbung von »Pepsodent« konterte damals – wir sind in den frühen sechziger Jahren – klug mit einem Werbesong: »Du hast das strahlendste Lächeln der Welt, du hast das Lachen, das mir so gefällt …«

Mundhygiene und Sittlichkeit

Was uns heute selbstverständlich erscheint – die permanente Medienpräsenz des Lächelns und Lachens –, war einst, wohl auch aus Gründen der damals schlechten Mundhygiene, obsolet. So war es in Europa nach höfischer Etikette über Jahrhunderte hinweg vor allem für Frauen gängige Sitte, den Mund mit der flachen Hand oder – wie im Rokoko bis ins Biedermeier – mit einem Fächer abzudecken, sobald ein Lächeln mit einem Öffnen der Lippen zum Lachen wurde. Zu dieser Zeit galt sogar leises Lachen mit offenem Mund als vordergründig sinnlich und deshalb als obszön. Weibliche Aktfotos aus dem Fin de Siècle zeigen nackte Frauen in damals verführerischen Posen. Doch bei aller Nacktheit halten viele der Modelle verschämt einen Fächer vor ihren vermutlich kokett lächelnden Mund. Damit suggerieren sie trotz aller Nacktheit immer noch Sittsamkeit, denn lautes Lachen mit geöffnetem Mund war eine Sache der Prostituierten in den Hafenkneipen Londons und den Billigbordellen von Berlin und Paris.

Vor allem deshalb war ziemlich provozierend, was sich Anfang des neunzehnten Jahrhunderts zunächst auf den Piers und Bretterbühnen der englischen Seebäder von Brighton bis Blackpool zutrug. Komische Käuze überboten sich vor grölendem Publikum in Wettbewerben im Grimassenschneiden, wobei sie ihre Backen aufplusterten, die Augen verdrehten, mit der Zunge die aberwitzigsten Dinge veranstalteten und in gespielte oder echte Lachanfälle verfielen. In der britischen Rock- und Punkmusik lebt diese fast zweihundert Jahre alte Tradition des öffentlichen Grimassierens fort, vor allem bei Bands und Sängern mit »Böse-Buben«- und Rebellenimage: Denken wir an die herausgestreckte Zunge und das Grinsen Mick Jaggers, an die verschoben hochgezogenen Lippen der Punksänger Billy Idol oder Sid Vicious von den Sex Pistols sowie an das öffentliche Grimassieren der Glamour-Rocker von KISS während ihrer Bühnenshows.

Lachen als Tabubruch

Dass man über die Grimassenschneider des neunzehnten Jahrhunderts überhaupt lachen konnte, hat – neben dem kuriosen Anblick – einen wesentlich tieferen Grund: Sie brachen das Tabu der öffentlichen Zurschaustellung des Lachens. Viele Witze funktionieren nach diesem Prinzip. Dabei beruht die Pointe nicht auf einer Verwechslung oder einer unerwarteten Wendung der Geschichte, sondern auf einer Übertretung gesellschaftlicher Normen. Das können je nach Kultur Sexualität und Nacktheit oder auch religiöse Glaubensinhalte sein.

Denn in unterschiedlichen Kulturen mit vielfältigsten Werten in mannigfaltigen gesellschaftlichen Gruppen und religiösen Gemeinden haben sich verschiedenste gesellschaftliche Normen und Tabus entwickelt. Deshalb funktioniert ein Witz, dessen Pointe auf einem Tabubruch beruht, nicht generell. Tabubrüche, über die Chinesen lachen, sind für Europäer längst nicht lustig und umgekehrt. Das reicht bis ins Regionale. Der Humor der Schweizer unterscheidet sich von jenem der Schwaben, obwohl die beiden Regionen nicht einmal hundert Kilometer Luftlinie trennen. Wir sprechen vom polternden Witz der Deutschen, vom feinen »esprit« der Franzosen und vom englischen Humor, den wir als leiser, hintergründiger und skurriler empfinden.

Kulturübergreifendes Lachen

Witz und Humor sind zwar die »Brüder« des Lachens, und das so sehr, dass uns oft Wörter wie »Humor« und »Lachen« austauschbar erscheinen. Denn einerlei, ob die Wurzeln eines guten Witzes nun britisch, amerikanisch, japanisch oder deutsch sind, der Effekt ist immer derselbe: Wir lachen. Doch anders als der Witz selbst ist dieses Lachen kulturübergreifend und kulturverbindend. Man versteht es über alle sprachlichen und kulturellen Grenzen hinweg, beim Humor ist das längst nicht gegeben. Beim Lachen über Grimassen – sofern diese erheitern wollen – handelt es sich dagegen um ein kulturübergreifendes Phänomen. Gesichter schneiden finden die Menschen rund um den Globus lustig, weshalb die Grimasseure in den englischen Seebädern längst keine Einzelerscheinung sind.

Archaische Rituale, bei denen sich Fremde über das gemeinsame Lachen zu einer Einheit verbinden, gibt es zuhauf rund um den Globus. Neben den »Gesängen zur Erlangung der Heiterkeit« wollen wir noch zwei weitere Bespiele anfügen, die gezielt auf Hochzeiten zelebriert werden, um die Familien von Braut und Bräutigam zuerst einander näher zu bringen, um sie dann während der Hochzeitszeremonie zu einer einzigen, großen Familie zu verschmelzen (Seite 72).

Heiterkeitsritual, Friedensgeste und Prophylaxe
Von den Eskimos oder Inuit – so nennen sie sich selbst – kennen wir die »Gesänge zur Erlangung der Heiterkeit«. Dieses Ritual wird durchgeführt, sobald Fremde zu Besuch kommen. Die Dorfbewohner stellen sich mit ihnen in einem Kreis auf, wobei man Gesicht zu Gesicht gewandt grimassenschneidend und mit entsprechender akustischer Untermalung die Tiere der Polarwelt imitiert: das Grunzen des Eisbären, das Bellen der Robben, das fauchende Blasen der Wale. Beginnt man zu lachen – so ist die Regel –, wendet man sich einem neuen Lachpartner zu, den man dann ebenfalls grunzend, fauchend, bellend und mit entsprechender Mimik zum Lachen bringt. Letztendlich sind diese »Gesänge zur Erlangung der Heiterkeit« ein zur Kulturhandlung erhobenes Ritual der archaischen Friedensgeste gegenüber Fremden. Mit einem wohl gar nicht bewusst wahrgenommenen, aber doch nutzvollen Nebeneffekt: Lachen stimuliert das Immunsystem, vor allem die Immunglobuline A, sie sind im Nasen- und Rachenraum bei Tröpfchenansteckung wie Erkältung und grippalem Infekt aktiv (wir gehen im Kapitel »Lachen – die beste Medizin« darauf genauer ein). Wenn also Fremde, sprich potenzielle Bakterien- und Virenüberträger, in einer Gegend mit klassischem Erkältungsklima ins Dorf kommen, so macht es allein schon aus gesundheitlichen Gründen Sinn, mit ihnen prophylaktisch zu lachen.

Indische Breischlacht
In Indien treffen alle Mitglieder beider Familien einen Tag vor den mehrtägigen Hochzeitsfeiern zusammen. Aus gutem Grund trägt man alte Kleidung. Denn während des Rituals werden zuerst die Hände und Beine, dann die Gesichter von Braut und Bräutigam von allen Anwesenden mit einem eigens dafür angerührten, leuchtend gelben Brei aus den zermahlenen Wurzeln der Haldi-Pflanze (Curcuma longa)[2] über und über beschmiert. Kaum ist das geschehen, beginnt eine fast orgiastische Breischlacht, welche den Tortenschlachten in Slapstickfilmen in nichts nachsteht. Kiloweise beschmieren sich Alte und Junge beider Familien gegenseitig mit dem gelben Brei, was schließlich in einem kinderseligen Lachfanal endet.

Äthiopischer Lachtanz
Aus Äthiopien kennen wir die für Außenstehende nicht minder kurios anmutenden Eskista (wird S'skista ausgesprochen) genannten Hochzeitstänze, während derer die Teilnehmer ruckartig hopsend die Schultern und parallel dazu ihre Mundwinkel hochziehen, mit den Augen rollen und das Ganze mit rhythmischem Klatschen und Lachlauten unterlegen. Die Übung katapultiert die gesamte Hochzeitsgesellschaft in einen Lachrausch, der, sobald er abklingt, durch weitere Lachtänze erneut angefacht wird. Dabei ist ein interessantes Phänomen zu beobachten: Allein durch das Imitieren des Lachens während der Tänze kichern sich die Menschen hinein in ein echtes Lachen.

Die Inder wiederum haben diese Technik zu einer eigenen Disziplin kultiviert. Sie heißt Hasya-Yoga – Lachyoga – und ist ebenso effektiv wie speziell, sodass wir ihr ein ganzes, nämlich das folgende Kapitel widmen.

Der große Lachanfall

Von Ursprung und Wirkung des Hasya-Yoga

Bombay macht depressiv: ein Leprakranker, der mit von der Krankheit zerfressenem Handstummel so lange auf die Windschutzscheibe trommelt, bis man sich mit ein paar Rupien den Weg freikauft; Slums, so weit das Auge und die Nase reichen. Warmer Wind weht einem ins Gesicht, voll süßschwerem Faulgeruch aus brackig fließenden Kloaken und Bergen von Müll.

Bombay macht fröhlich: Der betörende Duft von Jasmin- und Ylang-Ylang-Blüten liegt in der Luft und ein fernes Lachen, gleich nach Sonnenaufgang, denn in keiner Stadt der Welt herrscht zu solch früher Stunde bereits soviel Heiterkeit wie hier. Das hat mit den Lachclubs zu tun, die seit rund zehn Jahren pilzgleich aus dem sandigen Boden der Stadtparks und entlang der Strände am Indischen Ozean schießen: der Joggers-Park-Lachclub, der Yuhu-Beach-Lachclub, der Lokhandwala-Lachclub, um nur jene der ersten Stunde zu nennen, denn mittlerweile ist ihre Zahl in die Hunderte gestiegen.

Neugierig, was denn ein Lachclub überhaupt sei, machen wir uns gegen halb sechs Uhr morgens auf den Weg in den Lokhandwala-Park: Tautropfen funkeln auf den ausladenden Blättern der Bananenstauden, von der Sonne wachgeküsst, schweben Schmetterlinge mit Flügeln groß wie Handteller über weite Wiesen.

Willkommen im Lachclub

Auf einer der größten Grünflächen haben sich fünfzig oder auch sechzig Menschen versammelt: ältere Herren mit Turban, Frauen in leuchtend roten, blauen, grünen und gelben Saris, unter ihnen die zwanzigjährige Ashvini, Groundhostess bei Air India, Hausfrauen, Rechtsanwälte, Büroangestellte, Rentner. In ihrer Mitte steht ein kleiner, etwas fülliger Mann mit schwarzem Kräuselbart, der Lachmeister dieses Lachclubs, wie sich gleich herausstellen wird. »Anchorman« nennen sie ihn nur. Jetzt hebt der »Anchor« beide Arme in den blauen Himmel, sein Kopf legt sich leicht nach hinten, seine Augen schließen sich, dann streckt er sich bis in die Zehen. Hundert Hände folgen seinen Bewegungen, hundert Lippen schließen sich wie seine, atmen tief ein, atmen wieder aus, beginnen mit einem Summen, minutenlang, als hätten sich alle Hummeln zwischen Hyderabad und Hindukusch just hier versammelt: »Aummmmmmm«, der den Hindus heilige Klang des Kosmos, so summt es durch den Park. Und wieder: »Aummmmmm«. Dann ein überraschender Wechsel. Der Krausbart hat seine Hände vom Himmel geholt, klatscht jetzt mit festem Rhythmus: »Hoho hahaha, hoho hahaha, hoho hahaha«, donnert es dabei aus allen Kehlen über die Bananenstauden und durch die Wedel der sich im Wind wiegenden Kokospalmen hinweg: »Hoho hahaha, hoho hahaha, hoho hahaha.« Dann mit einem Mal Ruhe: »Stilles Lachen«, hat der Anchor in die Runde hineingerufen. Alle pressen ihre Lippen zusammen, plustern ihre Backen auf, glucksen in sich hinein, als ob sie gegen das Lachen ankämpfen müssten. Bis die Erlösung kommt, weil der Vorlacher in die Hände klatschend und mit einem skandierenden »Hoho hahaha« zur nächsten Lachübung überleitet. »Der lachende Adler« heißt sie. Ashvini, Kumar, Triluk, Rajiv, Preena und all die anderen haben die Arme gleich Adlerflügeln ausgebreitet, jetzt laufen sie mit schwingenden Händen im Kreis, stoßen dabei gellend krächzende Lachlaute aus und müssen bald über sich selbst und die kuriose Situation herzhaft lachen. Spätestens jetzt lacht auch der Gast mit – weil Lachen bekanntlich ansteckt und die Adlerübung auch zu komisch ist.

»Fake it, until you make it«

Mitten unter den Lachern ist auch Mister Hinduja, ein ebenso hagerer wie rüstiger Endsiebziger und vor allem: ein echter Champion, der beste Lacher zwischen Amritsar und dem Cape Kanya Kumari an der Südspitze des Subkontinents. Vor ein paar Jahren gewann er zum ersten Mal und gegen ein paar tausend Lachcracks den »All India Laughter Contest«. Einziges Kriterium beim Wettkampf: Wer kann am natürlichsten lachen, ohne dass es eigentlich etwas zu lachen gibt. Denn »Laughter without Reason« ist die wahre Lachkunst, wie sie in den Clubs praktiziert wird und die Menschen zu wahren Lachausbrüchen stimuliert – ohne dass man weder »vegetarian« noch »non-vegetarian jokes«, also weder harmlose, sprich »fleischlose«, noch deftig zotige, »fleischige« Witze erzählen müsste.

Es sind allein die über zweitausend Jahre alten Atemübungen des Yoga, die mit pantomimischen Einlagen ergänzt und durch permanente Wiederholung zuerst zu einem zaghaft künstlichen, dann aber zu echtem, intensivem Lachen führen. Und das Erstaunliche dabei: Es funktioniert. Denn bei diesem Vorgang »überlisten« wir unser Gehirn, das zuerst durch ein künstliches, rein mechanisches Lachen aktiviert wird und in der Folge diese Aktivierung mit echtem Lachen verknüpft. Bei manchen Menschen setzt das echte Lachen bereits nach zwei oder drei Minuten ein, bei anderen erst nach einer Viertelstunde. »Fake it, until you make it«, nennen die Inder diese spezielle Technik des Hasya-, also Lachyoga. Ständig werden in den Clubs neue Übungen dafür kreiert, mittlerweile geht ihre Zahl in die Hunderte (die Klassiker wie Tutumeme-Lachen und Löwen-Lachen, aber auch zahlreiche neue Kreationen sind im Kapitel »Leben nach dem Lachprinzip« beschrieben). Lachen macht eben kreativ, sagen dazu die frühmorgendlichen Lacher in den Parks von Bombay, und sie scheinen Recht zu haben.

Lach dich gesund

Erkundigt man sich, warum sich die Lacher bei Sonnenaufgang auf den Weg zum gemeinsamen Fröhlichkeitserlebnis machen, so bekommt man viele Antworten. Alle jedoch haben einen Tenor: »Weil es mir gut tut, weil es mich für den ganzen Tag heiter stimmt, weil es gesund ist.« Eine Frau Mitte dreißig erzählt von ihrer Migräne, die sie lachend losgeworden ist; ein älterer Herr berichtet, dass seine morgendliche Melancholie durch tägliche Lachyoga-Übungen wie weggeblasen sei. Spätestens in den indischen Lachclubs bekommt das Sprichwort vom gesund machenden Lachen eine reale Bedeutung. So weiß Lachchampion Hinduja von einem Mitlacher, dessen Asthmaleiden sich nach einem halben Jahr im Lachclub deutlich linderte. Oder er erzählt von Kumar Patil, dessen Hausarzt nicht mehr den hohen Blutdruck moniert, seit er regelmäßig die morgendlichen Hasya-Meetings besucht.

Jetzt hat das heutige Lachtreffen im Lokhandwala-Park Höhepunkt und Ende erreicht. Die Gruppe macht abschließend einige Atemübungen, die Arme aller Teilnehmer strecken sich erneut in den Himmel, und noch einmal brummt das »Aummmmm« über die Palmen hinweg und hinauf zu den am Himmel ihre Kreise ziehenden Möwen. Bevor jeder seiner Arbeit nachgeht, stehen alle ein paar Minuten zusammen, trinken indischen Tee mit viel Milch und schenken sich zum Abschied gegenseitig eine Weisheit für den Tag. Einer sagt:

»Die Zeit mit Lachen zu verbringen ist die Zeit mit Gott zu verbringen.«

Alle nicken und klatschen. »Very good«, meint der Turbanmann, dann verschwinden sie im Straßengewirr Bombays: »Bis morgen.«

Locker und entspannt, so geht es Morgen für Morgen in Indiens Lachclubs zu: Wer hinkommt und mitlacht, ist bereits Mitglied. Es gibt weder ein Aufnahmeformular noch einen Beitrag. Nach dem Motto »Lacher aller Länder – vereinigt euch« sind Fremde genau so willkommen wie der Gemüsehändler vom Markt gleich um die Ecke. Einen Clubvorstand wird man ebenso vergeblich suchen wie Vereinsstatuten – mit einer einzigen Ausnahme: »Frage nicht nach der Religion eines Menschen und nicht nach seinem Einkommen, frage nicht nach seiner Hautfarbe und seiner politischen Partei – lache einfach mit ihm.« So lautet die Maxime der Yoga-Lacher, und daran halten sie sich jeden Tag, frühmorgens, eine halbe Stunde lang.

Die Wurzeln des Hasya-Yoga

Die Chancen stehen gut, bei den Lachern im Lokhandwala-Park Madan Kataria, einen immer vergnügten Arzt in den späten Fünfzigern mit schütterem Haar und manchmal auch mit Toupet zu treffen. Am besten, man fragt einfach nach dem »Lachdoktor«, denn unter diesem Namen kennen ihn hier alle.

Pioniere des Lachyoga

Vor gut zehn Jahren hatte der Arzt Freunde und Nachbarn angesprochen: »Es wird viel zu wenig gelacht. Wir sollten uns deshalb regelmäßig zum Lachen treffen. Wer will mitmachen?« Meist wurden er und seine Idee nicht ernst genommen, vier aufrechte Mitlacher fanden sich aber doch – der Nukleus des Lachyoga. »Wir trafen uns frühmorgens im Park, jeder brachte ein paar Witze mit, die wir uns gegenseitig erzählten. Dann lachten wir. Anfangs funktionierte das noch ziemlich gut, doch bald gingen uns die Witze aus, und die Treffen begannen, langweilig zu werden«, blickt Kataria auf die Frühzeit der modernen Lachbewegung zurück. Ein viel weiter in die Vergangenheit reichender Blick brachte den zündenden Gedanken für die daraus folgende Lachexplosion. Madan Kataria und seine Mitlacher erinnerten sich an alte Atemtechniken des Yoga, welche von lachartigem Ein- und Ausatmen begleitet werden. »Wenn wir die immer und immer wiederholen, müssten wir automatisch in ein grundloses Lachen verfallen«, so die Überlegungen. Erste Versuche waren in der Tat viel versprechend. Bald fand man heraus, dass die Atemübungen leichter zum gewünschten Erfolg führen, sobald man sie pantomimisch begleitete: Das sah lustig aus und führte noch schneller zum gewünschten Effekt, dem grundlosen Lachen. Die ersten Übungen des Hasya-Yoga waren kreiert. Sie bekamen so kuriose Namen wie »Hühner-Lachen« und »Pinguin-Lachen«, Übungen, bei denen man die zu Fäusten geballten Hände unter die Achseln klemmt und mit den Armen flattert, um dann schallend lachend im Stil des Federviehs kreuz und quer zu rennen oder mit am Körper angelegten Armen und abgespreizten Händen wie die Polarvögel nebeneinander her zu watscheln.

Ein zündender Funke

Von da an war kein Halten mehr: Diesen ersten Übungen folgten etliche weitere, zur kleinen Lachgruppe im Lokhandwala-Park gesellten sich bald neugierige Jogger und frühmorgendliche Spaziergänger. Die Gruppe wuchs und wuchs, und bald zählte man rund vierzig Menschen, die sich regelmäßig zum Morgenlachen einfanden. Es dauerte nicht lange, und der Lachfunke sprang von Lokhandwala aus in andere Stadtparks und Grünanlagen Bombays und von dort nach Goa, Bangalore und in weitere indische Metropolen über.

Volksbewegung Lachen
Mittlerweile hat die Hasya-Yoga-Bewegung auf dem Subkontinent Millionen Menschen erfasst, und das auch an zunächst unerwarteten Orten. So beginnt in einigen Fabriken in Bombay das Tagwerk mit halbstündigen Lachyoga-Übungen, in etlichen Schulen startet der Unterricht erst, nachdem sich die Kinder fünfzehn Minuten lang richtig ausgelacht haben. »Die Schüler kommen frühmorgens pünktlich zur Schule, weil sie lustig beginnt, und später während des Unterrichts sind sie weit weniger zappelig und höher konzentriert«, wissen die Lehrer und Lehrerinnen von den positiven Nebeneffekten des Lachyoga zu berichten.

Die »mystische Rose«

Von den Wurzeln des Hasya-Yoga zu sprechen heißt auch, einen sehr speziellen Mann zu erwähnen. »Meine Mission ist es ganz gewiss, der gesamten Menschheit das Lachen zu bringen«, sagt Osho – Baghwan – über sich und seine Aufgabe. Neben Kataria gilt Osho als einer der dynamischsten Wegbereiter des Lachyoga, obwohl er selbst zu keiner Zeit diesen Begriff verwendete.

Für Osho ist das Leben nichts anderes als ein großer kosmischer Witz. »Nimm es ernst, und du wirst es ständig verfehlen.

Verständlich wird es erst durch Lachen. Wenn der Ernst verloren geht, geht nichts verloren – ja, man wird gesünder und heiler. Doch wenn das Lachen verloren geht, ist alles verloren. Plötzlich verliert ihr die Festlichkeit eures Daseins, werdet ihr farblos, eintönig, in gewisser Weise tot. Dann fließt eure Energie nicht mehr.«[1]

Damit die Energie wieder fließt, hat Osho eine sich über drei Wochen erstreckende Meditationsform entwickelt. Ihr Name: »The Mystic Rose«. Diese »mystische Rose« beginnt in der ersten Woche mit Lachmeditationen, dann schließt sich eine Woche Weinen an, die Übungen der dritten Woche heißen »Der Wächter auf dem Berg« und bestehen aus Schweigen. Für die Lachübungen gibt Osho folgende Anweisungen: »In den ersten sieben Tagen beginnt die Meditation damit, dass du mehrmals laut ›Jahu!‹ rufst, dann lachst du fünfundvierzig Minuten lang ohne Grund. Du kannst im Sitzen oder Liegen lachen. Manchen Menschen fällt es im Liegen leichter, weil dann die Bauchmuskeln entspannter sind und die Energie leichter fließen kann. Manche Leute strampeln, wodurch ein lachendes oder kicherndes Kind zum Vorschein kommen kann. Es geht darum, sein inneres Lachen zu finden, das überhaupt keinen Grund hat. Wenn ihr drei Stunden lang nachgrabt, werdet ihr staunen, wie viele Staubschichten sich über eurem Wesen angesammelt haben. Das Lachen wird diese Schichten wie ein Schwert mit einem Schlag durchdringen.«[2]

Lachen, bis das Denken stillsteht

Auch im modernen Hasya-Yoga gibt es die Übungen »Lachstern« und »Lachteppich«, bei denen die vorher schon durch spezielle Atemtechniken in heftiges Lachen geratenen Teilnehmer rücklings auf dem Boden liegen: sternförmig, Kopf an Kopf, Füße nach außen. So strampeln sie vor Lachen mit den Beinen, klatschen mit den Händen auf den Boden oder halten sich einfach nur den Bauch vor Lachen. Zehn Minuten dauert diese Lachorgie, dann ebbt sie etwas ab. Doch ein vereinzeltes leises Glucksen hier, ein zaghaftes Kichern dort reichen schon aus, und die gesamte Gruppe rollt und wälzt sich weiter auf dem Boden, fällt von einer Lachattacke in die nächste. Eine Stunde lang oder noch länger kann das so gehen. Ebenso wie diese speziellen Übungen des Lachyoga führen auch die sehr ähnlichen Techniken der »Mystic Rose« direkt in einen tief meditativen Zustand. Osho: »Das Denken steht still. Es ist unmöglich, gleichzeitig zu lachen und zu denken. Das sind diametrale Gegensätze: Entweder kannst du lachen oder denken. Wenn du wirklich lachst, bleibt das Denken stehen. Wenn du immer noch denkst, wird das Lachen ein verkrüppeltes Lachen sein. Wenn du wirklich lachst, verschwindet der Verstand plötzlich. Die ganze Methodenlehre des Zen dreht sich darum, wie man in den Nicht-Verstand kommt. Das Lachen ist eine der schönsten Türen, die da hineinführen.«[3]

Gut zu wissen

Unterstützung für diese spirituelle Sicht des Lachens kommt mittlerweile auch von der Naturwissenschaft: »Lachyoga«, definiert Ilona Papousek, »ist ein Training, bestimmte Systeme im Gehirn zu aktivieren, die einen heiter, zufrieden und glücklich machen.«

Dieser Zustand führt zu einer ausgelassenen Befindlichkeit, die wir alle aus unserer Kindheit kennen.

Lachen wie die Kinder

Während unserer Seminare ist das Übertreten dieser Schwelle sehr genau zu beobachten: Es beginnt zuerst zaghaft und vereinzelt bei einigen Teilnehmern, doch innerhalb weniger Minuten springt der Funke auf die ganze Gruppe über, und plötzlich verhalten sich erwachsene Menschen auf eine Art und Weise, wie das wohl seit ihrer Kindheit nicht mehr der Fall war. Bar jeder »vernünftigen« Selbstkontrolle, beginnen sie mit Neckereien und gegenseitigem Kitzeln, schlagartig mutieren die Lachyoga-Übungen zu wilden Fangspielen, bei denen die Menschen kichernd und prustend wie einst in Kindergarten- und Schulhofzeiten durcheinander und hintereinander herlaufen. Das für außenstehende Beobachter Erstaunliche:

Der Lachvirus erwischt ausnahmslos alle.

Selbst in unseren Firmenseminaren, wo wir es mit sehr auf ihre Außenwirkung bedachten Diplomingenieuren, Finanzexperten und Managern zu tun haben, gelingt es, diese Menschen innerhalb weniger Stunden an jenen Punkt zu führen, den Osho als »das plötzliche Verschwinden des rationalen Nachdenkens« bezeichnet. Ein äußerst willkommener Zustand, weil man sich in der Abwesenheit aller rationaler Reflexion voll und ganz dieser positiven Kraft des Lachens hingibt.

An dieser Stelle zitieren wir gerne einen früheren Seminarteilnehmer und Vorstand eines internationalen Konzerns. Nach dem Seminar kam er mit folgenden Worten zu uns: »Heiner und André, ich muss schon sagen, hätte ich vor dem Seminar eine Videoaufzeichnung von am Boden vor Lachen strampelnden und sich kugelnden Menschen gesehen, ich hätte mein halbes Jahresgehalt gesetzt, dass euch beiden das mit mir nicht gelingen wird. Und ich muss zugeben – ich hätte die Wette verloren.« Ein paar Tage später meldete er sich telefonisch noch einmal: Jetzt berichtete er aus dem Abstand einiger Tage von den »Nachwirkungen«. Und die waren erheblich: »Ich habe seit Jahren nicht mehr so gelacht, nicht mit meiner Familie und schon gar nicht mit meinen Mitarbeitern.« Und dann brachen sie aus ihm heraus – während und nach dem Seminar hochgekommene Erinnerungen an Kindheit und Jugend. Er erzählte von einem strengen Elternhaus, in dem so gut wie nie gelacht wurde, und von einem permanent Leistung einfordernden Vater. Er erzählte, wie er sich bereits im Gymnasium, dann während des Studiums und später während seiner beruflichen Laufbahn so sehr diesem Leistungsdruck – der kein Leistungswille ist – allein deshalb unterwarf, um die stetig steigenden Erwartungen des Vaters zu erfüllen. Nach und nach verschwand dabei die Lebensfreude aus seinem Leben. »Selbst bei geschäftlichen Erfolgen«, so erzählte er »hatte ich keine Freude an diesem Erfolg, höchstens das erleichterte Durchatmen, es wieder einmal geschafft zu haben, wieder einmal die Latte übersprungen zu haben.« Auf der Heimreise vom Seminar wurden ihm »die Strukturen und Zwänge, die seit Kindheit mein Leben bestimmen, mit einem Mal klar. Ich war darüber sehr traurig und gleichzeitig glücklich, mit fast fünfzig Jahren diesen Zusammenhang erkannt zu haben.«

Therapie mit (positiven) Nebenwirkungen

Lachyoga bewirkt die erstaunlichsten Veränderungen in Menschen. Vor allem in Briefen und E-Mails, die wir Tage und Wochen später bekommen, erzählen die Teilnehmer unserer Seminare von »schönsten Erfolgen«, die auch uns viel bedeuten. So berichtete beispielsweise eine Stuttgarterin, die innerhalb kürzester Zeit durch Verkehrsunfall und Herzinfarkt zuerst ihren Sohn und dann ihren Mann »von einer Minute auf die andere« verloren hatte, dass sie nach zwei Jahren des Weinens und der Trauer »wieder Freude und ein Samenkorn zum Glücklichsein in sich entdeckt hat«.

Ein glücklicher Ehemann aus Wien erzählte uns gleich nach dem Seminar, dass er seine Frau nur dreimal in seinem Leben »so schön und so glücklich gesehen und erlebt« habe: als die beiden sich kennen lernten, bei ihrer Hochzeit und in den Tagen während und nach dem Hasya-Seminar. Und, weil aller guten Dinge drei sind, noch ein Paar aus Köln, nach sieben Jahren Ehe in die Permanentkrise geraten: »Wir haben uns noch während des Seminars wieder ineinander verknallt und auf dem Nachhauseweg miteinander geschmust und geturtelt, wie seit den Tagen unserer ersten Verliebtheit nicht mehr. Unsere Ehe hat seitdem eine ganz neue Qualität erhalten. Wir streiten auch so gut wie nicht mehr miteinander. Kaum dass einer damit anfängt, lösen sich unsere Konflikte in Lachen auf. Ein idealer Weg zu ihrer Lösung.«

Was Lachen mit Yoga zu tun hat

Yui stammt aus dem Sanskrit. Es ist die Wurzel des Wortes Yoga und bedeutet »anjochen« und »verbinden«. Wie bei so vielen Sanskrit-Begriffen – ein Beispiel ist die Verschiebung von Sitar zu Kithara zu Guitar und Gitarre – finden wir denselben Wortstamm im lateinischen *jugum* und im deutschen *Joch* wieder. Ein Joch verbindet zum einen die Zugtiere eines Ochsenkarrens miteinander, zum anderen ermöglicht es dem Wagenlenker, die Tiere zu führen. In den heiligen Hinduschriften der Upanischaden heißt es sinngemäß: »Der Körper ist der Wagen für die Seele.«

Yoga ist der Weg, um Körper, Geist und Seele in Harmonie zu bringen und zu verbinden.

In den Sutras (*sutra* bedeutet »Faden« und im übertragenen Sinn »Leitfaden«) des vor über zweitausend Jahren niedergeschriebenen *Patanjali,* einer Sammlung von rund zweihundert Merksätzen für ein harmonisches Leben, wird in einem eigenen Abschnitt der achtgliedrige Pfad des Yoga beschrieben: Es finden sich hier *Yama* (die Regeln im Umgang mit anderen), *Niyama* (die Regeln im Umgang mit sich selbst), *Asana* (die Regeln der rechten Körperhaltung), *Pranayama* (die Regeln zur Lenkung des Atems), *Pratyahara* (die Regeln zum Zurückziehen der Sinne), *Dharana* (die Anleitungen zur Konzentration), *Dhyana* (die Meditation) und schließlich *Samadhi,* das Eins-Sein.

Yoga für jeden

Beim Hasya- oder Lachyoga sind vor allem die Regeln von *Asana, Pranayama* und zum Teil auch *Pratyahara* von Bedeutung. Die Anweisungen des *Pranayama* bestehen aus Übungen zur wechselseitigen Nasenatmung (*Nady Sodhana Pranayama*), der Reinigungsatmung (*Kapala bhati Pranayama*) und Übungen zum Heben der Lungenflügel, der Zwerchfellatmung und der Bewegungen der Bauchmuskulatur (*Bhastrika Pranayama, Uddiyana Bandha, Nauli Kriya*). Bei den Übungen des Hasya-Yoga werden verschiedene Pranayamas gleichzeitig angesprochen. Das Wunderbare daran: Die exakte technische Ausführung muss nicht erlernt werden, denn Lachen kann jeder, und beim Lachen macht man keine Haltungsfehler. Das bedeutet: Die Pranayamas werden dabei richtig und ohne große Konzentration auf die korrekte Ausführung und die Körperhaltung erfüllt.

Der Weg zum Gleichgewicht

Eine eigene Richtung innerhalb des komplexen Yoga-Systems ist neben *Raja-Yoga, Karma-Yoga, Kundalini-Yoga* und *Jnana-Yoga* – um einige der wichtigsten zu nennen – das so genannte *Hatha-Yoga. Ha* – ebenfalls aus dem Sanskrit stammend – bedeutet die positive, warme Kraft der Sonne beziehungsweise generell positive Energie, während *Tha* dem Mond, dem reflektierten, schwachen und kalten Licht sowie der Dunkelheit zugeordnet wird. Der Begriff *Ha-Tha* umschließt außerdem die Gegensatzpaare oben und unten, links und rechts, vorwärts und rückwärts gewandt, vergangen und zukünftig, männlich und weiblich. Yoga wird in diesem Kontext im Sinn – wir erinnern uns an die Joch-Metaphorik – von »zusammenfügen« und »verbinden« gebraucht; Hatha-Yoga bezeichnet damit das Wissen um die Polarität und Dualität sowie seine Verschmelzung in der Einheit und in absoluter Harmonie. Hatha-Yoga ist also das Wissen um den Weg zu absolutem Gleichgewicht und der rechten Balance zwischen den beiden fundamentalen und gegengerichteten Energien des Kosmos beziehungsweise Chaos. In seinen philosophisch-spirituellen Grundlagen entspricht Hatha der chinesischen Lehre von Yin und Yang.

Lachen – eine spezielle Form des Atmens

Ein wesentliches Kennzeichen des Hatha-Yoga ist seine hervorhebende Gewichtung des Atems und des Atmens. Atmen bedeutet für Inder jedoch entschieden mehr, als lediglich Luft durch die Nase oder den Mund ein- und auszublasen. Atem und Atmen ist für sie der Anschluss an die Energie des Universums, an die Energie einer beständig evolierenden und revolierenden Schöpfung. Die hinduistische Kosmologie deutet das Universum selbst als einen einzigen gigantischen Organismus, der sich einatmend (expandierend) und ausatmend (zusammenziehend) immer wieder selbst neu erschafft. Mit dieser viertausend Jahre alten Vorstellung sind die alten Inder einer Theorie der modernen Astrophysik sehr nahe, welche von einem nach dem Urknall expandierenden (also »einatmenden«) All ausgeht, das nach Jahrmilliarden wieder in sich zusammenfällt (also »ausatmet«), um im Zeit- und Raumpunkt der höchsten Kontraktion einen nächsten Urknall zu zünden. Atem – die Inder sprechen in diesem Zusammenhang von *Prahna* – ist in der hinduistischen Kosmologie also weit mehr als nur Schaffung und Erhaltung des Lebens[4], *Prahna* ist das kosmische Prinzip schlechthin.

> **Gut zu wissen**
> Nahezu alle Hatha-Übungen lehren tiefes und kontrolliertes Atmen. Tiefes Atmen ist ein exzellenter »Tranquilizer«, der uns locker macht und in negativen Anspannungssituationen für den Abbau von Stress sorgt.

Wenn wir Lachen als eine ganz spezielle und heiter machende Form des Atmens sehen, dann bekommen die Spruchweisheiten der indischen Lachyogis – »Lachen heißt mit Gott zusammen sein« oder »Lachen bedeutet mit Gott sprechen« – eine tiefe spirituelle Dimension. Insofern sollte uns diese nun wahrlich weltallweite Bedeutung von Atem und Atmung gegenwärtig sein, wenn wir über Hatha-Yoga und Hasya-Yoga sprechen, auch dann, wenn es um die gar nicht so spirituell anmutende Praxis des Lachens »ohne Grund« geht.

Gut zu wissen
Tiefe Atmung, wie sie auch beim intensiven Lachen passiert, steigert die Sauerstoffanreicherung im Blut. Unmittelbar spürbare Folgen sind eine Intensivierung der Wachheit.

Fast alle Übungen des Hasya-Yoga basieren auf der Tiefenatmung des Hatha-Yoga. Doch anders als beim Hatha-Yoga fällt man im Hasya-Yoga sehr schnell in einen Zustand der »lauten Sofort-Meditation«, die wie jede Meditation ein unmittelbares Abschalten der intellektuellen Reflexion, des Denkens und Nachdenkens bewirkt. Denn – siehe Osho: Wer lacht, denkt nicht, und wer denkt, lacht nicht. Beides zusammen lässt sich nicht zur selben Zeit vereinen.

Von der Kraft der Mudras

Ende August wird in ganz Bombay besonders groß gefeiert: *Ganesha-Chaturthi* heißt das mehrtägige Fest zu Ehren von Lord Ganesha, dem elefantenköpfigen Gott, den wir bereits im Kapitel »Lachen als Erlösung und Erleuchtung« vorgestellt haben. Tonnenweise hat man süße Halwas, mit Zucker überzogene Teigkugeln, zubereitet. Stellvertretend für den gefräßigen Ganesha werden sie von den Menschen gegessen. Zu Hunderttausenden hat man Gipsfiguren der elefantenköpfigen Gottheit, klein wie Teddybären oder groß wie Kühe, gegossen, in kitschigen Bonbonfarben bunt bemalt und in endlosen Prozessionen durch die Stadt und dann in die Wellen des Indischen Ozeans hineingetragen. Ganesha wird mit vier Armen dargestellt, jede Hand in einer anderen Haltung. Die rechte obere hat Daumen und Zeigefinger Spitze an Spitze zusammengelegt, die restlichen drei Finger sind gestreckt, die linke und die rechte untere Hand sind mit eingehakten Fingern ineinander verschränkt. Indische Lachyogis halten während ihrer Atemübungen die Hände in ähnlicher Position, sie formen mit Hand und Finger eine so genannte *Mudra.*

Gut zu wissen
Mudras sind bestimmte Hand- und Fingerhaltungen mit symbolischem Gehalt. In der indischen Mythologie werden ihnen hohe spirituelle Qualitäten zugesprochen, die unseren Körper und unseren Geist wirksam beeinflussen.

Fünfundzwanzig unterschiedliche Mudras kennt beispielsweise das hauptsächlich auf Körper- und Atemübungen aufgebaute Hatha-Yoga. Formt man Finger und Hand zu einer Mudra, so verstärkt dies laut Yogalehre den Effekt des bewussten Einsatzes des Atems, denn Mudra und Atmung sind in ihrer Wirkung untrennbar miteinander verbunden. (Im

Kapitel »Leben nach dem Lachprinzip« gehen wir auf diese speziellen Mudras detaillierter ein.) Dabei werden den unterschiedlichen Mudras unterschiedliche Konsequenzen zugesprochen. Es gibt Mudras zur Stimulierung von Gleichmut und Geduld, Mudras zum Abbau von Aggressionen und zur Steigerung der Gelassenheit, zur Erlangung von innerer Harmonie, Freude und Glückseligkeit.

Mudras sind nicht nur im Hinduismus, in den Bildnissen der indischen Gottheiten und bei den indischen Yogis bekannt. Buddha beispielsweise wird ausnahmslos mit Händen in verschiedenen Mudra-Haltungen dargestellt. Auch die zum Segen erhobenen Zeige- und Mittelfinger und der Daumen des auferstandenen Christus stellen eine klassische Mudra-Haltung dar. Es muss also etwas »dran sein« an der spirituellen Kraft dieser speziellen Finger- und Handpositionen.

Das Kraftfeld in den Händen

Die indische Medizin, aber auch die traditionelle thailändische, chinesische wie auch die indianische gehen davon aus, dass die verschiedenen Bereiche der Hand von den Fingerspitzen bis zu den Handballen diverse Reflexzonen bilden, die sowohl mit bestimmten Organen des Körpers als auch mit bestimmten Regionen des Gehirns vernetzt sind. Zwischen Händen und Nacken besteht über die Nervenbahnen, die aus der Wirbelsäule und durch die Wirbellöcher direkt in Hände und Finger führen, ein direkter Bezug. Deshalb empfehlen indische Ärzte bei Nackenverspannungen eine Reihe von Fingerübungen, die aus den Mudras abgeleitet sind. Auch auf einen weiteren Zusammenhang zwischen unseren Händen und dem Lachyoga weist die indische Medizin hin:

Weit auseinander gespreizte Finger, wie wir sie bei den *Hohohahaha*-Klatschübungen haben sollen, lösen einen Reflex aus, dem das Auseinanderspreizen der Brustwirbel und damit eine Vergrößerung des Atemvolumens folgt. Doch damit nicht genug der Vernetzung unserer Handflächen, der Handballen und der Finger mit der Feinstofflichkeit unseres Körpers, sind doch den fünf Fingern jeder Hand die fünf Chakren zugeordnet, die entlang der Wirbelsäule (also nicht das in Höhe der Augen und am Scheitel sich befindende Stirn- und das Kronenchakra) lokalisiert sind: dem Daumen das *Solarplexuschakra* (die Inder nennen es *Manipura-Chakra),* dem Zeigefinger das *Herzchakra,* dem Mittelfinger das *Halschakra,* dem Ringfinger das *Wurzelchakra,* dem kleinen Finger das *Sakralchakra.*

Gut zu wissen

Chakren sind insgesamt sieben radgleich rotierende Energiezentren entlang der Wirbelsäule und in Höhe der Augen und des Scheitels, welche die Energien des Körpers bündeln und wieder verteilen.

Man kann sie mit den Knotenpunkten eines Straßennetzes vergleichen, wobei die Straßen Energiebahnen sind (die indische Medizin spricht von *Nadis,* die chinesische von *Meridianen*). In beiden Systemen wie übrigens auch in der traditionellen Medizin der Azteken und Maya wird Krankheit als Blockade oder falsche Weichenstellung dieser Nadis verstanden und durch entsprechende Korrektur geheilt.

In Kombination mit den Atemübungen des Lachyoga empfehlen wir folgende vier Mudras – in Rücksprache mit unseren indischen Lehrern und ayurvedischen Ärzten – als ideale Ergänzung: das *Dharmachakra*-Mudra, das *Pran*-Mudra, das *Apan*-Mudra und das *Kubera*-Mudra (Anweisungen zur Ausführung siehe im Kapitel »Leben nach dem Lachprinzip«).

Warum sind Smileys gelb?

Ein kreisrunder Fleck, darin zwei schwarze Punkte als Augen und darunter ein Halbbogen. Milliardenfach lächelt es uns so entgegen: von T-Shirts und Werbeplakaten, von Handy-Displays, in den Chatrooms des Internets, von Ecstasy-Pillen. Microsoft hat sogar in seinem Word-Programm eine kleine und witzige Überraschung versteckt, die automatisch aus einer eingetippten »Doppelpunkt-Bindestrich-Klammer zu«-Kombination ein ☺, also ein Smiley macht. Dabei kommt der lachende Bursche – entworfen hat ihn vor gut vierzig Jahren und zum Spottlohn von 45 Dollar der Grafiker Harvey Ball für eine amerikanische Versicherungsgesellschaft – so gut wie immer in leuchtendem Gelb daher. Doch warum ist das so, warum sind Smileys weder grün noch rot und schon gar nicht dunkelblau? Warum ist Gelb jene Farbe, die wir automatisch mit Lachen in Verbindung bringen? Vermutlich hat sich Harvey Ball darüber keine tiefen Gedanken gemacht, er hat einfach die richtige Farbe für sein Lachgesicht ausgewählt, genauso wie Kinder der Sonne immer ein lachendes Gesicht in ihre gelb umflammte Scheibe zeichnen, genauso wie wir vom »sonnigen Gemüt« eines immer gut gelaunten, heiteren Menschen sprechen.

Gelb steht für positive Energie

Greifen wir noch einmal auf die Chakren zurück, genauer auf das *Manipura-Chakra*. Es gleicht einem kleinen rotierenden Spiralnebel direkt in Höhe des Solarplexus. Boxer können bestätigen, dass dieser Bereich ein Energiezentrum ist. Wird es beispielsweise durch einen kräftigen Schlag gestört, verlieren selbst hünenhafte Männer sofort das Bewusstsein und gehen – um in der Boxersprache zu bleiben – auf die Bretter. Dieses Manipura-Chakra wird in der alten medizinischen Literatur Indiens als gelb-rötlich leuchtender Kraftwirbel beschrieben, es ist der Sitz von Lebensfreude, Kraft und Heiterkeit. Fällt ein Mensch in heftiges Lachen, so verschiebt sich nach Aussage indischer Chakren-Heiler die Farbe des Manipura-Chakra hin zu einem warmen, sonnigen Gelb, wie es auch Harvey Ball für sein Ur-Smiley auswählte. Auch unter westlicher Perspektive macht diese Zuordnung Sinn, denn in unmittelbarer Nähe des Manipura-Chakras sitzt das Zwerchfell, das beim Atmen und noch mehr beim Lachen eine wesentliche Funktion hat.

Das System der Chakren war nicht nur den alten Indern bekannt, man findet es in Varianten auch in den indianischen und den traditionellen fernöstlichen Medizinen. Darin liegt wohl der Grund, warum ausnahmslos in allen alten Kulturen die Farbe Gelb für Wärme und Fruchtbarkeit, für Glücklichsein und Optimismus, für Fröhlichkeit und für das Leben generell steht. Denn Gelb symbolisiert das Element Gold und damit die Farbe der Sonne, also die höchste Gottheit und die göttliche Macht als Überbringer positiver »warmer« Energie.

Anregende Effekte

Die traditionelle chinesischen Medizin ordnet die Farbe Gelb dem *Yin* zu, also dem Weiblichen und dem Prinzip der Erde. Der elektromagnetischen Schwingungsenergie des Gelbspektrums wird positiver Einfluss und anregender sowie stärkender Effekt auf die Nerven wie die Ernährungs- und Reinigungsorgane Leber, Milz, Magen, Darm und Blase zugesprochen.

Gut zu wissen

Gelb, so sagen die alten Chinesen, regt die Produktion der Gallenflüssigkeit an und wirkt reinigend auf Blut und Lymphe. Außerdem unterstützt es die Ausscheidung von Schlacken durch die Haut. Psychologisch wird der Farbe Gelb eine Milderung düsterer Gemütsstimmungen und von Lust- und Antriebslosigkeit nachgesagt, es soll Heiterkeit und Lebensfreude fördern.

Von Goethe wird erzählt, dass er sich bei trübem Wetter von Zeit zu Zeit ein gelbes Glas vor die Augen hielt.

Gelbes Licht für größere Eier

Erste naturwissenschaftliche Beweise, dass Farben einen Einfluss auf lebende Organismen haben, lieferten Versuche mit Hühnern. In ihren Ställen wurden einige mit gelbem Licht beleuchtet. Ergebnis: Die »Gelb-Hühner« legten mehr und größere Eier als ihre unbestrahlten Schwestern, die unter ansonsten gleichen Bedingungen und bei identischer Futterversorgung lebten.

Wirkung von Farben

Abgesehen von solch vereinzelten Untersuchungen, hat man sich im Westen nur wenig für die naturwissenschaftliche Erforschung[5] der biologischen Auswirkung einzelner Farben und ihrer speziellen Schwingungsenergie auf den Menschen interessiert. Sicher, es gibt Farbberater, die von Innenarchitekten bei der Gestaltung von Büroräumen konsultiert werden; wie und warum jedoch die jeweilige Schwingungsenergie einzelner Farben auf den Gesamtorganismus des Menschen oder auf die einzelne Zelle wirkt, wird bislang nicht untersucht. Auch in der klassischen Schulmedizin erfährt der Einfluss von Farben auf die biopsychologischen Abläufe im Körper so gut wie keine Berücksichtigung.

Ich (H.U.) selbst muss gestehen, dass ich bis vor nicht allzu langer Zeit Farbtherapien sehr reserviert gegenüberstand, bis ich in Indien auf einem Symposium über ayurvedische Medizin Professor Choong Moon Kim, einem Neurologen aus Seoul begegnete. Neben seiner Arbeit als Hirnforscher beschäftigt sich Kim intensiv mit der traditionellen chinesischen und koreanischen Heilkunde, im Speziellen mit der Wirkung von Farben auf den Organismus. Dieser Professor stellte Erstaunliches mit mir an. Er hatte einen kleinen Holzkoffer bei sich, der mit seinen vielen Farbtöpfen entfernt an einen Künstlermalkasten erinnerte, und begann, mir fingernagelgroße Farbpunkte – vornehmlich die Farbe Rot in diversen Schattierungen – direkt am Handpuls, an der Innenseite des Fußgelenks und da und dort entlang der Meridiane zu tupfen. Mit erstaunlichen Folgen: Plötzlich verspürte ich erstaunliche Kräfte in meinen Armen. Sie waren so stark, dass zwei Männer es nicht schafften, meine zur Faust geballte Hand zu öffnen. Kaum jedoch entfernte der koreanische Professor die Farbflecken von meinem Körper, war es ein Leichtes, mir die Finger aufzubiegen. Derselbe Versuch mit schwarzen Farbflecken hatte dagegen fatale Folgen: Ich wurde innerhalb kurzer Zeit kraftlos und schwach.

Seit diesem Erlebnis sehe ich die Kraft der Farben mit anderen Augen: die roten Bindi-Punkte der Inderinnen direkt auf ihrem dritten Auge, die roten Stirnbänder der Indianer, die schweren und schwarzen Büßerkutten christlicher Nonnen, die schwarzen Ornate der niederen katholischen Priesterschaft, die gelben Roben buddhistischer und die gelben Mützen lamaistischer Mönche, das leuchtende Gelb der Smileys.

Pawlows berühmter Hund und Lachyoga

Der Prozess der so genannten »klassischen Konditionierung« wurde im neunzehnten Jahrhundert erstmals vom russischen Medizin-Nobelpreisträger Iwan Pawlow entdeckt und beschrieben.

Pawlow beschäftigte sich eigentlich mit Verdauungsprozessen und in diesem Zusammenhang mit der Speichelabsonderung von Hunden während der Fütterung. Ihm fiel auf, dass die Hunde bereits Speichel absonderten, wenn der Tierpfleger den Raum betrat. Daraufhin führte Pawlow gezielt Experimente durch; sein Hund »lernte« zum Beispiel, immer dann Speichel abzusondern, wenn eine Glocke läutete. Dass ein Hund, wenn er den Geruch von Fleisch wahrnimmt, Speichel absondert, ist ein natürlicher und angeborener Vorgang. Glockenläuten dagegen hat damit ursprünglich überhaupt nichts zu tun. Wenn aber immer wieder, wenn der Hund gefüttert wird, gleichzeitig eine Glocke läutet, sondert der Hund mit der Zeit auch dann Speichel ab, wenn nur die Glocke läutet. Das ist klassische Konditionierung. Die Speichelabsonderung, wenn nur mehr das ursprünglich neutrale, unbedeutende Glockenläuten allein dargeboten wird, nennt man *konditionierte Reaktion*. Diese konditionierte Reaktion wird umso stärker, je öfter das Glockenläuten gemeinsam mit dem Futter auftritt. Wenn sehr oft nur noch die Glocke ohne Futter läutet, wird die konditionierte Reaktion mit der Zeit wieder gelöscht.

Ein Reiz – und was er auslöst

Konditionierung ist ein grundlegender psychologischer Prozess, der in unserem täglichen Leben ständig stattfindet. Uns »läuft das Wasser im Mund zusammen«, sobald wir unser Lieblingsgericht nur von weitem sehen. Ursache für die Speichelproduktion ist nicht der Anblick des Essens selbst, sondern das, womit dieser Anblick verbunden ist, nämlich der Geschmack der Speise. Der Geruch eines bestimmten Parfüms kann bei manchen Menschen sehr positive Gefühle auslösen. Ursache für diese Gefühle ist wiederum nicht der Geruch selbst, sondern das, womit der Geruch oft gemeinsam aufgetreten ist, also mit einer Geliebten oder einem Geliebten. Oder – eine Situation, die wohl jeder kennt: Man verliebt sich, es läuft eine bestimmte Musik im Lokal, man möchte diesen Song immer wieder hören und macht ihn damit zu »unserem Lied«; man denkt an seinen Mann, die Frau, die Freundin, den Freund, sobald dieser Song im Radio läuft, einerlei, ob die Person gegenwärtig ist oder nicht. Diese Konditionierung kann auch in ihr Gegenteil umschlagen, sobald die Beziehung oder Ehe zu Ende ist. Man kann dann diesen einst so geliebten Song nicht mehr hören, denn er macht nun traurig und melancholisch.

Lachen und Konditionierung

Lachyoga gehört ebenfalls zu den klassischen Konditionierungen – allerdings mit ausschließlich positiven konditionierten Reaktionen. Beim Hasya-Yoga führt absichtliches, lautes Lachen als automatische und natürliche Reaktion zu Heiterkeit und freiem Lachen. Durch die häufige Wiederholung von Lachyoga-Übungen im Laufe eines Seminars oder bei den Treffen im Lachclub wird erreicht, dass das absichtliche Lachen immer wieder gemeinsam mit bestimmten pantomimischen Gesten, aber auch mit dem Anblick der anderen Teilnehmerinnen und Teilnehmer auftritt. Daher genügt im Laufe der Zeit die Andeutung einer Geste einer Lachyoga-

Übung, um Heiterkeit und Lachen auszulösen – beides wird also konditioniert.

Gut zu wissen
Durch die Konditionierung kommt man immer schneller und leichter zu Heiterkeit und Lachen, sie lassen sich dadurch auch im Alltag jederzeit leicht abrufen.

Die Konditionierung funktioniert umso besser, je öfter die Übungen wiederholt werden. Sie wird noch stärker, wenn die Trainingseinheiten über einen Zeitraum von einigen Wochen hinweg immer wieder durchgeführt werden. Vielfache Wiederholungen sind daher ein sehr wichtiges Element im Hasya-Yoga. Dass eine bereits hergestellte Konditionierung mit der Zeit wieder gelöscht wird, kann man verhindern, indem man regelmäßig Lachyoga praktiziert.

Der Gewöhnungseffekt

Wenn das Gehirn sehr lange immer denselben Reiz empfängt, »gewöhnen« sich die Nervenzellen, die an der Verarbeitung beteiligt sind, daran und reagieren immer schwächer. Diese *Habituation* ist ein natürlicher Prozess, der im Alltagsleben eine große Rolle spielt. Wenn man sich beispielsweise eine Kette um den Hals legt, spürt man sie zunächst deutlich auf der Haut. Trägt man sie jedoch über eine längere Zeit hinweg, nimmt man sie nicht mehr wahr, obwohl die Haut weiterhin dieselben Signale ins Gehirn schickt. Die Ursache dafür ist, dass im Laufe ihres Weges durch das Gehirn die Signale, die über einen längeren Zeitraum gleichförmig ankommen, immer weniger stark weitergeleitet werden. Wenn man die Kette allerdings nach drei Minuten wieder abnimmt und neu anlegt und dann wieder abnimmt und wieder anlegt, verschwindet dieses Gefühl für die Kette auf der Haut nicht. Das heißt, dadurch, dass die Reizung nicht gleichförmig bleibt, sondern immer wieder Pausen eingelegt werden, kann die »Gewöhnung« des Gehirns, also seine Habituation verhindert oder wenigstens deutlich abgeschwächt oder verzögert werden.

Gut zu wissen
Der wellenartige Rhythmus des Lachyoga, wobei nach jeder Lachübung eine Pause mit *Hoho-hahaha*-Klatschen oder eine Atemübung eingeschoben wird, gewährleistet, dass die Prozesse, die zu einer Intensivierung und einem immer schnelleren Zugang zu Heiterkeit und Lachen führen, durch diesen Gewöhnungsprozess nicht aufgehoben werden.

Darüber hinaus tragen auch die Variationen in Stimmlage, Geschwindigkeit und Mimik bei den einzelnen Lachübungen dazu bei, den Gewöhnungsprozess zu verhindern.

Hasya-Yoga für Blumen – ein Witz, kein Witz

Weder mit rationalem Nachdenken noch naturwissenschaftlicher Methodik lässt sich – zumindest bislang nicht – eine erstaunliche Episode erklären, die sich am Rande eines unserer Seminare ereignete. Wir waren in München in einem großen und sehr ansprechenden Seminarraum in einer schönen alten Villa. Allein ein paar schwere Pflanzentröge, in denen nicht mehr ganz so grüne Pflanzen vor sich hindörrten, störten das ansonsten rundweg positive Ambiente. Weil die Tröge aufgrund ihres Gewichts nicht einmal von zwei Personen zu tragen waren, schoben wir sie Stück für Stück in eine Ecke des Saals. Dort standen sie dann über zwei volle Tage im Hintergrund, während eine Gruppe von knapp dreißig Teilnehmern sich quer durch die Palette der diversen Übungen des Hasya-Yoga kicherte, gluckste, prustete und sich immer wieder auf dem Boden liegend vor Lachen ausschüttete. Nach Abschluss des Seminars, also am Sonntagabend kam Brigitte Abels (sie ist die Vorsitzende des Verbands der deutschen Lachyoga-Therapeuten und hatte das Seminar veranstaltet) zu mir und sagte: »Danke, Heiner, jetzt wollte ich eben den jämmerlich dahinvegetierenden Pflanzen Wasser geben, aber ich habe gesehen, dass du das wohl schon gestern gemacht hast.« Ich antwortete darauf: »Den Pflanzen Wasser gegeben? Nein – ich dachte, dass du das warst.« Jedenfalls standen die Pflanzen wie direkt aus dem Gartencenter kommend mit kräftigen Blättern in ihrer nach wie vor staubtrockenen Erde.

Um sicher zu sein, dass sie auch wirklich niemand gewässert hatte, befragten wir vom Vermieter der Räume bis zu den Seminarteilnehmern rundum jeden, der sich innerhalb der letzten zwei Tage in den Räumen aufgehalten hatte. Doch niemand war mit einer Gießkanne unterwegs gewesen. Ich möchte hier nicht spekulieren, welch esoterische Kräfte während unserer intensiven Lacherei freigesetzt wurden – aber ein fast andächtiges »Wow, solch eine Kraft steckt also in Hasya-Yoga, dass es nicht nur Menschen, sondern sogar

Pflanzen erreicht, und das auch noch auf diese für sie lebensrettende Weise« kam mir schon in den Kopf. Und noch etwas fiel mir in diesem Zusammenhang ein: *Joriki* oder »aus dem Herzen fließende Ruhe« nennen japanische Zen-Mönche ein Phänomen, das eintritt, wenn mehr als acht Menschen sich zur Meditation zusammen einfinden. Sie sagen, dass eine spürbar höhere spirituelle Energiedichte und ein Zustand von gebündelter, gleich schwingender Kraft sich einstellt, welche die Mönche viel einfacher und schneller ihre Erleuchtungserlebnisse erreichen lässt. Bei einem Besuch in Indien habe ich Sri Hinduja, dem bereits erwähnten Lachchampion, von meinem »Pflanzenerlebnis« und seiner zenbuddhistischen Deutung erzählt. Er hat nur geschmunzelt, dann kam ein leises »Ja, ja, ich weiß« über seine Lippen, schließlich lachte er.

Damit ist die Geschichte auch schon bis auf einen kleinen Nachtrag zu Ende erzählt: Natürlich haben wir die Pflanzen noch gegossen, obwohl sie nicht mehr aussahen, als ob sie das noch nötig hätten. Und natürlich haben Brigitte und ich noch kleine Hinweiszettel beschrieben und an die Tröge geheftet: »Bitte, vergesst nicht, uns zu gießen – und lacht dabei ein bisschen mit uns. Danke ☺.«

Gelacht wird im Gehirn

Was in unserem Kopf passiert, wenn wir lustig sind

Rund zwanzig Jahre ist es her, da schwappte ein zuerst in San Francisco, Los Angeles und New York formuliertes Lebensmotto über den Atlantik nach Europa: »Think positive« hieß es plötzlich. Einerlei, ob einem gerade die Frau oder der Mann davongelaufen war, ob man seinen Job verloren hatte oder den Führerschein los geworden war: Positiv denken hieß die Devise, denn ein anderer Mann, eine andere Frau, ein besserer Job warten an der nächsten Ecke. Als oberflächlich und entsetzlich platt empfanden viele Europäer diese Aufforderung, war »think positive« doch viel leichter gesagt als getan. Zudem, so meldeten sich Zweifler, wer ist schon Herr über seine Gedanken, und wie soll dieses positive Denken funktionieren, wenn es denn überhaupt geht?

Der Lachmuskel

Dass jeder Mensch seine Gedanken und damit sich selbst positiv wie negativ programmieren kann, wissen Neurologen und Neurobiologen seit mehreren Jahren. Und auch, wie diese Programmierung funktioniert. Doch bis zu dieser Erkenntnis war es ein weiter Weg. Begonnen hat es vor fast hundertfünfzig Jahren in der Praxis des Pariser Arztes Guillaume Benjamin Duchenne de Boulogne. Dieser wollte den Zusammenhang zwischen der Mimik eines Menschen und dem Spiel seiner Gesichtsmuskeln erforschen. Hierzu befestigte er Freiwilligen Elektroden im Gesicht und aktivierte die Muskeln mit Stromstößen. Während der Versuche entdeckte Duchenne de Boulogne in der linken und rechten Gesichtshälfte je einen Muskel, der die Mundwinkel nach oben zieht und uns lächeln lässt. »Muskel der Freude« nannte er ihn, in der modernen Anatomie spricht man vom *Zygomaticus major*. Mit diesem Muskel hat es eine ganz besondere Bewandtnis: Über ihn kann man das Lachen stimulieren.

Wissenschaftlich erforscht hat diesen Effekt Fritz Strack, Sozialpsychologe an der Universität Würzburg. In wiederholten Versuchen ließ er eine Gruppe von Männern und Frauen über einen Zeitraum von gut zehn Minuten Bleistifte mit nach innen gestülpten Lippen derart mit dem Mund halten, dass die Mundwinkel wie beim Lächeln nach oben gezogen waren. Mit verblüffendem Erfolg: Die Teilnehmer des Versuchs begannen der Reihe nach zu lachen, bis einigen sogar der Stift aus dem Mund fiel. In einer nachfolgenden Befragung gaben die Probanden an, dass sie sich heiter und beschwingt fühlten, während sie sich vor dem Versuch als in »emotional neutraler Verfassung« bezeichneten. Was passierte bei diesem Versuch? Über die länger anhaltende motorische Aktivierung des Zygomaticus major bekommt das Gehirn das Signal: »Der

Mund schmunzelt oder lacht gar.« Das führt zu einer Stimulierung verschiedener, beim Lachen aktiver Gehirnareale, und diese reagieren, indem sie selbst durch neuronale Impulse ein dann echtes Lachen einleiten.

In etlichen japanischen Unternehmen ist dieses Experiment sehr populär. Vor Arbeitsbeginn wird für ein paar Minuten diese Übung durchgeführt, um Manager wie Mitarbeiter in gute Laune zu versetzen. Einziger Unterschied zu Stracks Versuch: Statt Bleistiften verwenden die Japaner Essstäbchen.

Das Lach-Netzwerk im Gehirn

Für die Erforschung der Vorgänge, was im Gehirn während des Lachens passiert, hatte dieser simple Trick weit reichende Konsequenzen. Bevor wir darauf eingehen, sollten wir zuerst klären, welche unterschiedlichen Komponenten bei einem heiteren, lachenden Menschen beteiligt sind.

Die Komponenten der Heiterkeit

Zunächst gibt es die *kognitive Komponente:* Ein Mensch findet etwas – vom gedanklichen Standpunkt – lustig oder witzig. Die zweite, *emotionale Komponente* bezeichnet den Zustand, dass ein Mensch sich einfach glücklich fühlt. Drittens: Ein Mensch lächelt oder lacht. Damit ist die *motorische Komponente* beschrieben.

Diese drei Komponenten sind im Gehirn so stark miteinander verknüpft, dass man sie sich als ein Netzwerk vorstellen muss, das immer als Ganzes aktiv wird, sobald einer der Bestandteile angeregt ist. Stimuliert also ein Witz im Gehirn die kognitive Komponente, werden die anderen Partner im Netzwerk automatisch mitaktiviert – man findet nicht nur den Witz witzig, sondern ist dabei auch heiter und lächelt oder lacht. Mit den anderen Komponenten funktioniert es ebenso. Das bedeutet, Heiterkeit und Lachen kann ausgelöst werden durch: die Anregung der *kognitiven Komponente* – beispielsweise durch einen Witz, sobald wir ihn verstehen –, zweitens durch ein glücklich machendes Ereignis, also die Anregung der *emotionalen Komponente*, oder drittens durch absichtliches Lächeln oder Lachen, die Anregung der *motorischen Komponente*.

Das Netzwerk anregen

Jeder hat es schon erlebt, dass eine witzige Anekdote oder einfach das Gefühl des Glücklichseins einem ein Lächeln auf die Lippen zaubert. Dagegen ist das Entfesseln von Heiterkeit durch absichtliches Lachen für die meisten Menschen neu und ungewohnt. Das ist allerdings genau das, was beim Hasya-Yoga passiert: Durch das absichtliche Lachen bei den Übungen des Lachyoga wird die motorische Komponente des Heiterkeits- und Lachnetzwerks angeregt, und damit werden es in der Folge auch die übrigen Bestandteile. Absichtliches Lachen führt damit automatisch zu einer kognitiven Anregung, also zu Heiterkeit, und übrigens auch dazu, dass man viele Dinge oder Situationen viel eher witzig findet als sonst. Früher oder später lacht man daher herzlich und hat jede Menge Spaß.

Gut zu wissen
Besonders gut wird das Netzwerk angeregt, wenn man zum absichtlichen Lachen auch den passenden Gesichtsausdruck mit hochgezogenen Mundwinkeln, also ein lachendes Gesicht macht.

Die Theorie eines Heiterkeits- und Lachnetzwerks, das über die motorische Komponente aktiviert werden kann, wird durch mehrere wissenschaftliche Untersuchungen unterstützt (Genaueres dazu im Abschnitt »Lachen als neuronale Vernetzung«, Seite 122). Natürlich kann man diese Aktivierung des Netzwerks unterdrücken, wenn man einfach nicht lachen will.

Gut zu wissen
Voraussetzung für ein erfüllendes Lachyoga-Erlebnis ist, dass man Lachen als etwas Schönes und Erstrebenswertes betrachtet und dass man dazu bereit ist, es einfach einmal auszuprobieren.

Hält man sich vor Augen, dass annähernd zwanzig Prozent der erwachsenen Bevölkerung in den westlichen Industriegesellschaften unter sporadischen oder kontinuierlichen Depressionen unterschiedlicher Schwere leiden, dann sollten Mentaltechniken wie Lachyoga, die nachweisbar und nachhaltig zur deutlichen Verbesserung der Gemütslage beitragen, einen hohen Stellenwert in der Gesundversorgung der Bevölkerung bekommen.

Die Rolle der Mitlacher

Gefühle und Stimmungen sind ansteckend, oft ohne dass wir das bewusst registrieren. Wenn wir mit einem traurigen Menschen zusammen sind, fühlen wir uns meistens selbst deprimiert. Sind rund um uns fröhliche und lachende Menschen, verbessert sich automatisch auch unsere eigene Stimmung.

> **Ansteckende Heiterkeit**
> Schon das Betrachten eines fröhlichen Menschen macht uns selbst ein wenig heiterer.[1] Eine der Ursachen hierfür ist, dass wir – automatisch und ohne es zu merken – vor allem den Gesichtsausdruck, aber auch die Körperhaltung und die Sprachmelodie eines Menschen, den wir anschauen und mit dem wir gerade Kontakt haben, nachahmen. Durch unseren so veränderten Gesichtsausdruck wird auch unsere Stimmung beeinflusst.[2]

Mit wissenschaftlichen Methoden kann man zeigen, dass sich die eigenen Gesichtsmuskeln bereits nach sehr kurzer Zeit automatisch an den Gesichtsausdruck der Person anpassen, die man anschaut. Das gilt selbst dann, wenn einem gar nicht bewusst ist, dass man ein lächelndes Gesicht sieht.[3]

Lach-Feedback

Man kann diesen Effekt selbst sehr leicht nachprüfen: Lächeln wir den Busfahrer oder die Kassiererin im Supermarkt an, dann lässt sich beobachten, dass die Mundwinkel des angelächelten Menschen nach oben gehen. Menschen unterscheiden sich zwar darin, wie schnell und wie stark sie angesteckt werden, doch dieses »Lach-Feedback« funktioniert sicher. Voraussetzung ist natürlich, dass man Blickkontakt hält. Ansteckung und Nachahmung des Lachens funktionieren aber nicht nur über das Sehen, sondern auch über das Hören.[4] Diesen Effekt versuchen mit mehr oder minder großem Erfolg TV-Comedy-Shows und Sitcoms auszunutzen, wenn sie das Gelächter eines nicht vorhandenen Publikums einspielen. Beim Zuschauen finden wir das nur dann enervierend, wenn zwischen der Qualität der mageren Gags und dem ausgelassenen Lachen aus der Tonkonserve eine zu große Differenz besteht. Beim Hasya- oder Lachyoga dagegen ist Ansteckung vor allem am Beginn des Trainings ein wichtiger Prozess, der das Erfahren von Heiterkeit und Lachen erleichtert und beschleunigt. Die Gruppe trägt daher sehr wesentlich zum Erfolg der Übungen bei.

Lachtraining fürs Gehirn

Kopfrechnen zu erlernen ist am Anfang ziemlich mühsam; als Ungeübter braucht man relativ lange, bis selbst einfache Multiplikationen oder Divisionen gelöst sind. Übt man es jedoch über einen längeren Zeitraum hinweg, fällt das Rechnen im Kopf zusehends leichter, man wird schneller und kann bald relativ mühelos komplexe Rechnungen ohne Hilfsmittel durchführen. Das ist der Effekt von Training.

Beim Erlernen neuer Fähigkeiten und beim intensiven Üben dieses Neuen finden Veränderungen im Gehirn statt. Es bilden sich neue Verbindungen zwischen den Gehirnzellen aus – und mehr noch: Es wachsen sogar zusätzliche Gehirnzellen. Der Bereich, den das Gehirn für die gelernte und trainierte Leistung »reserviert« und verwendet, wird dabei größer.

Die Neurologen konnten solche Veränderungen bisher vor allem beim Trainieren von Bewegungen nachweisen. Der Bereich, den das Gehirn beispielsweise für die Motorik des Arms verwendet, wird größer, wenn der betreffende Arm wie beispielsweise beim Tennisspiel intensiv gebraucht wird; im Gegenzug wird der Bereich kleiner, wenn der Arm nach einer Verletzung kaum oder nicht bewegt wird. Diese Veränderung im Gehirn tritt bereits innerhalb weniger Tage ein.[5] Ebenso führt das intensive Üben ihres Instruments bei Berufsmusikern zu einer größeren Ausdehnung der Bereiche, die das Gehirn für die Bewegung der Finger aktiviert, welche beim Spielen von Klavier, Saxophon oder Gitarre verwendet werden, sowie zu einer Vergrößerung jener Bereiche, die es für das Hören und Verarbeiten von Musik nutzt.[6] Diese Fähigkeit des Gehirns, sich über die gesamte Lebensspanne hinweg zu verändern und sich damit den Erfordernissen anzupassen, bezeichnet man als »Plastizität des Gehirns«.

Manfred Spitzer, der bereits zitierte Chef der Psychiatrie an der Uniklinik Ulm, hat im Zusammenhang mit den lachenden Ratten – wir haben im Kapitel »Am Anfang war das Lachen« darüber gesprochen – darauf hingewiesen, dass in deren Gehirnen neurale Vorgänge aktiviert werden, die das Aussprossen, Festigen und Aufrechterhalten von Nervenverbindungen fördern. Dies passiert besonders im Frontalhirn und im Mandelkern, jenen Bereichen also, die beim emotionalen und sozialen Lernen wichtig sind. »Lachen«, so Spitzer, »tut also zumindest bei Ratten dem Gehirn gut.« Und es gibt keinen Grund anzunehmen, dass das nicht auch auf uns Menschen zuträfe.

Übung macht den Meister

Beim wiederholten Lachen, vor allem bei den intensiven Übungen des Hasya-Yoga mit seinen immer wiederkehrenden Elementen, werden verschiedene Funktionen des Gehirns intensiv trainiert, darunter der Zugang zur Heiterkeit über bestimmte Pfade. Auch deshalb findet man diesen Zugang immer leichter und schneller, je öfter und regelmäßiger man Lachyoga praktiziert. Und genauso, wie das intensive Üben von Kopfrechnungen befähigt, im Alltag viele Dinge schnell und ohne Mühe auszurechnen, kann das Lachyoga-Training dazu führen, auch in Alltagssituationen leichter und schneller herzlich zu lachen.

> **Gut zu wissen**
> Man kann dem Gehirn diese »Think positive«-Haltung mittels Lachübungen antrainieren. Dabei verhält es sich wie im Fitness-Club: Ein einmaliger Besuch macht aus einer Couchpotato weder den Mann mit Waschbrettbauch noch die Frau mit strammen Oberschenkeln. Man muss also dranbleiben, auch beim Lachyoga, diesem »Think-positive«-Trainingsprogramm für unser Gehirn.

Wer über ein paar Wochen hinweg dabeibleibt, wird an sich selbst feststellen können, wie sich ein lockerer und gelöster Charakter entwickelt. Bei Menschen, die über Jahre mit Traurigkeit und Unzufriedenheit der Welt entgegengetreten sind und diese Denkmuster automatisch auf die Zukunft übertragen, kann dies ein wenig dauern, doch auch bei ihnen stellt sich schließlich der Erfolg ein.

Messbarer Stimmungspegel

Den wissenschaftlichen Beleg dafür erbrachte eine Studie von llona Papousek und Günter Schulter, beide Professoren für Neuropsychologie an der Universität Graz. Sie konnten zeigen, dass während des Lachens sich die Aktivität im so genannten frontopolaren Bereich des Gehirns – er liegt direkt hinter der Stirn – von links nach rechts verlagert. Diese Verschiebung ist immer dann zu beobachten, wenn sich die Stimmung eines Menschen hebt. Bei Personen, die regelmäßig Lachyoga praktizieren, wird diese Aktivitätsverlagerung dauerhaft. Interessant ist in diesem Zusammenhang, dass bei Menschen, die regelmäßig meditieren, sich ebenfalls eine Verschiebung der Aktivität, allerdings in einem anderen Bereich des Frontallappens, beobachten lässt. Vielleicht ist das die Ursache, warum Buddha in ein immer währendes Lächeln verfiel – wir kennen das aus Darstellungen des Erleuchteten – und warum wir den Dalai Lama nie missmutig, sondern stets milde lachend erleben. Zumindest ist es aber der Grund, warum Hasya-Yoga auch als »laute Meditation« bezeichnet wird.

Wenn man heiter, entspannt und positiv gestimmt ist, verfügt man zudem über bessere Strategien, um mit Belastungen umzugehen – dies allein schon deshalb, weil man sie als weniger drückend erlebt. Das trägt weiter zur Verbesserung der Stimmung bei und hat, wie wir in der Folge erfahren werden, wesentliche Auswirkungen für unseren Umgang mit anderen Menschen, für unsere Gesundheit, für unseren Erfolg – kurzum: für unser gesamtes Leben. In diesem Sinn ist Lachen lebenswichtig wie Essen und Trinken. Das wusste schon Immanuel Kant:

»Der Mensch hat gegenüber den Widrigkeiten des Lebens drei Dinge zum Schutz: die Hoffnung, den Schlaf und das Lachen.«

Zweihundert Jahre später wurde der Königsberger von der Neurobiologie aufs Überzeugendste bestätigt.

Das Drogenlabor zwischen unseren Ohren

Durch Alkohol, Haschisch, Opium, Kokain, durch eine breite Palette von Psychopharmaka wie Valium, durch synthetische Drogen wie Ecstasy-Pillen (auf denen zynisch ein Smiley falsches Glück verspricht) und LSD lassen sich unsere Stimmungen und Emotionen je nach Intensität des Konsums verändern. Beginnend in der Flower-Power-Zeit und ihren »Drogenexperimenten«, hat sich mit der Neurochemie eine eigene humanwissenschaftliche Forschungsrichtung etabliert, welche die Wirkung chemischer Stoffe auf unser Gefühlsleben und unser Verhalten untersucht. Zu den wichtigsten Leistungen dieser Disziplin gehört die Entdeckung, dass nicht nur von außen zugeführte Tranquilizer,

Narkotika und »Glückspillen« unser Gefühlsuniversum anzuregen in der Lage sind, sondern dass unser Körper selbst über chemische Stoffe mit ähnlichem oder gleichem Wirkungsprofil verfügt. So entdeckten die Wissenschaftler Botenstoffe zwischen den Nervenzellen im Gehirn – so genannte Neurotransmitter –, deren Wirkung schmerzstillenden, angstlösenden oder glücklich machenden, Valium-ähnlichen Substanzen entspricht: Endorphine, eine Art körpereigenes Morphin, sowie Serotonin, Noradrenalin und Dopamin.

Positive Wirkungen ohne negative Nebenwirkungen

Die Endorphine existieren in zahlreichen biochemischen Varianten mit unterschiedlichen Wirkungen: Es gibt schmerzhemmende, stimmungsaufhellende, euphorisierende und glücklich machende. Noradrenalin ist für unternehmungsfreudige Aktivität verantwortlich, Serotonin für eine ruhige, ausgeglichene Gemütsverfassung, Dopamin puscht die Fantasie und unseren Einfallsreichtum, es macht uns aufgeweckt und aufmerksam.

Alle diese Botenmoleküle werden von den Neurologen in der Gruppe der *endogenen,* das heißt körpereigenen, Drogen zusammenfasst. Salopp ausgedrückt, bedeutet dies: Jeder Mensch trägt ein Mohnfeld oder eine Kokaplantage sowie ein eigenes chemisches Labor zur Aktivierung der Drogen mit sich im Kopf herum. Das Positive daran: Die körpereigenen Transmitter sind von ihrem Wirkungsprofil ganz auf den menschlichen Körper zugeschnitten, was »Nebenwirkungen« ausschließt. Dabei sind diese körpereigenen »Drogen« hochspezifisch und bereits in extrem niedriger Konzentration aktiv, wovon Pharmaproduzenten mit ihren synthetischen Mitteln nur träumen können.

Die möglichen Kapazitäten, dieses Labor bewusst und gezielt zu nutzen, wurden bis vor kurzem von der Naturwissenschaft und der entsprechend ausgerichteten Schulmedizin verhalten interpretiert, zumal etliche Abläufe der körpereigenen Drogenaktivierung und ihrer Steuerung durch bestimmte Gehirnregionen erst am Beginn ihrer Erforschung stehen. Dass es aber eine bewusste, willentliche und wunschgerechte Stimulierung der Drogenaktivierung in unserem Kopf gibt, steht außer Frage.

Altes Wissen neu entdeckt

Mit dem aktuellen Interesse für exotische Kulturen und deren Rituale, für Trancetänze, schamanistische Praktiken und Voodoo-Zauber gewinnen wir derzeit wieder eine Vorstellung der Kräfte, die in der Lage sind, unser Gehirn zu mobilisieren. Ein Beispiel: Von den Sadhus, den heiligen Männern Indiens, kennen wir Praktiken – für uns Westler nahezu unglaublich –, bei denen offensichtlich jedes Schmerzempfinden ausgeschaltet sein muss: das wochenlange Sitzen während tiefer Meditation in den eisigen Schneewüsten des Himalaja, das Durchbohren von Zunge und Hals mit dolchartigen Nadeln. Bei den Prärieindianern Nordamerikas gab es eine Initiationszeremonie für junge Männer, während derer sie sich Haut und darunter liegendes Muskelgewebe mit Haken durchbohrten, um daran schwere Büffel- und Bärenschädel aufzuhängen. Das Sprichwort vom Indianer, der keinen Schmerz kennt, hat in diesem Ritual seinen Ursprung. In Wirklichkeit kennt der Indianer sehr wohl Schmerz, allerdings weiß er, mit welchen Techniken er sein Gehirn stimulieren kann, um schmerzblockierende Botenstoffe zu aktivieren.

Es handelt sich dabei um ein sehr altes Wissen, das heute noch in den spirituellen und magischen Techniken der trancetanzenden Schamanen und Voodoo-Priester, in den Meditationen indischer Yogis und lamaistischer Mönche sowie in den Heilritualen indianischer Medizinleute erhalten ist und fortlebt. Deren unbestrittene und auch von der Schulmedizin anerkannte Erfolge rechtfertigen den Schluss, dass jeder Mensch seine internen Psycho- und Heilpharmapotenziale bei Bedarf sehr effektiv aktivieren kann.

Gut zu wissen

Die Techniken, mit denen wir diese Botenstoffe im Gehirn stimulieren können, stehen jedem Menschen zur Verfügung. Vor allem sind dies Trance, Meditation und Lachyoga.

In den von der aristotelischen »Vernunftphilosophie« und später von der Aufklärung geprägten, ratioorientierten Gesellschaften des Westens wurde dieses alte Wissen allerdings mit der Christianisierung als teuflisch, heidnisch und irrational diskreditiert. Dadurch geriet es weitgehend in Vergessenheit oder wurde als Hokuspokus abgetan.

Lachen macht glücklich

Bereits nach herzhaftem Lachen – wir kennen das alle – stellt sich ein rauschartiges Glücksgefühl ein, bei den Übungen des Hasya-Yoga ist dieser Effekt noch deutlich stärker. Verantwortlich dafür sind biochemische Vorgänge, die durch intensives Lachen ausgelöst werden. In einer kürzlich veröffentlichten Studie von Dean Mobbs von der kalifornischen Stanford Universität ist gezeigt worden, dass bei Heiterkeit und Lachen die Aktivität in einem bestimmten Areal im Gehirn ansteigt: im »mesolimbischen Dopamin- oder Belohnungssystem«. Der Aktivitätsanstieg ist umso stärker, je mehr man lacht.[7] Dieses Dopaminsystem ist schon länger bekannt. Es ist dann aktiv, wenn man sich euphorisch fühlt, also eine Art Glückszustand empfindet. Die Aktivierung des Dopaminsystems und damit die Herbeiführung euphorischer, lustvoller Zustände erfolgt in unterschiedlichem Ausmaß durch guten Sex, durch den Konsum von Opium, Kokain, Alkohol und anderen Drogen – oder eben, wie jetzt gezeigt worden ist, auch durch Lachen.

Zum Nachweis, wie nah Kichern und Koksen beieinander liegen, ließ Mobbs sechzehn Testpersonen Cartoons mit hintergründigen Witzen betrachten und beobachtete, welche Regionen des Gehirns aktiv wurden, sobald die Probanden den Witz verstanden hatten und zu lachen begannen. Am intensivsten reagierte ein Bereich, der *Nucleus accumbens* genannt wird; er ist Teil des zerebralen Belohnungssystems. Beginnt man aufgrund eines Witzes oder einer heiteren Situation zu lachen, wird genau in dieser Region das euphorisierende Dopamin aktiviert.

Dopamin, Endorphine und eine Reihe anderer Neurotransmitter sind in den Synapsen, welche die Nervenzellen des Gehirns mit- und untereinander verbinden, aktiv. Entgegen einer verbreiteten Meinung werden im Gehirn weder Dopamin noch Endorphine in dem Sinn hergestellt und ausgeschüttet, wie die Speicheldrüsen Speichel oder die Galle Gallenflüssigkeit produzieren. Endorphine, Dopamin und eine ganze Reihe anderer Neurotransmitter liegen bereits im Gehirn vor und werden wirkungsaktiviert. Man kann das mit dem Benzin im Tank unseres Autos vergleichen: Auch das ist bereits vorhanden und wird erst dann wirkungsaktiv, wenn wir den Motor starten.

Folgt nun ein guter Witz auf den nächsten oder, noch effektiver, praktiziert man Übungen des Lachyoga, erreicht diese Aktivierung ein Niveau, das zu ähnlich euphorisierenden Zuständen führt wie der Konsum von Kokain, welches ebenfalls diesen *Nucleus accumbens* stimuliert.[8]

Für einen zusätzlichen Beweis dieser neuralen Reaktion hat man Ratten Elektroden genau an dieser Stelle des Gehirns implantiert. Für die Tiere ist dieser Eingriff schmerzfrei, weil das Gehirn selbst über keine Schmerzindikatoren verfügt. Zusätzlich war für die Nager in ihrem Käfig eine kleine Vorrichtung installiert, über die sie selbst Stromimpulse an den Elektroden auslösen konnten. Durch Herunterdrücken eines kleinen Hebels war es ihnen nun selbst möglich, ihr mesolimbisches Dopaminsystem anzuregen. In dem Versuch zeigte sich, dass die Tiere richtiggehend süchtig nach den stimulierenden Stromimpulsen wurden. Sex und Nahrungsaufnahme interessierten sie dagegen nicht mehr, stattdessen drückten sie den Hebel immer wieder in schneller Abfolge und hörten selbst dann nicht auf, als sie bereits völlig erschöpft waren. Mit anderen Worten: Die Ratten zeigten typisches Suchtverhalten.[9]

Lachen – die positive Droge

Ebenso wie diese Ratten wollen auch Menschen das rauschartige Glücksgefühl immer wieder herbeiführen. Ilona Papousek, die bereits mehrfach erwähnte Grazer Neuropsychologin, geht sogar noch einen Schritt weiter, wenn sie behauptet: »Intensives Lachen hat sogar ein gewisses Suchtpotenzial. Man will es immer und immer wieder. Was in diesem Fall aber begrüßenswert ist. Denn Lachen macht uns fröhlich und heiter für den Alltag. Und vor allem: Die Droge Lachen hat nur positive Nebenwirkungen.«

Natürliches Antidepressivum

Wer will, dass diese Lachdroge noch effektiver wirkt, kann zudem reichlich Lachs, Kabeljau und Makrelen essen. Das ist kein Witz. In Seefisch aus kalten Gewässern sind reichlich Omega-3-Fettsäuren enthalten. Diese greifen regulierend in den Transmitterhaushalt ein und können sogar auf einen gestörten Hirnstoffwechsel, der beispielsweise Depressionen auslösen kann, ausgleichend einwirken. Omega-3-Fettsäuren regen die Gehirnaktivität an, gleichen Stimmungsschwankungen aus und erhöhen die mentale Leistungsfähigkeit.

Pflanze gegen Stimmungstiefs
Von Perilla, einem weit verbreiteten Gewürz in den Küchen Ostasiens, kennt man eine vergleichbare Wirkung. Die traditionelle chinesische Medizin presst aus den Samen der entfernt an Brennnesselstauden erinnernden Pflanze ein Öl, das bei Indikationen wie Gedächtnisschwäche, Stimmungstiefs, aber auch vor hohen mentalen Leistungsanforderungen verabreicht wird. Westliche Pharmakologen waren nicht wenig erstaunt, als sie bei der chemischen Analyse von *Perilla frutescens,* so die korrekte botanische Bezeichnung, eine extrem hohe Konzentration von Omega-3-Fettsäuren nachweisen konnten.[10]

Lachen als neuronale Vernetzung

Lange Zeit ging man bei der Erforschung des Gehirns von einer Verteilung der einzelnen Aufgaben auf verschiedene Areale aus. Ein ganz bestimmter Bereich, so diese mittlerweile überholte Auffassung, sei für das Sprechen zuständig, ein anderer für motorische Bewegungsabläufe wie Gehen, Springen oder Laufen, ein nächster für das Sehen und so weiter. Das Gehirn wurde als ein Art Schrank mit etlichen Schubladen gedeutet oder wie ein Kaufhaus mit vielen Abteilungen für unterschiedliche Waren. In den letzten Jahren hat die Forschung diese Vorstellung dahin gehend erweitert, dass alle diese »Abteilungen« mit- und untereinander vernetzt sind und in gegenseitiger Wechselwirkung stehen. So sind beim Lachen verschiedene Regionen des Gehirns beteiligt und in Gegen- und Rückkopplung untereinander aktiv. Wesentlich eingebunden sind das als emotionales Zentrum bereits erwähnte *limbische System,* ferner der frontale rechte Stirnlappen, den man zum Verstehen der Pointe eines Witzes braucht, sowie in der linken Hirnhälfte die so genannte supplementär-motorische Rinde, in der man das Gefühl lokalisierte. Kalifornische Neurochirurgen waren sehr überrascht, als sie eine Patientin während einer Hirnoperation genau an jenem Punkt elektrisch stimulierten und damit heftigstes Lachen auslösten.

Beim Lachen sind mehrere Hirnareale aktiv

Was Emotionen wie Freude, Ausgelassenheit, aber auch Angst und Hass angeht, so sind deren Auslöser zwar primär im Hypothalamus und dem limbischen System aktiv, doch große Bereiche des Cortex, also der Hirnrinde, befinden sich in ständiger Interaktion mit diesem limbischen System. William A. Calvin, Neurophysiologe an der Universität von Washington, sieht in diesem vernetzten Zusammenwirken jene Mischung von emotionalem Charakter und Denken, welche die Persönlichkeit von uns Menschen ausmacht.

Selbst beim gegenseitigen Anlachen zweier Menschen sind in deren Gehirnen unterschiedliche Areale der Großhirnrinde im Zusammenspiel mit dem limbischen System aktiv. Ein Beispiel: Herr Maier lacht Frau Müller an. Um die emotionale Färbung auf Herrn Maiers Gesicht als Lachen zu erkennen und zu deuten, ist bei Frau Müller der rechte Temporallappen ihres Großhirns aktiv. Lacht sie nun zurück, entsteht eine Vernetzung der neuronalen Signale mit der linken Hirnhälfte, die dann das Lächeln und Lachen in Frau Müllers Gesicht auslösen.[11]

Wenn's kitzlig wird

Einen der überzeugendsten Beweise für das vernetzte Zusammenwirken unterschiedlicher Hirnareale liefert die Tatsache, dass selbst kitzeligste Menschen sich selbst nicht kitzeln können. Heute weiß man mittels Messungen der Gehirnaktivitäten: Wer sich selbst kitzelt, dessen Kleinhirn – es liegt in unmittelbarer Nachbarschaft zum limbischen System – nimmt den Reiz vorweg und gibt die Information weiter an das Großhirn, genauer: an den dort befindlichen somatosensorischen Cortex, der die haptischen, also die Druck- und Tastempfindungen vom stechenden Stein beim Barfußlaufen bis zum Fingerspitzengefühl verarbeitet.

Mittels eines ausgefeilten Versuchs konnte Sarah Jayne Blakemore vom Londoner University College diese vernetzten Zusammenhänge in unserem Gehirn genau nachzeichnen. Sie entwickelte einen Roboterarm, der richtig kitzeln konnte. Wurden nun die Kitzelbewegungen der Roboterfinger von den Versuchsteilnehmern selbst gesteuert, so mussten diese nicht lachen. Ganz im Gegensatz zu einem anschließenden Vergleichstest, bei dem die Maschinenhand von einer anderen Person gesteuert wurde und der zu heftigem Lachen führte. Bestätigt wird die

Theorie von der »Kitzelvorwarnung« des Kleinhirns an das Großhirn durch einen zusätzlichen Versuch, bei dem die Selbstreizung der Versuchsperson via Roboterhand elektronisch um mehr als eine Viertelsekunde verzögert wurde. Dabei trat der Lacheffekt wieder ein – das Signal des Kleinhirns ist nach dieser kurzen Zeitspanne bereits verklungen, und das Kitzeln kommt überraschend.

Dieses Phänomen hat seinen guten Grund: Unser Gehirn kann Sinneswahrnehmungen vorwegnehmen, um sie anschließend wieder zu ignorieren, damit unsere volle Aufmerksamkeit sich auf unerwartete Ereignisse – wie es das Kitzeln durch einen anderen darstellt – konzentrieren kann. Jeder kennt diesen Effekt: Wenn wir beispielsweise mit dem Fahrrad fahren, ignorieren wir den Fahrtwind auf unserem Gesicht. Erst die kleine Fliege, die uns gegen die Stirn schlägt, registrieren wir sofort. Oder: Das Hemd und die Bluse, die wir frühmorgens anziehen, spüren wir nicht auf unserer Haut. Erst wenn eine unsaubere Naht sticht und kratzt, nehmen wir die Reizung war.

Was Komik und Kreativität miteinander zu tun haben

An dieser Stelle ist es endlich einmal Zeit für einen Witz: In einem britischen Pub wird zur letzten Runde geläutet. Der Wirt ist für seine spontanen Einfälle bekannt und lobt an diesem

Abend eine Flasche Scotch für denjenigen aus, der aus dem Stegreif ein Poem vorträgt, dessen letzter Vers sich auf Timbuktu reimt. »The sand is white, the sun shines bright, the sky is blue in Timbuktu« kommt es aus der Kneipenrunde, die Flasche Whiskey scheint schon ihren Gewinner gefunden zu haben. Da meldet sich ein schnapsnasiger Gast, leicht schwankend an die Theke gelehnt, mit einem »Wait a moment« und neuem Vers zu Wort: »Tim and I ...«, beginnt er, »Tim and I to Brisbane went, met three girls there in a tent. I did not know, what shall I do, so I booked one and Tim booked two.«

Schon lachen wir über diesen Witz, über dieses Wortspiel. Die psycholinguistische Erklärung für dieses Lachen lautet: Aufgrund der Unvereinbarkeit von erwarteter (*Timbuktu*) und tatsächlicher Lösung (*Tim booked two*) sind wir für einen kurzen Moment perplex, doch innerhalb weniger Millisekunden macht sich unser Verstand an die Lösung der paradoxen Situation.

Überraschende Pointe
Sehr viele Witze funktionieren nach diesem Muster, indem sie uns an eigentlich unvereinbare Situationen heranführen. Als Zuhörer erwartet man zuerst eine rationale Erklärung, über die niemand lachen würde. Erst die im Witz kreierte überraschende Konstellation veranlasst uns zum Lachen, sobald unser Gehirn die Lösung gefunden hat.

Indem wir einen Witz verstehen, verlassen wir unsere bisherige Sicht auf die Geschichte, suchen und finden – exakt in diesem Moment beginnen wir zu lachen – den Blickwinkel, aus dem die Pointe sich erschließt. Einen Witz zu verstehen ist also eine Art kreativer Entdeckungsreise, bei der man sich blitzschnell von bereits angestellten Erwartungen und Vorhersagen verabschieden muss und eine neue Perspektive zur Erfassung eines Sachverhalts einnimmt. Insofern befreit uns Lachen von konventionellen, moralischen und logischen Zwängen und trainiert uns für das Verstehen der plötzlichen Veränderung einer Situation. Die Befreiung von Konvention und Logik ist jedoch eine der Grundvoraussetzungen für Kreativität, für noch nie gedachte Ideen und überraschende Lösungen.

Lachen macht einfallsreich

Und in der Tat: Häufig berichten uns die Teilnehmer unserer Laughter-Coachings von Kreativitätsschüben, die sie im Anschluss an die Sitzungen erleben. Einerlei ob Manager, Ärztin, Diplommathematiker oder Software-Expertin, immer wieder hören wir: »Ich bin in den Stunden und Tagen nach dem Training nur so übergesprudelt vor neuen Ideen.« Mehr noch: »Unser Team hat sich über Wochen an einem Problem erfolglos die Zähne ausgebissen. Doch bereits am zweiten Tag des Laughter-Coachings hatten wir mit einem Mal die Lösung. Es kam wie ein Gedankenblitz über uns.« Solch positive Rückmeldungen auf unsere Arbeit sind keine Einzelfälle.

Häufig wird deshalb vermutet, dass intensives Lachen die Kreativität fördere, woran wir, die Autoren, ohne Vorbehalt glauben – zumal wir diesen Effekt selbst schon oftmals am eigenen Leib erfahren haben, zum Beispiel regelmäßig bei der Rückfahrt von den Laughter-Coaching-Seminaren. In diesen

Situationen kommen uns Ideen für mindestens fünf neue Bücher ebenso wie die richtigen Worte für den Partner, wir finden neue Geschäftsideen und Lösungen für anstehende Entscheidungen. Und am wichtigsten: Unmittelbar stellt sich auch das präzise Wissen ein, wie all diese Ideen in die Tat umzusetzen sind, und die Zuversicht, dieses auch schaffen zu können. Das jedoch sind die wichtigsten Voraussetzungen für privaten wie beruflichen Erfolg. Warum das so ist, ist bislang neurologisch weder geklärt noch bewiesen. Vermutlich sind während des Lachens eintretende Aktivierungsvorgänge im mesolimbischen Dopaminsystem verantwortlich, die zu einer derartigen Euphorisierung mit folgendem Kreativitätsschub führen.

Lachen motiviert

Dieser Euphorisierung durch intensives Lachen folgt ein weiterer Effekt, den wir regelmäßig als eine Folge unserer Seminare beobachten können. Nach den Laughter-Coachings erleben wir immer wieder, wie hoch motiviert die Teilnehmer sich in den folgenden Tagen an ihre Arbeit machen, selbst an Tätigkeiten, die sie vormals lieber gemieden haben. Auch hier gilt: Zu diesem Phänomen gibt es bis dato weder wissenschaftliche Untersuchungen noch Beweise. Wir wollen deshalb zurückhaltend sein und die Behauptung »Lachen motiviert« in ein »unsere Erfahrung zeigt, dass Lachen einen Motivationsschub auslöst« relativieren.

Doch Sachverhalte existieren ja nicht erst dann und dadurch, dass sie von der Naturwissenschaft entdeckt und bewiesen werden. Die Ringe des Saturn gab es schon Jahrmilliarden, bevor sie die Astronomen im Fernrohr sahen, die

Röntgenstrahlung musste zwar auf den Physiker Conrad Röntgen warten, bis sie entdeckt und naturwissenschaftlich beschrieben wurde, existiert hat sie aber bereits von der ersten Lebenssekunde des Kosmos an. Wir können aus vielfältiger Erfahrung behaupten, dass an der Wechselwirkung von Lachen, Kreativität und Motivation mit großer Wahrscheinlichkeit »etwas dran sei«, auch wenn bislang keine neuropsychologische Studie das Phänomen wissenschaftlich erklären kann.

Der Spaßfaktor

Motivation hat sehr viel mit dem zu tun, was uns Spaß macht beziehungsweise Verdruss bereitet. Dies lässt sich schon bei Kindern beobachten: Alle Eltern kennen die nachmittäglichen Diskussionen um die Erledigung der Hausaufgaben oder das Aufräumen des Kinderzimmers. Beides – dies eine Binsenweisheit – macht ihren Sprösslingen keinen Spaß. Andererseits muss kein Kind zum Spielen überredet werden. Das Thema setzt sich durch unser ganzes Leben fort. Bügeln – ein Gräuel. Die Steuererklärung – ein vergleichbarer Fall, es sei denn, man erwartet eine schöne Rückzahlung vom Finanzamt. Völlig anders dagegen verhält es sich, wenn es darum geht, ein Buch zu lesen, die CD mit den Lieblingssongs zu hören, zum Golfen oder Segeln und ins Kino zu gehen – da kommt sofort ein positiv emotionales »ja – jederzeit und je öfter je lieber« in uns hoch. Doch warum ist das so? Warum spielen Kinder gern, ebenso wie Erwachsene, denen man doch nachsagt, sie seien so vernünftig? Warum haben wir eine Aversion gegen all diese »Die-Pflicht-ruft«-Tätigkeiten vom Hausaufgabenmachen bis zur Steuererklärung? Warum stapeln sich ungebügelte Hemden und nicht abgelegte Kontoauszüge, was ist für Kinder so schlimm am Kinderzimmeraufräumen?

Fragen, warum Menschen dieses oder jenes tun, beantworten sich oft durch Beobachtung. Aus diesem Grund besuchte ich (H.U.) vor einiger Zeit Freunde. Sie haben ein Haus, einen Hund und eine Tochter, Nicole. Nicole ist eine kleine freche Göre, die sich weniger für Hausaufgaben, dafür aber umso mehr für das Spielen mit Barbiepuppen begeistert. Irgendwann kam Nicole zu mir, zeigte mir ihre neueste Puppe und all die Kleider, die sie für sie hatte, verlor aber dann ihr ursprüngliches Anliegen, auch das Puppenhaus vorzuführen, aus den Augen und begann, mit der aktuellen Barbie zu spielen. Die Haare wurden von links nach rechts und wieder zurück frisiert, zum Pferdeschwanz gebunden und eine Minisonnenbrille als Haarreif in die Mähne gesteckt. So weit nichts Erstaunliches – vorerst zumindest. Im Garten hatte Nicole eine kleine Vogelfeder gefunden. Diese steckte sie nun der Puppe ins Haar und erklärte, dass Barbie von jetzt an eine Indianerin sei. Doch damit nicht genug. Nicole lief in ihr Zimmer, brachte ein paar Buntstifte sowie einen Bogen Papier und bastelte daraus einen bunt bemalten Poncho für die Squaw. Zum Schluss wurde die Indianerpuppe mit einer Paketschnur an ein zum Marterpfahl umfunktioniertes Stuhlbein gefesselt. Nicole hatte die Welt um sich herum vergessen, so sehr war sie mit ihrer Fantasie in die Welt des Wilden Westens eingetaucht. Das Spiel hätte Stunden dauern können, die Zeit wäre Nicole nie lang geworden – ganz im Gegensatz zu den sich unendlich hinziehenden Hausaufgaben.

Flow – mit Hingabe bei der Sache

Was zeigt dieses Beispiel? Erstens: Psychologisch interpretiert, befand sich Nicole in einem Zustand, der als *Flow,* als Fließen bezeichnet wird.

> **Gut zu wissen**
> Flow ist die Hingabe an eine Tätigkeit, die einen weder zu sehr anstrengt noch langweilt und bei deren Verrichtung man große Freude empfindet.

Eigentlich erledigte Nicole eine Arbeit, doch anders als bei den Hausaufgaben empfand sie das »Barbie-wird-Indianerin«-Spiel nicht als solche. Zweitens: Das Spiel setzte bei Nicole hohes kreatives Potenzial frei. Es blieb nicht beim obligaten Haarekämmen und Kleiderwechseln, durch eigenen kreativen Beitrag wurde die Garderobe um Selbstgebasteltes erweitert. Ferner: Mit der Verlagerung der Barbiewelt aus dem Puppenhaus in den Wilden Westen mutierte Nicole zusätzlich zur Autorin eines kleinen Bühnenstücks mit dem Titel »Eine Squaw am Marterpfahl«. Drittens: Während Nicole für diese Inszenierung die Welt um sich herum vergaß, glitt sie in einen Zustand hoher Motiviertheit. Das Spiel wurde ihr nicht langweilig, sie wird es auch morgen und übermorgen in gleicher oder ähnlicher Form mit großer Begeisterung wiederholen. Mit anderen Worten: Nicole hatte einen großen Spaß an dieser Arbeit. Obwohl ein Kind, unterscheidet sie sich darin in nichts von einem erwachsenen Menschen, der in einer geliebten Tätigkeit aufgeht, dabei kreativ wird und deshalb hoch motiviert ist.

Der Stoff, aus dem die Freude ist

Vieles spricht dafür, dass während dieses Spielens das mesolimbische Dopaminsystem im Gehirn von Nicole intensiv stimuliert wurde, wie bei allen Menschen, die Spaß, Freude, Erfolg und Erfüllung während ihrer Arbeit empfinden. Dopamin wird aktiviert, wir fühlen uns in dem, was wir tun, »pudelwohl«. Dies kann bis zu hoher emotionaler Erregung reichen. In Gesprächen mit kreativen Menschen wurde uns dieser Effekt immer wieder bestätigt: von Markus Lüpertz, dem Maler, von Norman Foster, dem Architekten, aber auch von Forschern, Wissenschaftlern und Managern, wenn ihre »Sache läuft« und sie sich »auf der Welle ganz oben fühlen«. Weil die Aktivierung von Dopamin, salopp gesagt, wie eine Droge wirkt, wollen wir dies immer wieder erleben. Deshalb malt Lüpertz wie im Rausch ein Bild nach dem anderen oder gleich an mehreren gleichzeitig, deshalb baut Foster ein Gebäude aufs nächste, obwohl sie alle es sich leisten könnten, ihre Tage und Abende auf den Terrassen ihrer Häuser zu verbringen. Mit anderen Worten: Sie sind hoch motiviert, wie Nicole, wie jedes Kind beim Spielen.

Selbstbelohnung statt Motivationsbremse

Erst im Lauf unserer Entwicklung in die Welt der Erwachsenen hinein, in die Welt der Pflichten und Verpflichtungen, beginnen sich die Dinge, die wir machen müssen, in den Vordergrund zu schieben. Nicht alle Menschen sind in der glücklichen Lage, ihr Brot mit Malerei, Musik oder eben jenen Dingen, die sie gerne tun, zu verdienen. Deshalb nörgeln wir, wenn es Montag morgens wieder ins Büro geht, wenn die

Steuererklärung zu machen ist, wenn die Hemden auf das Bügeleisen warten. »Ich habe keine Lust« ist der dann am häufigsten gemurrte Satz. Doch Lustlosigkeit, zumal wenn wir sie uns selbst immer wieder einreden, ist die effektivste Motivationsbremse.

Denn jedes Wort, das wir hören oder selbst sprechen, wird von unserem Gehirn emotional bewertet. Ständige Wiederholungen wie »Ich habe keine Lust« graben sich in unserem Gehirn ein, ebenso wie wir durch ständige Wiederholung von Wörtern und Sätzen auch eine Sprache lernen können.

Gut zu wissen

Viel besser ist es dagegen, sich zu belohnen für etwas, das man geschafft hat, empfiehlt Gerald Hüther, Neurobiologe an der Psychiatrischen Uniklinik in Göttingen: »indem man sich über seine eigene Begeisterung freut und das Gefühl möglichst lange genießt.«

Sein Kollege Antonio Damasio von der Iowa State Universität, einer der weltweit renommiertesten Hirnforscher, hat hierfür das Konzept des »Body-Loop« entworfen. »Body-Loop« beschreibt die Verknüpfung und Vernetzung zwischen emotionsgesteuerten Motivationszentren tief im Gehirn mit wertenden, vernünftigen Prozessen in der äußeren Hirnrinde. »Denken«, sagt Damaiso »ist wie das Wollen ohne Fühlen nicht vorstellbar.«[12]

Richtige und falsche Motivation

Dass wir keine Lust haben, ist eine Meldung des mesolimbischen Dopaminsystems, wenn ihm die nötigen Reize fehlen. Obwohl die wertenden, intellektuellen Denkprozesse in der äußeren Hirnrinde uns immer wieder erklären, dass es gut, vernünftig und sinnvoll wäre, jetzt endlich die Hemden zu bügeln und die Steuererklärung zu machen, schlägt uns der kleine limbische Teufel ein Schnippchen, indem er uns lockt, wider alle Vernunft Dinge zu tun, die einfach mehr Spaß machen und zu einer Dopaminaktivierung führen. Deshalb hat Nicole keine Lust auf ihre Hausaufgaben, deshalb will sie lieber mit der Puppe spielen, deshalb lassen wir die Steuererklärung liegen und gehen zum Golfen. Wir argumentieren mit dem schönen Wetter, das uns vom Schreibtisch lockt. In Wirklichkeit ist es jedoch das mesolimbische Dopaminsystem, das seine Droge fordert und den Verführer spielt.

Jeder hat sicher schon mehrfach in seinem Leben erlebt, dass und wie schnell gute Vorsätze – »den Bügelberg werde ich nie mehr so hoch wachsen lassen«, »ich sortiere ab jetzt immer gleich die Belege für die nächste Steuererklärung« – innerhalb kürzester Zeit verpuffen, von den Neujahr für Neujahr gescheiterten Klassikern – mehr Sport machen, gesünder essen, weniger rauchen, früher zu Bett gehen – gar nicht zu reden. All diese Vorsätze müssen scheitern, weil sich die meisten Menschen mit der falschen Methode zu motivieren suchen. Sie treiben sich durch äußere Belohnungen an und eifern eine Weile einem Idealbild hinterher: der schlanken Bikini- und Badehosenfigur für den kommenden Sommer, der besseren Fitness oder dem längeren Leben. Doch all diese Ziele sind Fernziele, die uns zwar vernünftig erscheinen, aber in der Stunde, in der wir daran arbeiten, keinen emotionalen Kick bereiten.

Der Erfolg dieser Selbsterziehungsmaßnahmen (die Psychologie nennt sie extrinsische, von außen herangetragene Motivation) ist fraglich, denn er würde erst in ein paar Monaten oder noch später eintreten. Sehr schnell verlieren wir deshalb die Lust an unseren vernünftigen Entschlüssen. Das mesolimbische Dopaminsystem verlangt nach sofortiger Aktivierung durch ein Erfolgserlebnis. Was in ein paar Wochen passiert, interessiert es nicht.

Wie kann man es vermeiden, in diese Falle zu tappen? Zuerst muss man wissen, wie sie funktioniert.

Gut zu wissen

Die folgende Technik ist auf alle Tätigkeiten anwendbar, die uns keine Freude bereiten, aber dennoch erledigt werden müssen.

Das Belohnungssystem stimulieren

Vor allem eines ist wichtig: Man muss dem mesolimbischen Dopaminsystem geben, was es braucht – also Stimulanz in Form von sofortiger Belohnung, zum Beispiel durch Lachyoga, weil dieses Belohnungssystem während intensiven Lachens hochaktiv ist. In unseren Laughter-Coachings fordern wir deshalb die Teilnehmer auf, sich mit geschlossenen Augen eine Arbeit mit geringem Lustpotenzial vorzustellen, alle jene langweiligen Akten, die Steuererklärung, das Bügeln. Während dieser Visualisierung beginnen wir mit ganz speziellen Übungen (zum Beispiel dem »Lachenden Daumen«, im Kapitel »Leben nach dem Lachprinzip« beschrieben), bei denen ausschließlich über bestimmte Bewegungen der Finger ein Lachen motorisch stimuliert wird. Bei regelmäßiger

Wiederholung dieser Kombination aus Visualisierung und Lachübung passiert Erstaunliches: Irgendwann verbindet das Gehirn die Aktenbearbeitung, das Bügeln oder die Steuererklärung mit einem Lacherlebnis und der zugehörigen mesolimbischen Stimulierung. Plötzlich finden wir Spaß an Tätigkeiten, denen wir bislang – mangels Stimulanz – aus dem Weg gegangen sind.

Vom trockenen zum lockeren Unterricht

Erfolgreiche Lehrer und Professoren wenden intuitiv eine einfache Variante der Methode in ihrem Unterricht und bei Vorlesungen an: Sie garnieren trockene Mathematik oder Physik mit Witzen und heiteren Anekdoten. Der Erfolg gibt ihnen und dieser Art von Motivation Recht. Ich (H.U.) erinnere mich an quälende Chemiestunden auf dem Gymnasium – und an entsprechend schlechte Zensuren. Im darauf folgenden Jahr sollte alles ganz anders und vor allem besser werden: Unsere Klasse bekam einen neuen Lehrer, dem bereits unter Schülern und Kollegen das Image eines lockeren und heiteren Zeitgenossen vorauseilte. Seine witzigen Sprüche habe ich noch heute nach vierzig Jahren in Erinnerung, ebenso wie den tabellarischen Aufbau der chemischen Elemente und das System der Bindungselektronen, damals Gegenstand des Unterrichts. Mit seiner Kombination aus Witz und Stoffvermittlung motivierte er die gesamte Klasse. Aus schlechten Chemieschülern wurden bessere und aus den besseren wurden gute bis sehr gute. Allein durch seine positive Ausstrahlung und dem aus Lachen und Informationsvermittlung kombinierten Unterricht schaffte es dieser Mann, den Notendurchschnitt der Klasse deutlich anzuheben. Er konnte so sehr motivieren, dass in der Folge drei Schüler dieser Klasse Chemie studierten und heute als Chemiker arbeiten.

Lachen macht's möglich!

Also doch! Man kann es lernen, dieses »Think positive«. Man kann sich Freude, Heiterkeit und Lebenslust antrainieren, man kann sich selbst in einen Rausch von Kreativität versetzen und mit gezielter Selbstmotivation das überwinden, was wir den »inneren Schweinehund« nennen. Die Kraft dazu schlummert in unseren Köpfen, sie muss nur geweckt werden. Es begeistert selbst uns als Autoren – trotz unserer jahrelangen Erfahrung – immer wieder, was alles mit Lachen möglich ist. Doch Vorsicht: Wir warnen vor dem Glauben an den rapiden Erfolg. Natürlich hebt ein zweitägiges Hasya-Yoga-Seminar die Stimmung, macht uns zu positiver gestimmten Menschen und überzeugt uns, welch starke Kraft im Lachen steckt. Doch mit Lachen und Lachyoga ist es wie mit dem Joggen – einmal ein paar hundert Meter zu laufen macht aus uns noch keinen Marathonläufer. Auch hier gilt: Erst die Kontinuität führt zu nachhaltigem, dauerhaftem Erfolg.

Lachen – die beste Medizin

Wenn Heiterkeit heilt

Norman Cousins, ein amerikanischer Publizist, Buchautor und Chefredakteur des Kulturmagazins *Saturday Review*, eine schillernde und engagierte Persönlichkeit – er organisierte Hilfe für Hiroshima-Opfer und polnische Frauen, an denen während der Nazi-Okkupation medizinische Versuche durchgeführt wurden, er trat in hunderten von Reden und Artikeln gegen den Vietnam-Krieg ein –, wurde nach einem psychisch und physisch anstrengenden Auslandsaufenthalt mit Fieber, Unwohlsein, zunehmenden Schmerzen und Lähmungserscheinungen in ein Krankenhaus eingewiesen. Die behandelnden Ärzte kamen zu der Überzeugung, dass seine Nebennieren und sein Immunsystem akut überlastet seien. Die Folge war der Ausbruch einer *Spondylitis ankylosans* genannten, sehr seltenen und extrem schmerzhaften Autoimmun-Erkrankung des Rückenmarksgewebes, in deren Verlauf sich die Zellen selbst zerstören.

Die Schulmedizin hatte Cousins bereits aufgegeben. Auf eigenen Wunsch verließ er das Krankenhaus und begann eine Trinkkur, während der er extrem hohe Dosen von Vitamin C zu sich nahm. Um ihm die Zeit der quälenden Schmerzen etwas erträglicher zu gestalten, besorgte ein Kollege Comedy-Filme und Aufzeichnungen der Sendung *Mit versteckter Kamera*. Cousins, froh über diese Ablenkung, schaute sich stundenlang diese Filmchen an und lachte. Dabei entdeckte er Erstaunliches: Während und selbst noch nach dem Lachen klangen die Schmerzen zeitweilig ab, er konnte sogar für mehrere Stunden durchgehend schlafen. Aufgrund dieser Beobachtungen entwickelte Cousins seine eigene Schmerztherapie – mit einem einzigen Medikament: ausgelassenem Lachen.

Wenn negative Emotionen im Körper negative biochemische Veränderungen bewirken – so seine Überlegung –, könnten dann nicht positive Emotionen positive biochemische Veränderungen herbeiführen? Ist es also möglich, dass Lachen, Zuversicht und Lebenswille therapeutischen Wert besitzen?

Lachen und Schmerzempfinden

Über seine Erfahrung mit der unorthodoxen Heilmethode schrieb Cousins ein Buch: *Anatomy of an Illness* wurde ein Klassiker zum Thema »Selbstheilungskräfte des Körpers« und zum Beleg, dass im Lachen wesentlich mehr steckt, als man landläufig annimmt. Cousins' Erfahrungsbericht – gegen alle düsteren Prognosen seiner Ärzte lebte er noch sechzehn Jahre weitestgehend gesund und starb schließlich an einem Herzleiden – war der Startschuss für eine ganze Reihe von Untersuchungen, die den Zusammenhang zwischen Lachen, Schmerzempfinden und Selbstheilungskraft zum Gegenstand hatten. Bislang ist dieser Bereich der Auswirkungen des Lachens auf die Gesundheit der am intensivsten untersuchte und wissenschaftlich am besten belegte.[1]

Pionier dieser Forschungen ist Paul McGhee, der als Erster entsprechende Zusammenhänge zwischen Lachen und Schmerzempfinden im Experiment nachweisen konnte. So analysierte er Mitte der siebziger Jahre Schmerzreaktionen anhand von Kaltwasserreizen. Dazu wurden die Hände der Teilnehmer zweier Testgruppen über längere Zeit in Eiswasser getaucht, was nach kurzer Zeit sehr schmerzhaft ist. Einer der Gruppen wurden während des Experiments ständig Witze erzählt, sodass sie andauernd lachten. Es zeigte sich, dass bei der Lachgruppe das Schmerzempfinden deutlich zurückging.

Ein Zweig der Psychosomatik

McGhees Untersuchungen bildeten die Grundlagen für den Zweig der Psychosomatik, der sich mit dem Lachen beschäftigt, einer Disziplin, welche die Zusammenhänge zwischen psychischen Vorgängen – also Gefühlen, Gedanken und Stimmungen – einerseits und den Vorgängen in den Körperorganen andererseits untersucht. Ein einfaches Beispiel, das jeder aus eigener Erfahrung hinlänglich kennt, zeigt uns, um was es geht: Man ist aufgeregt, weil eine schwierige Prüfung kurz bevorsteht oder weil man den neuen Freund, die neue Freundin zum ersten Mal küsst – die psychische Dimension. Sofort schlägt – die körperliche Reaktion – das Herz schneller. Solche psychosomatischen Vorgänge sind ganz normal, harmlos und sogar wichtig, weil der Organismus damit die Körperfunktionen dem jeweiligen Bedarf anpassen kann.

Da Gedanken, Gefühle und Stimmungen im Gehirn generiert werden, kann so etwas nur funktionieren, wenn es Verbindungen zwischen dem Gehirn und dem Herzen – wie im angesprochenen Fall –, aber auch zwischen Gehirn und anderen Körperorganen gibt, beispielsweise wenn Angst unmittelbar auf Magen und Darm schlägt. Diese Verbindungen zwischen Gehirn und Organen werden unter dem Begriff *zentral-autonome Regulation* zusammengefasst. Durch Gedanken und Gefühle können die Funktionen von Körperorganen verändert werden, indem Nervenzellen Signale von der Großhirnrinde (dem Cortex) über mehrere Stationen zu den Organen schicken.[2] Bei diesem Prozess spielt auch die Ausschüttung verschiedener Hormone eine Rolle.

Wenn die Psyche krank macht

Psychische Vorgänge können aber nicht nur kurzfristig die Funktion von Organen verändern, sondern auch langfristig eine wesentliche Rolle für das körperliche Wohlbefinden und die Gesundheit spielen. Im negativen Fall können sie allerdings auch selbst Auslöser für schwere Erkrankungen sein.

Gut zu wissen

Durch zahlreiche wissenschaftliche Studien ist sehr gut belegt, dass vor allem drei Faktoren die Entwicklung und den Verlauf von körperlichen Beschwerden und Krankheiten negativ beeinflussen: Angst, Depressivität und chronische Stressbelastung.

Ein Weg, wie diese drei Größen das Wohlbefinden und die körperliche Gesundheit beeinträchtigen können, sind geringfügige Störungen in den Mechanismen der zentral-autonomen Regulation. Dadurch wird mit der Zeit die Funktion der Organe negativ beeinträchtigt. Wenn wir sagen, dass uns etwas auf den Magen schlägt, dann ist das durchaus wörtlich zu nehmen. Vor allem der gesamte Verdauungsorganismus bis hin zum Darm ist sehr empfänglich für psychosomatische Störungen, die zu einem chronischen Krankheitsbild führen können. Verschlimmernd kommt hinzu, dass bei ängstlichen, depressiven und stressbelasteten Menschen bestimmte ungesunde Verhaltensweisen häufiger vorkommen: übermäßiger Konsum von Nikotin, Koffein und Alkohol, unausgewogene Ernährung sowie mangelnde Bewegung aufgrund von Lust- und Antriebslosigkeit.

Wenn die Psyche gesund macht

Unsere Medizin beschäftigt sich bislang nahezu ausschließlich mit der negativen Seite der Medaille. Legionen von klinischen Studien über die Folgen von Angst, Depressivität und Stressbelastung stehen einige wenige gegenüber, die längerfristige Effekte von positiver Stimmung untersuchen.

> **Gut zu wissen**
> Fest steht: Während man herzlich lacht, kann man nicht gleichzeitig ängstlich oder depressiv sein, und man erlebt keine Stressbelastung.

Häufiges Lachen reduziert zudem auf längere Sicht negative Gefühle wie Ängstlichkeit und depressive Verstimmungen. Heitere Menschen wiederum können besser mit den Belastungen des täglichen Lebens umgehen und erleben daher langfristig gesehen weniger negative Stressbelastungen.[3] Man kann daher auf jeden Fall erwarten, dass Heiterkeit und Lachen negative Folgeerscheinungen auf die Gesundheit zumindest abschwächen, wenn nicht gar verhindern. Für das Herz-Kreislauf-System gibt es dafür mittlerweile auch direkte wissenschaftliche Belege, auf die wir auf Seite 156 – im Abschnitt »Wenn das Herz mitlacht« – eingehen. Ergebnisse klinischer Studien weisen darauf hin, dass Depressionen nicht nur eine häufige Begleiterscheinung von chronischen Schmerzen sind, sondern auch umgekehrt depressive Stimmung die Schmerzempfindlichkeit verstärkt.

Positive Gefühle und Stimmungen spiegeln sich in der Aktivität bestimmter Teile des Gehirns wider.[4] Unter den entsprechenden Gehirnregionen sind auch solche, die an der zentralautonomen Regulation beteiligt sind und daher Veränderungen von Körperfunktionen bewirken können.[5] Welche konkreten Zusammenhänge jedoch bestehen und wie dieses komplexe System für welche Körperfunktionen wie funktioniert, ist derzeitig Gegenstand diverser Forschungsvorhaben.

Schmerz – lach nach

Zurück zu den Pionieren McGhee und Cousins. Eine ganze Reihe gut kontrollierter Laborstudien an gesunden Menschen belegen wissenschaftlich, was beide mit den damaligen Mitteln ihrer Zeit noch nicht beweisen konnten: Heiterkeit und Lachen senkt die Schmerzempfindlichkeit.[6] Ob auch bei Patienten mit chronischen Schmerzen bedeutsame schmerzlindernde Effekte erzielt werden, wird noch erforscht, es liegen aber bereits positive Beobachtungen vor.[7]

Gut zu wissen
Die Befunde an gesunden Menschen sind so vielversprechend, dass man durchaus empfehlen kann, es bei chronischen Schmerzen einmal mit Hasya-Yoga zu versuchen.

Das gilt umso mehr, als man bei Lachyoga in der Regel eine deutlich höhere Dosis Heiterkeit erzeugt als bei den bislang üblichen Methoden wissenschaftlicher Studien, die mit der Vorführung lustiger Filme arbeiten. Denn Voraussetzung für das Erreichen einer schmerzlindernden Wirkung ist ganz offensichtlich, dass man tatsächlich intensiv und über mehrere Minuten lacht. Eine lediglich kurze Stimulanz – beispielsweise aufgrund eines Witzes – hat dagegen keinerlei Effekt.[8]

Eine spontane Wunderheilung kann man nach einer Stunde Lachyoga natürlich nicht erwarten. Mit regelmäßigem intensiven Hasya-Yoga-Training ist jedoch eine spürbare Erleichterung sehr wahrscheinlich. Wir können an dieser Stelle auf etliche Beispiele aus unserer Seminarpraxis verweisen. Wir erleben Menschen, die unter schwerer rheumatoider Arthritis oder Fibromyalgie (ein extremer Permanentschmerz in den Muskeln mit wahrscheinlich psychosomatischer Ursache und einer gestörten Schmerzerinnerung im Gehirn, letztlich aber noch nicht erforscht) leiden und durch konsequente und tägliche Anwendung der Lachyoga-Übungen eine deutliche und vor allem auch nachhaltige Linderung ihre Schmerzen erreichen.

Linderung durch Lachen

Doch wie lässt sich erklären, dass durch Lachen Schmerzen weniger stark wahrgenommen oder gelindert werden und teilweise sogar ganz verschwinden? Wenn wir mit den Zehen heftig gegen das Tischbein stoßen, melden Nervenzellen dem Gehirn, dass der vordere Fuß einen Schaden erlitten hat. Erst wenn dieses Signal an bestimmten Stellen im Gehirn angekommen ist, fühlen wir Schmerz. Das heißt, wir nehmen den Schmerz nicht mit den Zehen wahr, sondern mit dem Gehirn. Wie stark diese Empfindung ist, hängt einerseits von der Stärke der Verletzung ab, ob es also nur ein leichterer Stoß war oder ob wir uns die Zehen gebrochen haben. Mindestens ebenso stark hängt die Schmerzregistrierung aber auch davon ab, was bei uns in verschiedenen Gehirnbereichen aktuell »los ist«. Verschiedene Teile des Gehirns können nämlich Signale aussenden, die die Weiterleitung der Schmerzsignale ins Gehirn verhindern, abschwächen oder aber auch verstärken.[9] Andere Gehirnbereiche wiederum bewerten den Schmerz. Wir empfinden ihn aufgrund dieser Bemessung als ziehend, stechend oder pochend und interpretieren ihn als bedrohlich, unerträglich, schnell vorübergehend, nicht so schlimm und so weiter.

Es gibt mehrere Systeme im Gehirn, die in der Lage sind, schmerzhemmende Signale auszusenden. An einem dieser Systeme sind Nervenzellen beteiligt, die bei der Signalübertragung die bereits erwähnten Endorphine verwenden. Das sind die im Kapitel »Gelacht wird im Gehirn« beschriebenen endogenen, also in den »grauen Zellen« vorhandenen Morphine, die biochemisch dem Morphium aus der Opiumpflanze, dem Schlafmohn, in Wirkung und Struktur sehr ähnlich sind. Vieles spricht dafür, dass dieses System an der schmerzlindernden Wirkung des Lachens beteiligt ist. Neurologische Studien, die dies naturwissenschaftlich beweisen könnten, sind beim derzeitigen Stand der Labor- und Analysetechnik nicht durchführbar. Man müsste das gesamte System im Gehirn eines Menschen mit einem Medikament oder durch einen mikrochirurgischen Eingriff vollständig außer Kraft setzen oder gar zerstören, um dann zu überprüfen, ob der schmerzlindernde Effekt des Lachens noch vorhanden ist.[10]

Schmerzhemmer auf Abruf

Die Botenstoffe, die die »Schmerzinformation« von einer Nervenzelle zur anderen übertragen, werden nicht erst produziert, wenn das Gehirn sie benötigt. Dieser Vorgang würde viel zu lange dauern. Das Gehirn verfügt über einen Vorrat an diesen Transmitterstoffen, um sofort reagieren zu können. Sie warten sozusagen in ständiger Bereitschaft am Ende der Nervenzelle auf ihren Einsatz (im Kapitel »Gelacht wird im Gehirn« haben wir bereits auf die weit verbreitete Falschinformation hingewiesen, Dopamin und Endorphine würden durch Lachen vermehrt produziert und in die Blutbahn »ausgeschüttet«. Richtig ist dagegen, dass sie aus ihrem Wartezustand heraus aktiviert werden).
Um Schmerzen zu lindern, muss das Gehirn dazu gebracht werden, entweder schmerzhemmende Systeme zu aktivieren[11] oder die Systeme zu hemmen, die die Schmerzempfindung verstärken. Offenbar kann beides durch verschiedene psychologische Mechanismen erreicht werden, die alle mit dem Lachen zu tun haben.

Gut zu wissen

Für gesunde Personen wie für Schmerzpatienten gilt, dass die Schmerzempfindlichkeit höher ist, sobald man ängstlich, angespannt oder deprimiert ist. Bei ausgeglichener Stimmung ist man weit eher schmerzresistent.[12]

Nach längerem Lachen ist der schmerzhemmende Effekt selbst noch später nachweisbar. Intensives, anhaltendes, herzliches Lachen scheint daher auch physiologische Vorgänge auszulösen, die über einen größeren Zeitraum bestehen und damit nicht mehr eng an die aktuelle Stimmung gekoppelt sind.

Ablenkungsmanöver

Jeder kennt diesen Effekt: Man nimmt Schmerzen weniger stark wahr und kann sie auch länger ertragen, wenn die Aufmerksamkeit nicht auf die Schmerzquelle, sondern auf etwas anderes gerichtet ist.[13] Manche Zahnärzte nutzen diesen Effekt, indem sie ihren Patienten über Kopfhörer deren Lieblingsmusik lautstark vorspielen. Vor allem für kurzfristige schmerzhemmende Effekte des Lachens dürfte Ablenkung eine wesentliche Rolle spielen. Wir wissen ja: Wer lacht, denkt nicht – und wer denkt, lacht nicht. Bei den in rascher Abfolge hintereinander durchgeführten Übungen des Hasya-Yoga mit ständigem Kontakt zu Mitlacherinnen und Mitlachern verstärken sich diese Ablenkungseffekte, die das Lachen von sich aus schon hat. Der schmerzhemmende Effekt hält mindestens bis zu zwanzig Minuten nach dem Lachen an und ist daher sicher nicht *nur* das Resultat von Ablenkung.

Positive Sicht, positive Erwartungen

Ein weiterer Grund für die Hemmung des Schmerzempfindens liegt in der »positiven« Grundstimmung, in welche uns das Lachen versetzt. Schmerzen werden umso weniger gut ertragen und sind umso belastender, je bedrohlicher man sie erlebt, je mehr man sich sorgt oder sich vor einer möglichen Krankheit fürchtet.

Gut zu wissen
Es ist gezeigt worden, dass Ängste erheblich reduziert werden können, wenn man sich mit ihnen in humorvoller Weise auseinander setzt und über sie lacht.[14]

Lachen erleichtert einen Wechsel der Perspektive, sodass man Abstand von den Schmerzen gewinnen kann und sie nicht mehr als so bedrohlich wahrnimmt. Ein wichtiges Element des Hasya-Yoga ist in diesem Zusammenhang, dass man immer wieder über sich selbst am meisten lacht. Nicht zuletzt spielt auch die positive Erwartung, also der so genannte »Placebo-Effekt« eine Rolle.

An die Wirkung glauben
Ein bekanntes und nachgewiesenes Phänomen ist die Wichtigkeit des Glaubens an die Wirksamkeit eines Medikaments. Die Überzeugung, dass ein bestimmtes Mittel hilft, reicht bereits aus, um einen schmerzreduzierenden Effekt zu erzielen, selbst dann, wenn das Medikament keinerlei schmerzhemmende Wirkstoffe enthält.

Glaubwürdige Informationen, die die Erwartung wecken, Lachen wirke schmerzlindernd, können daher dessen schmerzhemmenden Effekt verstärken und beschleunigen.[15] Tritt dann auch noch die gewünschte Wirkung ein, so verstärkt das wiederum den Placebo-Effekt. Zu hohe und unglaubwürdige Versprechungen führen dagegen rasch zu einer Enttäuschung und bewirken das Gegenteil.

Die lustigste Schmerztherapie

Es gibt eine Reihe von anerkannten psychologischen Interventionsmethoden, die ebenfalls einen oder mehrere dieser Mechanismen nützen und die schon lange erfolgreich in der Therapie von chronischen Schmerzen eingesetzt werden. Dazu zählen die klassischen Entspannungsmethoden: Meditation, Biofeedback, Imaginationstechniken und kognitives Schmerzbewältigungstraining. Sie wirken in der Schmerztherapie auf ähnliche Weise und teilweise vergleichbar effektiv wie Hasya-Yoga. Lachyoga ist aber zweifellos die einfachste, am mühelosesten zu erlernende und lustigste Methode der Schmerztherapie – mit positiven Nebeneffekten, beispielsweise der allgemeinen Verbesserung der Stimmung und der Lebensqualität.

Intensiv und regelmäßig

Wichtig für das Erreichen eines schmerzhemmenden Effektes bei einer Lachtherapie ist, dass die Patienten durch die verwendete Methode tatsächlich intensiv und lange lachen. Anhaltende Effekte auf körperliche Prozesse können nur mit Interventionen erzielt werden, die regelmäßig über einen längeren Zeitraum durchgeführt werden.

Anders als bei Comedys oder Witzen – Menschen unterscheiden sich sehr stark darin, über welchen Witz oder welche kuriosen Situationen sie lachen können – gelingt es mit Hasya-Yoga, so gut wie alle Patienten zu intensivem Lachen anzuregen, und das vor allem über einen Zeitraum von einer halben

Stunde oder auch länger. Damit ist eine nach gesicherten therapeutischen Daten ausreichend lange Lachdauer gegeben. Zudem führt Hasya-Yoga auch bei wiederholter Durchführung selbst über mehrere Wochen hinweg nicht zu einer Abstumpfung der Lachauslöser. Ganz im Gegenteil: Weil im Hasya-Yoga das intensive Lachen mit der Zeit immer mehr »gelernt« wird (siehe auch die Ausführungen über die Plastizität des Gehirns im Kapitel »Gelacht wird im Gehirn«), kann es bei Bedarf ohne komplizierte Hilfsmittel unmittelbar abgerufen werden.

Die Sache mit dem Stress

»Ich habe solch einen Stress!« Dieser Satz, in dem mitschwingt: »Ich schaffe es bald nicht mehr« und »Ich bin bald am Ende meiner Kräfte«, ist zum geflügelten Wort und wohl auch zur am weitesten verbreiteten Befindlichkeit unter Mitteleuropas arbeitender Bevölkerung geworden. Stress – das gehört zum Manager wie die gestreifte Krawatte und der dunkelblaue Anzug, das gehört zur Software-Expertin wie ihr Laptop.

Stress beeinflusst das Erleben und Verhalten des Menschen im privaten wie im beruflichen Bereich. Mit Stress bezeichnen wir landläufig einen unangenehmen, belastenden Spannungszustand, dessen Auswirkungen wir am deutlichsten im beruflichen Leistungsbereich erkennen. Nicht nur, weil damit im Sinne eines informellen Leistungsnachweises kokettiert wird, nicht nur, weil immer häufiger bei Kollegen und Vorgesetzten »nervöse Störungen« oder »vegetative Dystonie« als nicht organisch bedingte Störungen diagnostiziert werden, nicht nur, weil Mediziner »negativen Stress« für die an erster Stelle der Todesursachen stehenden Herz- und Kreislauferkrankungen verantwortlich machen – sondern weil ganz besonders die Mitarbeiter in den Unternehmen gesundheitssensibler geworden sind und erkennen, dass Stressfaktoren verstärkt und stufenlos über Leistungsvermögen, ihre Konzentrationsfähigkeit und Gedächtniskraft bestimmen. Darüber werden aber auch Kommunikationsfreude, seelische Ausgeglichenheit und Gefühlsbereitschaft gesteuert.

Hohe Beanspruchung

Der Terminus »Stress« stammt ursprünglich aus dem Bereich der Physik, speziell aus der Materialprüfung. Er bezeichnet dort eine Belastung, die über eine gewisse Zeit auf die Struktur eines Materials einwirkt und zur Verformung oder auch zum Bruch des Materials führen kann.

Was ist Stress?

Auf den humanbiologischen Bereich übertragen, taucht das Wort »Stress« zum ersten Mal 1936 bei dem Mediziner Hans Selye auf. Er verwendet den Begriff im Gegensatz zu modernen Auffassungen noch relativ undifferenziert für alle inneren und äußeren Einflüsse, denen der Mensch täglich ausgesetzt sein kann und deren Reize Vermeidungstendenzen und unangenehme Gefühle auslösen. Diese Interpretation hat sich bis heute gehalten, wenn wir von »Stress« sprechen.

Im Alltags- wie im Berufsleben wird das Wort »Stress« verwendet, um auszudrücken, dass man sich unangenehm belastet fühlt. Vom biologischen Standpunkt betrachtet, ist Stress jede Art von Beanspruchung. Sie kann beispielsweise darin bestehen, dass man die Treppe hinaufläuft, dass man eine Rede halten muss, aber auch darin, dass man in einem leidenschaftlichen Kuss versinkt. Die Beanspruchung kann also durchaus auch positiv, erwünscht und angenehm erlebt werden. Sie entsteht durch geänderte Bedingungen, wie körperliche und geistige Leistung, und emotionale Auf- sowie Erregung, welche die Anforderungen an spezielle Körperfunktionen ändern.

Eine überholte Theorie

Lange Zeit nahmen Psychologie und Medizin an, dass es umso gesünder sei, je weniger der Körper Stresssituationen ausgesetzt werde, auf die er reagieren muss. Denn, so die Annahme, jede Stressreaktion auf eine Beanspruchung sei schädlich.
Diese veraltete, negative Sicht auf Stressreaktionen geht auf Walter B. Cannon, einen Professor für Physiologie an der Harvard Universität und Pionier der Stressforschung, zurück. Cannon vermutete, dass Stressreaktionen immer gleich ablaufen: als eine generelle Aktivierung des sympathischen Nervensystems im ganzen Körper. (Das sympathische Nervensystem ist Teil des vegetativen Nervensystems, welches das Gehirn mit den Körperorganen verbindet.) Durch eine derart unspezifische Aktivierung wird einfach alles »in Bewegung gesetzt«, nicht nur einzelne Organe oder Organsysteme, sondern der gesamte Organismus. Nach Cannons Ansicht bestand die Aufgabe der Stressreaktion darin, den ge-

samten Körper zu aktivieren, um ihn damit auf Kampf oder Flucht – von Cannon stammt der Terminus der »Fight-or-Flight-Reaction« – vorzubereiten. Der Physiologe leitete dieses Konzept von Beobachtungen an Tieren ab, die er extremen, akut lebensbedrohlichen Situationen aussetzte. Seine Beobachtungen waren also Notfallreaktionen des Körpers, um in einer Grenzsituation, in der es um Leben oder Tod geht, zu überleben. Unter herkömmlichen Bedingungen gibt es eine solche generelle, unspezifische Aktivierung nicht. Für Stressreaktionen unter normalen, nicht akut lebensbedrohlichen Bedingungen ist das Konzept von Cannon schlicht falsch.[16] Dennoch findet man es immer noch in der gegenwärtigen Literatur über Entspannung und Wellness.

Lebensnotwendige Anpassung

Aktuellere Forschungen interpretieren Stressreaktionen dagegen als völlig normal. Sie treten nicht nur bei jedem Menschen jeden Tag auf, sondern sind als wichtige Anpassungsreaktionen gesund und sogar lebenswichtig.[17] Wenn sich also die Pulsfrequenz beim Steigen einer Treppe oder beim Tennisspielen nicht den geänderten Anforderungen anpasst, sich also nicht erhöhen würde, wäre Bewusstlosigkeit die wahrscheinliche Folge. Auch beim Halten einer Rede oder beim Küssen gelten höhere Anforderungen, denen mit körperlichen Veränderungen wie Steigerung der Puls- und Atemfrequenz und Ausschüttung von Hormonen Rechnung getragen wird.

In der Folge verschiedener Untersuchungen geht die Humanmedizin heute davon aus, dass für die Gesundheit flexible Körperreaktionen wichtig sind. Zu starke, aber auch zu schwache Stressreaktionen sind auf lange Sicht negativ für

Gesundheit und das körperliche Wohlbefinden. Als gesunde Reaktion auf Beanspruchungen gilt eine schnelle, ausgeprägte Stressreaktion, die aber rasch wieder abklingt, nachdem die Beanspruchung vorüber ist.

Gesunder Stress

Mark Mattson, ein am National Institute of Aging in Bethesda, Maryland, forschender Neurologe und Gerontologe, schließt aus Tierversuchen, dass Stress in geringer Dosis sogar deutlich lebensverlängernd wirkt, indem es den Körper auf Stressattacken vorbereitet und damit abhärtet. Yoga-Übungen, Ballspiele und leichte körperliche Betätigung wie Gartenarbeit oder zügiges Wandern gelten als positive Stressauslöser, die den Körper zwar reizen, aber nicht strapazieren und ihm damit immer ein wenig mehr abverlangen, als er eigentlich leisten möchte.

Aktion und Reaktion

Heute weiß man, dass das Gehirn bei Beanspruchung über spezifische Nervenbahnen (das ist eine Kette von Nervenzellen, die für die Regulation einer ganz bestimmten Körperfunktion zuständig ist) des sympathischen und des parasympathischen Nervensystems (neben dem sympathischen Nervensystem der zweite Teil des vegetativen Nervensystems) sehr differenzierte Signale zu den Körperorganen sendet.[18] Das bedeutet, dass die Signale je nach Nervenbahn und Organ sehr unterschiedlich sein können. Darüber hinaus ist ein Cocktail aus verschiedenen Hormonen beteiligt, deren Zusammensetzung ebenfalls sehr spezifisch ist. Damit erfolgt eine präzise Anpassung der Körperfunktionen an die jeweils geltenden Anforderungen. Beim leidenschaftlichen Kuss passiert daher nicht dasselbe wie beim Treppensteigen, und auf der Treppe wiederum nicht dasselbe wie beim Halten einer Rede.

Wie gesund eine Stressreaktion ist, hängt also von ihrer Stärke und mehr noch davon ab, wie gut das Muster der durch sie veränderten Körperfunktionen zu den gerade geltenden Anforderungen passt. Stressreaktionen selbst sind also gesund und wichtig. Bei dauernder Stressbelastung, bei Angst oder Depressionen wird aber der Ablauf von Stressreaktionen verändert, womit sie nicht mehr optimal den geltenden Anforderungen entsprechen. Dies hat negative Auswirkungen auf Wohlbefinden und Gesundheit.

Lachen – garantiert positiver Stress

Während man herzlich lacht, erlebt man mit Sicherheit keine negative Stressbelastung. Deshalb hat Lachyoga auf lange Sicht betrachtet einen entlastenden, entspannenden Effekt. Dies ist darin begründet, dass häufiges Lachen die Stimmung hebt – auch über einen längeren Zeitraum.[19] Und wer positiv gestimmt ist, wird besser mit den Anforderungen des täglichen Lebens fertig, weil er beziehungsweise sie über Strategien verfügt, um angemessen mit Belastungen umzugehen. Je besser diese funktionieren, umso weniger drückend werden die Anforderungen erlebt.[20] Entgegen häufiger Behauptungen ist dies nicht auf den »Abbau von Stresshormonen« während des Lachens zurückzuführen. Ganz im Gegenteil: Während des Lachens ist ein Anstieg an Stresshormonen messbar.[21] Da Erheiterung und Lachen mit einer positiven emotionalen Aktivierung verbunden sind, wäre – ähnlich wie beim Küssen – ein Abbau von Stresshormonen während des Lachens weder zu erwarten noch wünschenswert.

Wenn das Herz mitlacht

Diese Zusammenhänge zwischen Stress, Lachen und Entspannung haben – über das vom Gehirn beeinflusste vegetative Nervensystem – auch Auswirkungen auf das Herz-Kreislauf-System. Deshalb sind Gedanken, Gefühle und Stimmungen durchaus in der Lage, Herztätigkeit und Blutdruck wesentlich zu bestimmen. Das ist für negative Emotionen mehrfach belegt. Doch wie sieht es mit positiven Stimmungen und da ganz speziell mit dem Lachen aus? Bekannt ist, dass Erheiterung und Lachen eine geringfügige Aktivierung des Herzens zur Folge[22] haben, vergleichbar mit der leichten Aufregung, wenn man vor Publikum ein Gedicht vortragen soll. »Ursache für eine Reaktion des Herzens auf positive Stimulierung ist die mit Erheiterung und Lachen verbundene emotionale Aktivierung«, erklärt die Neuropsychologin Ilona Papousek. Im Herbst 2003 startete sie am Institut für Biologische Psychologie der Universität Graz mit einem Forschungsvorhaben, das diese möglichen Effekte von Lachen auf Herz und Blutkreislauf untersuchen soll. Mittlerweile liegen die ersten gesicherten Ergebnisse zu den Auswirkungen von Lachyoga im klinischen Bereich vor – und die versprechen eine medizinische Sensation (siehe Kasten Seite 157).

Die Grazer Wissenschaftler führen dieses Ergebnis auf den entspannenden und dem Stress entgegenwirkenden Effekt des

Die Probanden der Studie waren knapp dreißig Schlaganfallpatienten des Neurologischen Therapiezentrums Kapfenberg bei Graz. Diese wurden in zwei Gruppen unterteilt: Eine Testgruppe praktizierte Hasya-Yoga, die Kontrollgruppe absolvierte lediglich einfache Bewegungsspiele. Beide Gruppen wurden hinsichtlich des Blutdrucks, der Grundstimmung, der Hemisphärendominanz und ihrer kognitiven Fähigkeiten wie Konzentrationsfähigkeit und verbale, figurale und numerische Gedächtnisleistung miteinander verglichen. Über mehrere Wochen hinweg nahmen die Testpersonen jeweils dreimal wöchentlich an ihren halbstündigen Übungseinheiten teil. Erstes Ergebnis: Die Lachgruppe fühlte sich nach der Therapie einerseits wacher und andererseits entspannter als vorher. Dies war in der Bewegungsgruppe nicht der Fall. Zudem besserte sich die Grundstimmung der Patienten im Verlauf der Rehabilitation in beiden Gruppen, wobei die Stimmung in der Lachgruppe einen positiveren Aufschwung nahm als in der Bewegungsgruppe. Und nicht zuletzt war die Lachtherapie in Bezug auf die zu Beginn meist überhöhten Blutdruckwerte der Schlaganfallpatienten ein voller Erfolg: Während diese in der Bewegungsgruppe über Wochen hinweg unverändert blieben, gab es in der Lachgruppe eine signifikante Blutdrucksenkung, die nachhaltig auch in den »Lachyogafreien Zeiten« auf diesem »gesunden« Level blieb.

Lachens sowie die allgemeine Stimmungsverbesserung dank des Lachens zurück. Es ist sehr zu hoffen, dass nach der Veröffentlichung der Grazer Ergebnisse Lachyoga zu einem festen Bestandteil in der Therapie von Schlaganfallpatienten wird.

Kein Platz für Negatives

Negative Effekte von chronischer Stressbelastung, Angst und Depressivität auf das Herz-Kreislauf-Systems tragen (neben vielen anderen Faktoren wie falsche Ernährung, Rauchen, wenig Bewegung) zu einem erhöhten Risiko von Bluthochdruck und Herzinfarkt bei und verzögern die Genesung von Herz-Kreislauf-Erkrankungen. Da häufiges Lachen längerfristig negative Gefühle und das Erleben von Stressbelastung reduziert,[23] kann man erwarten, dass Heiterkeit und Lachen zudem solch negative Effekte verhindern oder abschwächen können. Auch für diese Zusammenhänge gibt es wissenschaftliche Hinweise. Besonders in Zusammenhang mit dem Herz-Kreislauf-System muss deutlich darauf hingewiesen werden, dass feindseliger, sarkastischer Humor und zynisches Lachen sicher keine positiven Wirkungen haben. Im Gegenteil: Feindseligkeit und Zynismus werden von Wissenschaftlern mit körperlichen Vorgängen in Zusammenhang gebracht, die die Entwicklung und das Fortschreiten von Herzkrankheiten fördern.[24] Feindseliges oder zynisches Lachen hat daher im Hasya-Yoga keinen Platz.

Lachen für das Immunsystem

Weitere wissenschaftliche Sensationen versprechen Forschungsvorhaben, die derzeit in Kalifornien durchgeführt werden. Es geht um das Immunsystem und dessen Beeinflussung durch das Lachen. Bereits William Fry, in den fünfziger und sechziger Jahren Professor an der Stanford Universität und ein weiterer Pionier der Gelotologie – der »Wissenschaft vom Lachen« –, konnte als Erster entsprechende Zusammenhänge aufzeigen. Es muss, so fand er bereits Anfang der sechziger Jahre heraus, eine Stimulierung des Immunsystems durch das Lachen geben. Die Labortechnik der damaligen Zeit war jedoch noch nicht entsprechend weit entwickelt, um auf molekularer Basis das Phänomen zu erklären. Auch heute stößt die Forschung immer wieder auf Widerstände und muss Rückschläge hinnehmen.

In den letzten Jahren hat sich speziell der Neuroimmunologe Lee Berk von der Loma Linda Universität, ebenfalls in Kalifornien, des Themas angenommen.

Berk spielte einer Gruppe Studenten Comic- und Slapstickfilme vor und brachte sie so zum Lachen. Eine Vergleichsgruppe ging in derselben Zeit einer stillen Beschäftigung, beispielsweise Lernen, nach. Vor, während und nach der Vorführung wurde den Studenten der Lachgruppe Blut abgenommen und auf seine Veränderungen hin untersucht. Dabei zeigte sich, dass während und nach heftigem Lachen im Körper die Produktion natürlicher »Killerzellen« sowie von Immunglobulinen – beides sind zwei wichtige Elemente des Immunsystems – deutlich anstieg.

Vor allem die natürlichen Killerzellen spielen eine wichtige Rolle bei der körpereigenen Abwehr von Tumorzellen und der Bekämpfung virusinfizierter Zellen. Letztlich bedeutet dies, dass so etwas Simples wie intensives Lachen gegen Krebs vorbeugen und vielleicht auch zu einer Verbesserung des Zustands Krebskranker beitragen könnte. Berks Untersuchungen werden bislang von seinen Kollegen und der schulmedizinischen Fachwelt mit Skepsis interpretiert, zumal bis dato große Feldstudien über diese Effekte sowie bestätigende Untersuchungen anderer Forscher fehlen. Weitere Studien sind also notwendig, um naturwissenschaftlich seriös speziell diese Auswirkung des Lachens auf das Immunsystem zu belegen. Wenn auch nicht wissenschaftlich dokumentiert, so kennen wir doch aus Indien einige Fälle krebskranker Patienten, deren allgemeiner Zustand sich durch tägliche und intensive Hasya-Yoga-Praxis dramatisch verbessert hat. Natürlich wurden diese Patienten parallel auch von ayurvedischen Ärzten oder schulmedizinisch therapiert.

Die körpereigene Abwehrwaffe

Neben allen Aspekten dieses Themas stellt sich grundsätzlich die Frage, wie das Lachen und das Immunsystem zusammenhängen. Sicherlich über das Gehirn, denn das Gehirn, mit dem man denkt und fühlt, beeinflusst über Hormone und über das vegetative Nervensystem auch das Immunsystem.[25]

> **Gut zu wissen**
>
> In vielen Untersuchungen konnte gezeigt werden, dass chronische Stressbelastung und negative Stimmungen wie Depressivität und Angst das Immunsystem schwächen und damit dessen Fähigkeit einschränken, Bakterien und Viren erfolgreich abzuwehren und zu bekämpfen.[26]

Viele kennen aus eigener Erfahrung, dass Fieberbläschen eher auftauchen, wenn man unter starker Belastung steht. Ein ständig im Körper schlummernder Virus wird in solchen Situationen wieder aktiv. Von Schnupfen- und ähnlichen Viren werden wir ständig attackiert. Ob wir daran erkranken, hängt davon ab, wie gut unser Immunsystem diese Attacken abwehren kann.

In einer sehr bekannten, 1990 durchgeführten Untersuchung haben die Immunologen Lefcourt, Davidson-Katz und Kueneman einer Gruppe von Testpersonen Nasentropfen verabreicht, die eine bestimmte Menge Schnupfenviren enthielten. Anschließend wurde beobachtet, bei wem der Schnupfen ausbrach und bei wem nicht. Das Ergebnis dieser Untersuchung: Wenn man Schnupfenviren ausgesetzt ist, erkrankt man umso wahrscheinlicher, je höher die chronische Stressbelastung ist.

Bei der Abwehr von Infektionen der oberen Atemwege ist vor allem das Immunglobulin A wesentlich beteiligt. Einige Studien haben nun Hinweise dafür gefunden, dass während des Lachens die Konzentration dieses Abwehrstoffes kurzfristig ansteigt.[27] Nach dem Singen in einem Chor ist derselbe Effekt beobachtet worden.[28] Immunglobulin A steigt aber auch beim Radfahren und beim Fußballspielen an, also offenbar bei Beanspruchungen, die mit heftigem Atmen verbunden sind.

Die Abwehrtruppe stärken

Grundsätzlich sind die negativen Auswirkungen von chronischer Stressbelastung und von Angst und Depressivität auf das Immunsystem medizinisch gut belegt und unumstritten. Eine allgemeine Verbesserung der Stimmung durch regelmäßiges Lachen über einen längeren Zeitraum hinweg muss daher eine Schwächung des Immunsystems verhindern. Bei Wirkungen, die darüber hinausgehen, ist aber vorsichtiger Optimismus angebracht. Man kann und soll Lachen in Erkältungszeiten ohne weiteres als vorbeugende Maßnahme einsetzen, zumal es auf keinen Fall schadet. Wir möchten nur vor grenzenlos übertriebenen Erwartungen warnen, die Lachen zum Allheilmittel hochjubeln. Hasya-Yoga bewirkt sicher nicht, dass man für die Zukunft gegen alle Krankheiten gefeit ist. Und auch nicht, dass man ohne entsprechende medizinische Maßnahmen einen Tumor allein durch Lachen erfolgreich bekämpfen kann. Wer das behauptet, handelt unseriös und unverantwortlich. Auch wer meint, gelegentliches Hasya-Yoga wird schon Gutes für die Gesundheit tun, muss enttäuscht werden. Um deutliche Wirkungen auf das Immunsystem zu erzielen, bedarf es einer täglichen, etwa viertel- bis halbstündigen Hasya-Praxis. Die damit einhergehende, längerfristige Verbesserung der Stimmung, die Hebung von Heiterkeit und Optimismus wird aber in vielen Fällen zur Erhaltung der Gesundheit und zur Genesung beitragen.

Die Lach-AG

Warum der Erfolg dem Lachen folgt

»Es herrscht ein fundamentales Orientierungsproblem in den Chefetagen, das nur um eine Frage kreist: Was sind die künftigen Maßstäbe richtiger Unternehmensführung?« Diese Analyse stammt von Fredmund Malik, Chef des Management Zentrums im schweizerischen Sankt Gallen. Gier, Aktienwert, Macht stellen keine zukunftsträchtigen Werte dar, stattdessen sind neue Inhalte gefragt. Die wirtschaftlichen und technologischen Veränderungen der letzten Jahrzehnte haben einen gewaltigen Einfluss auf Unternehmen und ihre Kulturen bewirkt: Die Digitalisierung in der Telekommunikation ermöglicht es uns, von überall und jederzeit miteinander in Verbindung zu treten. Die Rechen- und Speicherleistung unserer Computer steigt ständig, elektronischer Warenhandel in Echtzeit und sekundenschneller, weltweiter Kapitaltransfer sind längst alltäglich. Die Diversifizierung der Arbeit und damit die Ansprüche an die Arbeitnehmer steigen, die Globalisierung der Wirtschaft schreitet dramatisch voran, das Geschäftstempo wird zusehends rasanter, der Atem der Wirtschaft hechelt hektisch. Innerbetriebliche Veränderungen, also Umstrukturierungen, Fusionen und Verlagerungen, Reduktion der Mitarbeiterzahlen sind Ausdruck der aktuellen

Dynamik. Der Druck auf Führungskräfte und Belegschaft wird dadurch weltweit stärker. Eine mittelständische Werkzeugfabrik im Südbadischen wie ihre Konkurrenz im koreanischen Seoul kämpfen um die Gunst derselben Kunden. Und die Börse fokussiert die Konzerne und ihre Bosse nur noch auf den Shareholder Value. Daneben trägt der ständig wachsende Einfluss der Investoren, Lieferanten und Kunden zur Orientierungslosigkeit in den Unternehmensspitzen bei. Der einstige Wertekanon »Sittlichkeit, Ehrlichkeit und Fairness in der Wirtschaft« ist einem rigorosen Egoismus gewichen. Das sieht man selbst in den Chefetagen so.

Stressszenario mit fatalen Folgen

Die Verantwortung des Managers, sein Unternehmen gleichzeitig sozial, zukunftsweisend, konkurrenzfähig, ertragreich und nachhaltig zu führen, erzeugt gewaltigen Leistungsdruck mit entsprechendem Stressszenario. Mit fatalen Folgen! Erstens: Manager arbeiten noch mehr, noch länger, noch hektischer, noch angespannter und hoffen – nach dem Motto »Mehr kann man nicht machen« –, die Situation in den Griff und gleichzeitig Anerkennung zu bekommen. Zweitens: Manager reichen ihre »innere Kündigung« ein – sie haben dem Unternehmen und der Summe der nicht zu bewältigenden Aufgaben längst schon »Adieu« gesagt. Sie sind in diesem Sinn längst keine Vordenker und Lenker mehr, sondern lediglich nur mehr Mitläufer, stetig wartend auf die nächstbeste Gelegenheit zum Absprung. Drittens: Manager psychosomatsieren diese Spannungen in teilweise für sie lebensbedrohliche Burnout-Szenarien. Herzbeschwerden, Magengeschwüre, Bluthochdruck, Schlaflosigkeit, Antriebslosigkeit, Depression sind typische Symptome eines sich »nach innen« entladenden Konflikts. Viertens: Manager geben die Spannung, der sie im Unternehmen ausgesetzt sind, weiter – zu Hause an Partner und Kinder: Eheprobleme, Trennung und Scheidungen sind häufige Folgen, Führungskräfte führen auch in der Scheidungsstatistik. Im Unternehmen leiten sie den Druck hierarchisch nach unten ab. Mit Drohgebärden und ausgeprägten Angstszenarien schaffen sie ein freudloses und aggressives Umfeld.

Verweigerungs- und Ausstiegsmentalität

Die Mitarbeiter erweitern in diesen Stresskonstellationen ihre Reaktionsklaviatur um den Faktor Verweigerung. Intuitiv umgehen sie den Leistungsdruck durch Auszeiten, verursacht durch psychosomatische Leiden bis zum gezielten »Dienst quittieren« durch Krankfeiern. Von solchen Dominoeffekten hören wir immer wieder in Coaching-Gesprächen mit Führungskräften. Es überrascht nicht, dass sich in Unternehmen mit hohem, von der Geschäftsführung ausgehendem Leistungsdruck ein gefährliches Demotivationspotenzial aufbaut. Und es überrascht nicht, dass solche Unternehmen auf längere Sicht erfolglos am Markt agieren. Wo eigentlich Lust auf Arbeit sein sollte, herrscht Verweigerungs- und Ausstiegsmentalität.

Rücksichtsloses Profitstreben

Vor ein paar Jahren kam der Begriff »Coompetition« auf. Ein Unternehmen sollte nicht nur mit anderen im Konkurrenzkampf – der Competition – stehen, sondern auch nach innen mit den Mitarbeitern und nach außen mit den anderen Marktteilnehmern kooperieren. Salopp ausgedrückt: Der

Freund- und Partnerschaftsgedanke sollte Einzug in die Wirtschaft halten. Praktiziert wird diese Forderung in der Praxis jedoch so gut wie nirgends. Die Idee hört sich gut an, doch im täglichen Rennen um Gewinne, Marktvorteile und Verdrängung bleibt sie auf der Strecke. Gierig operieren Unternehmer wie Unternehmen nach dem Prinzip »alles oder nichts« und praktizieren Casino-Kapitalismus in Reinkultur. Maximierung des Gewinns ist nach wie vor das Maß allen Wirkens, das kaum Verantwortung für nachfolgende Generationen kennt, die Natur dem Raubbau aussetzt und Nachhaltigkeit zwar gern auf den Lippen trägt, aber selten in die Tat umsetzt. Dabei führt ungebrochenes Streben nach Profit zu noch mehr Angst, Sorge und hohem Leistungsdruck. Den kann man etlichen Managern direkt am Gesicht ablesen: Aus zusammengekniffenen Lippen, unwirschem Habitus, Ungeduld und Gehetztheit braut sich eine Gesamterscheinung zusammen, die zwischen Arroganz und Miesepetrigkeit oszilliert.

Falsche Maxime

Diese Beschreibung des überwiegenden Ist-Zustands unserer Bosse mag auf den ersten Blick dem Lachen und noch mehr einem Unternehmensstil, den wir als »Führen nach dem Lachprinzip« bezeichnen, entgegenstehen. Doch das Gegenteil ist der Fall – viele Führungskräfte haben nur noch nicht die phänomenalen Möglichkeiten der *Laughing Leadership* wahrgenommen, so unvereinbar erscheint ihnen die Verbindung von »Happiness« und »Business«.

»Zuerst die Arbeit, dann das Vergnügen« – mit diesem völlig fehlgelagerten pädagogischen Klassiker wurden wir alle erzogen.

Nach dieser Maxime wird heute immer noch die überwiegende Zahl der Unternehmen geleitet – und das zu ihrem großen Nachteil, wie folgendes Beispiel zeigt.

Der Fall Martin

Protagonist ist der Chef einer mittelständischen Unternehmensberatung, der bei uns im Coaching war. Aus Gründen der *political correctness* nennen wir hier nur seinen Vornamen. Martin beklagte im Gespräch die Situation seines Unternehmens. Umsatz und Gewinn gingen aus verschiedenen Gründen zurück, das ehedem gute Verhältnis zu seiner Hausbank war in eine Schieflage geraten, die Stimmung im Aufsichtsrat beschrieb er mit »zunehmender Aufgeregtheit«, seine Kollegen im Vorstand opponierten offen gegen ihn, und viele Mitarbeiter, vor allem die qualifiziertesten, waren auf dem »Absprung«. Martin wollte das Unternehmen, in dem er sein Lebenswerk sah, unter allen Umständen halten. Auch wegen der Angestellten – über hundert standen auf der Gehaltsliste. Seine verzweifelten Bemühungen um deren Rettung verbreiteten allerdings eher Angst und Schrecken, als dass sie die Lage besserten: Mit diktatorischem Führungsstil demoralisierte er das Team und machte Einzelne schon bei geringen Fehlern nieder. Zudem verordnete er ein rigoroses Sparprogramm. Die Moral seiner Leute sank im freien Fall, von Freude an der eigentlich interessanten und anspruchsvollen Arbeit war nichts zu spüren.

Immer tiefer in die Gefahrenzone

Uns war sehr schnell klar, dass seine Verbissenheit und der panikhafte Führungsstil zur üblen Gesamtsituation beitrugen. Wenn der Druck auf Führungskräfte besonders hoch ist, verfallen viele in blinden Aktionismus. Schnell wird eine Flut von Pseudoentscheidungen getroffen und gereizt an die Befehlsempfänger delegiert: »Bis zur Konferenz morgen früh möchte ich alle aktuellen Verkaufszahlen haben, sortiert nach Regionen, Branchen und Verkäufern. Dazu ein Statusbericht und eine Marktpotenzialanalyse aller Produkte.« Und so weiter und so fort. Der Manager möchte damit Leadership suggerieren, erzielt jedoch in erster Linie Desorientierung im Unternehmen. So auch Martin: Er wollte jede noch so periphäre Situation im Griff haben, er kontrollierte jedes Detail, dabei verzettelte er sich und fühlte sich von der Flut der Aufgaben und Anforderungen erdrückt. Sein Körper reagierte dementsprechend mit Schlaflosigkeit, Nervosität, gereiztem Magen. Als der Arzt auch noch Herzflimmern attestierte und vor schlimmen Folgen warnte, wurde Martin nachdenklich.

Negative Außenwirkung

Zu Beginn unseres Coachings baten wir ihn, er möge sein Unternehmen im Stile einer Verkaufspräsentation vorstellen. Unmittelbar im Anschluss daran wünschten wir uns den Vortrag seiner letzten Rede, in der er notwendige Personalkürzungen angekündigt hatte. Beides wurde auf Video aufgezeichnet. Als wir ihm seine Performance auf dem Monitor präsentierten, erschrak er über sich selbst: »Als Kunde würde ich bei mir nichts kaufen, als Mitarbeiter würde ich dieses Unternehmen sofort verlassen« war die niederschmetternde

Einschätzung seiner selbst. Auf unseren Hinweis hin musste sich Martin eingestehen, dass er während seiner beiden Reden kein einziges Mal gelächelt und schon gar nicht gelacht hatte, vielmehr wirkte er »krampfhaft, verbissen, drohend, einschüchternd«. So beschrieb er sich zumindest selbst, als wir über seine Wirkung auf andere sprachen. Und in der Tat: Ein Mitarbeiter von Martin berichtete mir (A.S.), dass er nach Meetings mit der Geschäftsleitung abends nicht einschlafen konnte. Er war aufgebracht und aufgewühlt, was weiter nicht verwunderlich ist. Denn bei Aufregung schüttet unser Körper Stresshormone aus, deren Abbau mehrere Stunden andauert. Haben wir also eine negative Beziehung zu unserem Vorgesetzten, können wir an nichts anderes mehr denken, und wir beruhigen uns nicht oder nur sehr langsam. Selbst die Wochenenden können einem so vermiest werden: »Mir schnürt es schon den Hals zu, wenn ich nur an Montag früh denke« ist ein leider viel zu häufig gehörtes Statement von Arbeitnehmern. »Du musst einfach nur abschalten« ist dann der wohl gemeinte und auch richtige Rat von Freunden, der leider nur schwer oder gar nicht umzusetzen ist, es sei denn, man beherrscht die mentalen Übungen, die in der Meditation und im Lachyoga trainiert werden.

Neustart mit einem Lächeln

Ohne das Thema seiner Außenwirkung weiter zu fokussieren, begannen wir mit Martin das »Laughter-Coaching«.

Gut zu wissen

Laughter-Coaching ist eine Trainingsmethode, die intensiv mit den Techniken des Lachyoga arbeitet.

Von den mentalen Auswirkungen haben wir schon im Kapitel »Gelacht wird im Gehirn« berichtet. Über drei Wochen hinweg bestellten wir Martin zu einstündigen Trainingseinheiten in einer gemischten Gruppe von Menschen, die er vordem noch nicht getroffen hatte. Im Anschluss sollte Martin die Verkaufspräsentation und die Ansprache an die Mitarbeiter nochmals halten. In der Videoanalyse erkannte er sofort, welch positiven Effekt das Training hatte. Klar formulierte, überzeugende Darstellung, ein schlagfertiger Vortrag, eine kundenorientierte Sprache und vor allem: immer wieder ein Lächeln, da und dort sogar ein Lachen. Trotz der unangenehmen Ankündigung geplanter Personalreduzierung fand er ermutigende Worte für die Betroffenen, bot Hilfe an, diskutierte Möglichkeiten des Arbeitsplatz-Sharings. In jenen Momenten, in denen er lächelnd seinen Vortrag unterstrich, förderte er das Wir-Gefühl und konnte sogar mit einem »Das packen wir« motivieren.

Durch Laughter Coaching aus der Krise

Martin war von seiner Veränderung so überzeugt, dass er seine Vorstandkollegen und auch große Teile des Teams zu einem Laughter-Coaching bewegen konnte. Erstaunt stellten die Teilnehmer fest, dass sie schon seit langem nicht mehr so freundlich, ja sogar liebevoll miteinander umgegangen waren wie nach den Seminaren. Durch die ganze Firma ging ein Ruck, den Boss wie Belegschaft selbst als »Begeisterung« bezeichneten. Mit dieser Aufbruchsstimmung schaffte es die Firma, zuerst das Betriebsklima wesentlich zu verbessern, es entstand eine Mentalität des »Wir ziehen alle am gleichen Strick«, Rivalitäten und Anfeindungen untereinander lösten sich auf. »Große Harmonie, mehr Kraft für die eigentlichen Aufgaben, keine internen Reibungsverluste«, so wurden von den Teilnehmern die Folgen des Coachings beschrieben. Ein halbes Jahr nach diesem Training war das Unternehmen deutlich besser aufgestellt als zuvor. Und das nicht zuletzt deshalb, weil eine Kraft, die wir salopp als »Lach-Spirit« bezeichnen, freigesetzt wurde.

Gut zu wissen
Sind positive Emotionen im Spiel, werden Kooperation, Fairness und Performance gefördert.

Diesen Effekt konnten wir ganz besonders im Unternehmen von Martin feststellen. In der Mitarbeiterbefragung wurde der Aspekt »die Verbesserung der Zusammenarbeit« als wichtigste positive Veränderung nach der Aktivierung des »Lach-Spirits« gesehen. Die Mitarbeiter von Martin finden jetzt, »dass es wieder Freude macht, mit dem Chef zusammenzuarbeiten«. Seine positiv stimmende Art bindet die Mitarbeiter in das Unternehmen ein, von dem sie vor einiger Zeit noch so schnell wie möglich wegwollten.

Wenn wir nichts zu lachen haben, haben wir sehr wohl etwas zu lachen

Ist auf den Kommandoplätzen der Wirtschaft der »Fall Martin« nun ein Einzel- oder der Regelfall? Manager erleben wir meist als ernste Zeitgenossen, mehr noch, wir haben sogar diese Erwartungshaltung ihnen gegenüber, weil wir »ernst sein« und »Ernsthaftigkeit« zu gerne verwechseln. Ersteres verträgt sich nicht mit Heiterkeit, das zweite sehr wohl.

Macht trägt düstere Miene
Wie tief sich die Figur des ernst in die Runde blickenden Topmanagers bereits bei ganz jungen Menschen eingeprägt hat, zeigt folgende Untersuchung aus den USA: Kinder zwischen acht und dreizehn Jahren sollten anhand von unterschiedlichen Porträtfotos erraten, welches Gesicht dem Anführer einer Gruppe gehört. Die überwiegende Zahl der Befragten zeigte auf ein Männergesicht mit finster zusammengezogenen Brauen und bestätigte damit eine Wertung und Erwartung, nach der sich Macht mit düsterer Miene behauptet.

Der bärbeißig blickende Wirtschaftskapitän reagiert also auch auf eine Erwartungshaltung seiner Umwelt, wenn er ohne Heiterkeit und mit strenger Miene sein Unternehmen führt. Wir können hier einen Bogen zum Gottesbild der patriarchalen, monotheistischen Religionen schlagen. Weder der Gott der Christen noch Jahwe noch Allah werden lachend dargestellt, da sie auch an keiner Stelle der heiligen Texte als lachend beschrieben sind. Damit entsprechen sie exakt jenem seit drei Jahrtausenden propagierten Bild, wie man sich einen Big Boss vorzustellen hat.

Positive Außenwirkung

Kein Wunder, dass viele Manager ahnungslos von der positiven Wirkung des Lächelns und Lachens auf Kunden und Kollegen sind. Doch ein Blick auf Martins weitere Biografie kann ihnen weiterhelfen. Martin und sein gesamtes Team wurden nach unseren Laughter-Coachings einerseits lockerer – sie wirkten bei weitem nicht mehr so verbissen wie zuvor –, anderseits wurden sie als deutlich souveräner wahrgenommen. Das gaben Kunden und die Kollegen untereinander bei einer schriftlichen Befragung unsererseits an. Martins Imponierpose mit finsterer Miene war nicht mehr notwendig, er wirkte jetzt authentisch, sympathisch und wohlwollend. Mit diesem neuen, vom »Lach-Spirit« beflügelten Bild vom Boss als Transporteur gelöster Heiterkeit war der Weg zurück auf die Erfolgsspur vorgezeichnet.

Krisen lachend bewältigen

»Wir haben nichts zu lachen.« Dieser Einwand führt die Hitliste der Vorbehalte gegen unsere Laughter-Coachings an. Dahinter steht die völlig falsche Einstellung, dass in Krisenzeiten das Lachen zum Tabu werden muss. Wer Sorgen hat, soll sich grämen, aber keinesfalls lachen. Uns erinnert diese Einstellung fatal an einen Hungernden, der belegte Brote mit dem Hinweis ablehnt, er habe nichts zu essen. Manager, die nach der Maxime »In der derzeitigen Situation haben wir nichts zu lachen« jeden frischen Schwung, jeden Fluss von positiver Energie blockieren, sind unserer Meinung nach am falschen Platz. Es ist, als ob sie bei einem Brand die Feuerwehr mit dem Argument, Feuer und Wasser würden sich nicht vertragen, wieder wegschickten.

Dabei ist gerade das Führen nach dem Lachprinzip eine große Chance, Krisen in einem anderen Licht zu sehen. Im Kapitel »Gelacht wird im Gehirn« haben wir vom hohen Entspannungs- und Kreativpotenzial des Lachens erfahren. Und genau diese beiden Faktoren – Entspannung und Kreativität – sind kardinale Kräfte bei der Lösung von Problemen wie Krisen.

Gut zu wissen
Trübsal macht trüb und träge, was die Sicht auf mögliche Lösungen versperrt. Lachen euphorisiert und lässt uns deshalb »verrückte Dinge« denken und tun.

Häufig steckt in der spleenigen Idee die Lösung, eben weil sie so ganz anders, so unkonventionell, so revolutionär ist. Wir haben es immer wieder erlebt: In Unternehmen, die dem »Lach-Spirit« freien Raum geben, finden erstaunliche Sozialisierungs- und Humanisierungsprozesse statt. Ein Miteinander statt Gegeneinander ist das Ergebnis, wenn Führungs- und Ausführungsetagen nach dem Lachprinzip kommunizieren. Deutlich weniger Intrigen und Mobbing – die schlimmsten internen Energieschlucker in jedem Unternehmen –, dafür wesentlich mehr Partnerschaft und Harmonie. Doch warum sollte es auch anders sein, schließlich ist – wie wir schon am Anfang des Buches feststellten – Lachen die Friedensgeste schlechthin.

Ein Umdenken setzt ein

Mittlerweile werden nach dem Lachprinzip geführte Unternehmen von der Konkurrenz nicht mehr als kurios belächelt wie noch vor einigen Jahren. Zumindest in den USA hat die Firmen- und Kundenpsychologie die positive Kraft des Lachens erkannt und in die tägliche Arbeitspraxis integriert.

Kein Tag ohne Lachen
Die Bank of America startete vor einiger Zeit die Aktion »No Day without Laughter« – »Kein Tag ohne Lachen«. Durch verschiedene Maßnahmen wie beispielsweise Humorschulung der Mitarbeiter sorgte das Management dafür, dass im Unternehmen deutlich mehr gelacht wurde als branchenüblich. Seitdem schwärmt die Konzernführung von den Ergebnissen dieser Aktion. Die Motivation der Mitarbeiter war noch nie so hoch, und die Abwesenheiten durch Erkrankungen gingen deutlich zurück, was sich auch in höheren Gewinnen der einzelnen Abteilungen manifestierte.

Bei Eastman Kodak ist man diesen heiteren Weg gegangen und führte »Humorzentren« in den diversen Firmenniederlassungen ein, in denen die Mitarbeiter mit witzigen Comic-Videos und Cartoons heiterkeitsverwöhnt werden. Konsequent lachorientiert ist auch die Supermarktkette Safeway: Vom Headquarter wurde den Mitarbeitern Lächeln und Lachen am Arbeitsplatz regelrecht verordnet. Ein Informationsblatt an die Belegschaft begründete diesen Schritt:

»Menschen, die viel lachen, leben länger, sie sind gesünder und erholen sich rascher von Krankheiten, deren Ursache auf Stress zurückzuführen ist.«

Eine Studie in über dreißig Niederlassungen belegte, dass Filialen mit positiv eingestellten Verkäufern die besten Verkaufsergebnisse hatten.[1] Die genannten Unternehmen haben eine der wichtigsten Aufgaben im modernen Management nicht nur erkannt, sondern in die Praxis umgesetzt: ein Team positiv einzustimmen und zu motivieren. Voraussetzung für das Gelingen solch emotional intelligenter Führung ist die überzeugt heitere Grundhaltung des Managers, die er im Umgang mit ihnen an seine Kollegen, an das Team, an die Kunden weitergibt.[2]

Resonantes und dissonantes Management

»Resonanz« nennt die Psychologie den Vorgang, wenn sich emotionale Stimmungslagen von einem Menschen auf einen anderen übertragen, also beispielsweise der Boss die Belegschaft mit seiner positiven Grundhaltung »ansteckt«. Umgangssprachlich bezeichnen wir diesen Vorgang des emotionalen Widerhalls als »auf gleicher Wellenlänge sein«. Im Kapitel »Gelacht wird im Gehirn« haben wir dargelegt, welche Vorgänge bei diesem emotionalen Transfer zwischen zwei Menschen oder zwei Gruppen ablaufen. Es gibt eine positive Resonanz, erzeugt durch Freude, Zuversicht und Lachen. Vor allem Lachen ist eine emotionale Äußerung, die uns am besten zeigt, wie unmittelbar man in Resonanz zu einem anderen Menschen gehen kann. Für negative Resonanz, also den Widerhall negativer Emotionen wie Hass, Zorn, Verzweiflung, Angst und Aggression wollen wir in der Folge den aus der Musik entlehnten Begriff der Dissonanz verwenden.

Der Manager als positives Vorbild

Es ist nun eine Binsenweisheit, dass bei positiv resonantem Management und positiv resonanter Führung deutlich bessere Leistungen erbracht werden. Begeisterung kommt auf, Freude am Erfolg, an der Arbeit, Wohlwollen und Kooperation im Team. All diese Effekte lassen sich einfach erzielen. Es klingt fast zu simpel, um glaubhaft zu sein: Man muss nur zusammen lachen.

Anders dagegen die dissonante Führung. Sie führt zu Unstimmigkeit, zu Verdruss unter Mitarbeitern und im Team, zu Druck und zu Ängsten, die sich in der Folge aufbauen, zu Ärger und Apathie. Was dissonante Führung für ein Unternehmen bedeutet, kann man sich ohne tiefe betriebspsychologische und betriebswirtschaftliche Kenntnisse ausmalen – Mangel an Zuversicht und eine schlechte Performance des gesamten Unternehmens sind die Konsequenz, der direkte Weg in die Erfolglosigkeit ist vorgegeben.

Positiv resonantes Führen ist die Kernkompetenz jedes modernen Managements – aus vielerlei Gründen. Erstens: Wir gleichen unsere emotionale Verfassung innerhalb eines Sekundenbruchteils automatisch an die Person an, mit der wir gerade zusammen sind.

Wenn der Boss lacht, lachen seine Mitarbeiter – wenn er aggressiv ist, sind sie es ebenso.

Zweitens: Positive Emotionen haben signifikanten Einfluss auf die Geschäftsergebnisse eines Unternehmens – gut gelaunte Mitarbeiter sind motivierter und erledigen ihre Arbeit mit mehr Schwung und Erfolgswillen. Führungskräfte haben deshalb eine große Vorbildfunktion sowie enormen Einfluss auf die Mitarbeiter. Drittens: Die positiv resonante Verbindung mit anderen Menschen ist für unsere emotionale Stabilität enorm wichtig. Das gilt für alle Lebensbereiche, also auch für die Arbeitswelt. Dem harmonischen Zusammenarbeiten innerhalb einer Firma kann gar nicht genug Aufmerksamkeit geschenkt werden.

Zu diesem Punkt kommen gute Nachrichten von der Yale University School of Management. Eine dort durchgeführte Untersuchung ergab, dass sich Reizbarkeit, Aggressivität und schwermütige Stimmung nicht so unmittelbar übertragen wie positive Emotionen. Dagegen breiten sich Fröhlichkeit, Heiterkeit und Herzlichkeit am unmittelbarsten im Arbeitsalltag aus.[3] Dieses Phänomen beeinflusst die Effektivität von Mitarbeitern unmittelbar. Die Studie zeigte einerseits: Zufriedene Mitarbeiter lachen – und andererseits: Lachen macht Mitarbeiter zufrieden. Dabei entsteht ein Gefühl von Verbundenheit und Vertrauen, folglich fühlt man sich im Team sicher und hat Spaß an der Arbeit.[4]

Emotionen am Arbeitsplatz

Die Psychologen Robert Sinclair und Carrie Lavis von der Universität Alberta in Kanada untersuchten die Auswirkungen von Emotionen am Arbeitsplatz genauer. Sie konnten nachweisen, dass schlecht gelaunten Menschen während ihrer Arbeit bis zu doppelt so viele Fehler unterlaufen wie heiter gestimmten. Sinclair und Lavis kommen zu dem Ergebnis, dass dissonante Mitarbeiter eine gegen Null gehende Motivation aufweisen, die von den schlechten Ergebnissen ihrer Arbeit bestätigt wird. Anders der positiv resonante Kollege: Er führt seine Aufgaben hoch motiviert durch, entwickelt dabei eigene kreative Impulse zur Verbesserung und erbringt dadurch Ergebnisse von hoher Qualität.[5] Arthur VanGundy, Professor für Human Relations an der Universität von Oklahoma, führte mit Studenten Untersuchungen zur Kreativität durch. Sie stellten fest: Teams, in denen mehr gelacht wurde, erbrachten deutlich mehr und aufgrund einer kreativeren Herangehensweise deutlich bessere Ergebnisse als Vergleichsgruppen, in denen Lachen untersagt war.

Positive Problemlösung

Grundsätzlich gibt es zwei Möglichkeiten, auf Herausforderungen zu reagieren: die Problemorientierung und die Lösungsorientierung. Problemorientierte Menschen fragen: »Was ist schief gegangen?« – und schlimmer noch: »Was könnte in der Folge noch alles schief gehen?« Die lösungsorientierte Haltung fragt dagegen: »Wie kann es funktionieren?« Allein diese lösungsorientierte Fragestellung motiviert uns bereits zu neuen Denkansätzen.

Glückszentrum im Gehirn

Mittlerweile konnte die Hirnforschung in diesem Zusammenhang mit einer Reihe von Versuchen Interessantes beweisen, zum Beispiel, dass Gehirnareale im linken vorderen Bereich des Großhirns besonders aktiv sind, wenn wir positiv über Probleme nachdenken. Diese Areale sind identisch mit jenem Bereich des Gehirns, der im Zusammenwirken mit dem mesolimbischen Dopaminsystem während des Lachens aktiviert wird und mittlerweile als das Zentrum für Glücksgefühle angesehen wird.

Werden diese Gehirnareale durch Lachen aktiviert, stellt sich eine motivierende Stimmungslage ein, der bereits erwähnte »Flow« – »Fließen« –, ein Glücksgefühl, das auch während einer Tätigkeit entsteht, die uns leicht von der Hand geht, die weder stresst noch langweilt, deren Anforderungen nicht zu hoch und auch nicht zu gering sind. Es ist das Gefühl, völlig entspannt und heiter ganz in einer Tätigkeit aufzugehen.

Gut zu wissen
Wer sich während seiner Arbeit im Flow-Zustand befindet, arbeitet schnell und effektiv, ohne es selbst so wahrzunehmen.

Teamarbeit ist Lacharbeit

»Kennen Sie den?« Eine knappe Frage und der Beginn einer sehr eigenen und sehr bekannten Kommunikation. Man wartet gar nicht erst auf die Antwort, sondern fängt einfach an, das zu tun, was die Zuhörer nun erwarten: einen Witz zu erzählen. Ein Witz verspricht Heiterkeit und Lachen. Wer mit einem Witz rausrückt, bekommt umgehend eine Gegenleistung – unser Gegenüber kontert ebenfalls mit einem Witz. So versorgen wir uns gegenseitig mit Stoff zur Heiterkeit. Das passierte schon auf dem Schulhof und funktioniert nach gleichem Muster bis in die einzelnen Abteilungen eines Unternehmens. Witze erzählen folgt einem archaischen Muster, weil darin und im gemeinsamen Lachen sich Gruppen bilden oder festigen. Und Gemeinsamkeit – aus welchen Gründen auch immer – ist der Nukleus eines jeden Teams.

Teamfähigkeit und Teamkompetenz sind aufgrund der Komplexität der Arbeitspakete zu einem unternehmenstragenden Faktor in den postindustriellen Industriegesellschaften geworden. Das bedeutet, der Qualität des Teams als *Human Ressource* kann gar nicht genug Aufmerksamkeit zuteil werden. Für diese Qualität ist die gute Stimmung von besonderer Wichtigkeit, sie entscheidet über Erfolg oder Misserfolg. Wenn emotionale Konflikte vorliegen, einerlei ob offen ausgetragen oder nicht, wenn also Aufmerksamkeit und Energie nicht mehr auf die gemeinsame Aufgabe gelenkt werden, sinkt die Teamleistung rapide.

Gut zu wissen

Der Weg zu guter Stimmung im Team führt über den Resonanz erzeugenden Führungsstil. Wer heiter optimistischer Haltung ist, wer also mit positiven Bildern arbeitet, sorgt für gute Grundstimmung.

Gute Atmosphäre – gutes Team

Vor allem, wenn ein stärkeres Engagement durch Einbeziehung von Mitarbeitern gewünscht ist, greift eine gute Führungskraft zu dieser partizipativen Methode. Die Wertschätzung der Beiträge und Kompetenzen der Mitarbeiter steht dabei im Vordergrund. Wenn Führungskräfte in ihrer Entscheidung unsicher sind, ist die Sammlung von Ideen aus dem Pool eines fähigen Teams besonders effizient. Deshalb schreibt der amerikanische Lachforscher und Unternehmensberater Paul McGhee dem Lachen in der Firma teambildende und teamfördernde Qualitäten zu, nicht zuletzt deshalb, weil sich das Lachen für die einzelnen Mitglieder des Teams stressmindernd und konfliktlösend auswirkt. Die Psychologen Antony Chapman und Hugh Foot von der Universität Wales haben sich der Untersuchung dieses Phänomens gewidmet und herausgefunden, dass Lachen soziale Spannungen mildert und die soziale Nähe, die es herstellt, ein Feld der Zustimmung innerhalb einer Gruppe und eines Teams erzeugt.

Gut zu wissen
Effektive Führungskräfte setzen deshalb Lächeln und Lachen häufig ein und sorgen damit selbst in angespannten Situationen für eine positive Atmosphäre.

Visionen statt Befehle

Nun ist nicht jeder Führungsstil dazu angetan, all die positiven Effekte einer *Laughing Leadership* für die Unternehmenskultur optimal zu nutzen. So schließen sich ein autoritärer Stil und das Führen nach dem Lachprinzip aus sich heraus aus, denn das Motto des dissonanten Klassikers lautet: »Tun Sie, was ich sage.« Diese immer noch verbreitete Art der Mitarbeiterführung ist uneffektiv und führt zwangsläufig zu einem Verweigerungsklima im Unternehmen. Mal erledigt der Mitarbeiter die Aufgabe ohne Begeisterung, mal verschleppt er sie, mal umgeht er sie geschickt, denn Befehlsempfänger stumpfen im Lauf mangelnder Selbstinitiative zur Lustlosigkeit ab: »Wenn ich nur darf, nur soll, aber nie kann, wenn ich will, dann mag ich auch nicht, wenn ich muss.« Und Lustlosigkeit ist gleichbedeutend mit Lachlosigkeit.

Grundsätzlich anders dagegen der visionäre Führungsstil: Die Realisierung gemeinsamer Ideen und Konzepte erzeugt Lust auf Leistung. Lust ist ein neuronaler Vorgang, der – wie wir wissen – exakt in jenem Teil des limbischen Systems stimuliert wird, der auch beim Lachen aktiv ist. Visionen im und für ein Unternehmen und für die dabei zu leistende Arbeit erzeugen Freude – von der Planung über die Durchführung bis zum schließlichen Ergebnis.

Für die emotional intelligente Führungskraft ist es deshalb wichtig, eine Vision zu vermitteln, oder besser noch: sie im Team zu erarbeiten. Nur wer die Träume und Lebensziele seiner Mitarbeiter kennt, kann mit ihnen Wesentliches leisten. »Was sind die Inhalte unseres Arbeitens?«, »Warum tun wir, was wir tun?« sind die zentralen Fragen für die Zukunftsorientierung eines Unternehmens. Visionen können vielfältig sein: natürlich – der Erhalt alter und vielleicht sogar die Schaffung neuer Arbeitsplätze; elementar – ein verantwortungsbewusster Umgang mit den natürlichen Ressourcen der Erde; überlebenswichtig – nachhaltiges Wirtschaften im Einklang mit den Gesetzen der Natur; und nicht zuletzt: ein harmonisches Arbeitsumfeld, in dem Heiterkeit herrscht, wo Druck, Mobbing und Intrige nur ferne Erinnerung an eine längst überwundene dissonante Arbeitswelt sind.

Dem Lachen gehört die Zukunft

Wer Humor- und Lachlosigkeit für das höchste Zeichen von Kompetenz hält, vergibt sich und seinem Unternehmen elementare Chancen. Zu viele positive Aspekte hängen am Lachen. Es verbindet – die Mitarbeiter untereinander und mit der Führung, den Referenten mit seinen Zuhörern, den Innen- mit dem Außendienst, das Büro in Frankfurt mit den Kollegen in Berlin oder Boston. Lachen und Heiterkeit bei der Arbeit fördern kreativen Teamgeist, motivieren dabei den Einzelnen wie die Gruppe und vermindern Stress.

Gut zu wissen

Lachen entschärft Konflikte, denn nichts verbindet Menschen besser, nichts harmonisiert Menschen mehr als ein gemeinsames Lachen.

Kurzum: Lachen verringert die Distanz zwischen den Menschen, und das bedeutet Kooperation und Gemeinsamkeit bei anstehenden Problemlösungen. Dies galt schon, als unsere Vorfahren vor einer Million Jahren über die Savanne zogen. Und es wird auch weiterhin gelten – die Evolution wird sich dieses Instrumentarium optimaler Kommunikation nicht aus der Hand nehmen lassen.

Das sind die neuen Werte, Inhalte und künftigen Maßstäbe einer klugen Unternehmensführung und das Ende der von Malik diagnostizierten, fundamentalen Orientierungslosigkeit in den Führungsetagen. Dort werden die lachende Managerin und der heiter gelöste Manager gebraucht. Ihnen gehört die Zukunft.

Exkurs über Verantwortung

Was Lachen mit der Globalisierung zu tun hat

Warum herrscht nach wie vor so großer Ernst in den Firmen, in der Wirtschaft? »Weil die Lage ernst ist«, bekommen wir auf diese Frage von Managern, Geschäftsführern, Unternehmensberatern zu hören. »Dann muss man sich die Lage heiter machen«, antworten wir und bekommen ein »Wenn man das nur so einfach könnte« zurück. Hinter diesem Seufzer steht das bereits bekannte Muster. Es besagt: »Nur wer ernst ist, wird auch ernst genommen.« Und in der Tat, wie würden Medien und Öffentlichkeit auf den Trainer eines Fußballteams reagieren, der vor laufenden Kameras gelöst und heiter lachend verkündet, seine Mannschaft würde das gesteckte Saisonziel nicht erreichen und wahrscheinlich sogar absteigen? Wie auf einen Finanzminister, der lässig locker und bei bester Laune in der Haushaltsdebatte dem Plenum erklärt, die Staatskassen seien leer und es sei mit einer zusätzlichen Verschuldung zu rechnen? Wie auf einen Manager, der mit mildem Lächeln kundtut, das Unternehmen werde auch im kommenden Wirtschaftsjahr tief in den roten Zahlen stecken bleiben? Die Tage des Managers, des Finanzministers, des Trainers wären gezählt. Verkünden sie jedoch mit ernster, sorgenvoller Miene die gleichen Sachverhalte, so sind ihre Aussichten deutlich besser, auf ihren Positionen bleiben zu können. »Der hat den Ernst der Lage begriffen, der ist mit Ernst bei der Sache«, heißt es dann. Und mit allem Ernst wird der Weg weiter bestritten, der eben in jene misslichen Situationen geführt hat.

Ernste Lage – heitere Haltung

In diesem Zusammenhang erzählen wir in unseren Coachings die Geschichte vom umgekippten Lastwagen in Togo (im Kapitel »Andere Länder – andere Lacher« beschrieben) und von der Reaktion der Menschen dort, für die dieser Unfall zur existenziellen Bedrohung werden kann. Einwände gegen unsere Argumentation bekommen wir zuhauf: »Man kann die Situationen nicht vergleichen«, »Afrika ist nicht Europa«, »Wie soll sich durch Lachen eine wirtschaftliche Situation verbessern?« Dabei geht es gar nicht darum, Situationen zu vergleichen – sondern Haltungen, wie mit einer Situation umzugehen ist. Woher will man denn wissen, dass Griesgrämigkeit und Ernst die besseren Ratgeber in einer ernsthaften Situation sind?

Zugegeben: Unsere gesamte Ökonomie und Ökologie befindet sich seit Jahren schon in einem massiven Umbruch – und das nicht nur regional, sondern weltweit. Die Schlagworte Globalisierung, Klimawandel, Abwanderung der Arbeitsplätze, Erodierung des Sozialstaats und unachtsamer Umgang mit den Ressourcen sind bekannt – und weitgehend auch deren Folgen. Doch bedeutet das, dass wir schreckhaft und ängstlich, verbissen und ernst auf die Ernsthaftigkeit der Lage reagieren müssen? Weil immerzu gelehrt worden ist, dass Ernst für Ehrbarkeit und Seriosität unerlässlich sind? Handelt also ein Politiker, ein Wirtschaftsführer, ein Firmenberater verantwortungsvoll, wenn er sich Freudlosigkeit, Verbissenheit und Ernstsein auf die Fahnen seines täglichen Wirkens geschrieben hat, wenn er mit diesen (Un-)Tugenden seine Mitarbeiter ansteckt, eine Firma zur Griesgram-GmbH umfunktioniert und entsprechende negative Signale an die Wirtschaft und damit in die Welt hinaussendet?

Wirtschaft und Ethik

Die Konfrontation mit neuen sozialen, ökonomischen und ökologischen Herausforderungen hat auf allen Gebieten unserer Gesellschaft Diskussionen über aktuelle Werte in den Mittelpunkt gestellt. Wertbezogene Fragen sind Bestandteil des heutigen täglichen Wirtschaftens geworden, denn Führung und Kommunikation, Unternehmensidentität und Kundenbeziehungen können nicht ohne ethische Überlegungen gestaltet werden. Die Ethik des Wirtschaftens beschäftigt uns postindustrielle Zeitgenossen weit mehr als in den Hochzeiten der Industriekultur, allein schon weil Wertentscheidungen komplexer und schwieriger geworden sind und auch von der Öffentlichkeit und den Medien mehr und mehr beobachtet und kritisiert werden. Aufgrund exzessiven Wirtschaftens und dem Streben nach Gewinnmaximierung haben sich Recht und Unrecht, wahr und falsch, gut und böse mehr und mehr vermischt. In einer Zeit, die auf ökonomischen Erfolg getrimmt ist, haben dabei nur jene ethischen Werte eine Chance, die sich als strategisches Konzept auf dem Erfolgsweg ausweisen.

Wenn die Ethik auf der Strecke bleibt

Der Ruf nach Unternehmensethik wird vor allem dann unüberhörbar laut, wenn Ereignisse, welche die Wirtschaft und die Gesellschaft in starkem Maße betreffen, nachteilige Auswirkungen zur Folge haben. Da sind zuerst zu nennen: Chemieunfälle, Ölkatastrophen durch Tankerhavarien und kollabierende Atomkraftwerke, die nicht nur zu starker Belastung der Natur, sondern zum Tod von Menschen wie zu dramatischem Sterben in der Tierwelt geführt haben. Weltweit erinnert sich die Menschheit an jene Orte, die der Katastrophe ihren Namen gegeben haben: Bophal, Seveso, Harrisburg, Tschernobyl. Ferner: Rationalisierungsmaßnahmen durch Fusionen, die zu Entlassungen führen, verursachen bei den betroffenen Menschen häufig Schwierigkeiten physischer, psychischer und sozialer Art. Schließlich: Der Abbau und die Verschwendung von Ressourcen beeinflussen die Lebensbedingungen bestimmter Menschengruppen oder sogar der gesamten Menschheit nachhaltig und führen zu irreversiblen Schäden an Natur und Menschen. Wir nennen beispielhaft die Brandrodungen der Regenwälder in Amazonien und auf den indonesischen Inseln sowie die Umsiedlung und Vertreibung von Eingeborenen zwecks Rohstoffabbau in Brasilien. Ethische Problemstellungen trifft man natürlich auch weniger spektakulär im betrieblichen Alltag, in der Familie, in der Schule, im Freundes- und Bekanntenkreis, also überall dort, wo Menschen miteinander leben.

Gründe für unethisches Handeln

Sucht man nach Erklärungen für die erwähnten Beispiele unmoralischen Handelns in der Wirtschaft, so wird sehr schnell argumentiert, dass Systemzwänge in einer Wettbewerbswirtschaft derart durchgreifend seien, sodass ausschließlich die scharf gewinnorientierte Kalkulation das langfristige Überleben der Unternehmung sicherstellt. Rationale Wirtschaft sei keine personale Beziehung, sondern sachlicher Betrieb, dessen Kommunikationsmedium Geld und dessen Sprache Preise sind. Gerade weil das Kapitalverhältnis ein unpersönliches ist, sei es ethisch nicht reglementierbar. Pauschal wird deshalb häufig behauptet, dass für ethische Überlegungen im harten Geschäftsleben grundsätzlich überhaupt kein Raum bleibe. Der Hinweis auf die systemimmanenten Tendenzen zur Vernachlässigung ethischer Grundsätze in der Wettbewerbswirtschaft ist ein genereller Erklärungsgrund in dem Sinne, dass er potenziell für alle Unternehmungen gilt, unabhängig vom Wirtschaftszweig, von Größe und Strategie.

Darüber hinaus lassen sich aber auch spezifischere Gründe für unethisches Handeln festmachen, wenn man den Blick in die Unternehmen richtet. Hier stößt man auf die moralischen Standards von Personen oder die spezifischen organisatorisch-strukturellen Bedingungen, unter denen sie operieren. Zuerst: Die hochgradige Arbeitsteiligkeit der Produktionsprozesse, wobei der einzelne Mitarbeiter nur noch mit der Wahrnehmung einer extrem spezialisierten Teilaufgabe betraut wird, während der Gesamtzusammenhang für ihn nahezu unüberschaubar geworden ist. Zweitens: Die Diffusion der Entscheidungskompetenzen im Sinne der vertikalen Arbeitsteilung, wodurch vorgelagerte Entscheidungsinstanzen regelmäßig gewisse Rahmenbedingungen schaffen, die bei der Umsetzung in den nachgeordneten Managementebenen zu spezifischen Handlungsweisen zwingen. Im Besonderen ist hier die recht verbreitete Tendenz zu ergebnisorientierten Managementtechniken zu beachten, die normalerweise quantitativ ausgerichtet sind und somit ethisch bedenkliche Entscheidungspraktiken fast vorprogrammieren. Drittens: Die klassische Befehlshierarchie, wodurch nachgeordnete Abhängigkeitsverhältnisse im weitesten Sinne die Motivation von Mitarbeitern unterminieren, aus sich heraus unethische Praktiken in der Organisation zur Sprache zu bringen. Schließlich: Der zeitlich beschränkte Aktionsradius des Managements, bei dem die Folgen des Periodendenkens – also die kurzfristige gegen die langfristige Zielerreichung – nicht verantwortet werden müssen.

Neue Herausforderungen – neue Werte

Soweit die Beschreibung des Ist-Zustands unserer Unternehmen und auch – über weite Strecken – unserer Wirtschaft. Wir sind überzeugt, dass aufgrund dieses Befunds für das heutige Management ein neuer Wertekatalog notwendig und unumgänglich ist, um die Herausforderungen in Ökonomie – Globalisierung, hohe Arbeitslosigkeit – und Ökologie – Umweltverschmutzung, nachhaltiger Umgang mit Ressourcen – zu bewältigen. Dabei geht es immer um glaubwürdiges und verantwortungsvolles Management, um Führungsverantwortung, die Orientierung im Wandel gibt. Wir meinen, dass dabei »Lachen« eine zentrale Rolle spielt. Natürlich nicht in dem Sinn, dass sich Manager in den Business-Lounges der Flughäfen und in den Konferenzpausen Witze erzählen. Es geht vielmehr um die Haltung, die hinter dem Lachen als Lebenseinstellung steht.

Führungsverantwortung üben nicht nur Manager, Politiker und Gewerkschaftsvorstände aus, jeder Mensch verfügt über sie – denn Führungsverantwortung heißt in erster Linie auch Verantwortung gegenüber sich selbst und dem, was uns umgibt: die Umwelt, die Mitmenschen. Das Argument »Das sollen die da oben richten« ist ein Beharren im Status quo, jeder hat irgendjemand, dem er die Übernahme seiner Verantwortung zuschieben kann. Und wer ganz oben ist, kann argumentieren: »Das soll die Masse da unten erledigen.«

In der Wirtschaft setzt Führungsverantwortung am Erfolgsfaktor Mensch an, um die eigenen Kräfte respektive die Kräfte der zu Führenden freizusetzen.

»Wer etwas leisten will, muss fröhlich sei.« Dieser Spruch – er könnte aus dem Mund eines Motivationstrainers stammen – ist knappe hundertfünfzig Jahre alt. Er kommt von Theodor Fontane.

Für damalige, preußisch-wilhelminische Verhältnisse war er geradezu revolutionär, heute ist er aktuellster Stand der Mitarbeiterführung. Fröhlichkeit als eine unmittelbare Folge von Lachen fördert – wir haben das bereits an früherer Stelle besprochen – die Kreativität. Und Kreativität ist ein wesentlicher Faktor, wenn es um die Lösung von Problemen geht, um Unternehmenseffizienz ebenso wie um Sinnstiftung in der Arbeitswelt. Also um Leistung als Gesamtheit dessen, was wir erreichen wollen.

Probleme kreativ lösen

Für Daisetz Teitaro Suzuki, den japanischen Zen-Meister, besteht Kreativität im Bewusstwerden unseres Unbewussten, indem Informationen aus unserem individuellen oder kollektiven Unbewussten nach »oben« steigen und damit bewusst werden.[1] Je mehr wir diesen Prozess zulassen, desto effizienter sind wir in unserer Kreativität. Beobachten wir uns doch einmal selbst: In einer Sitzung geht es drunter und drüber, wir erhalten schlechte Nachrichten, wir denken angestrengt über ein Problem nach. Kamen Ihnen in solchen Situationen schon kreative Lösungen in den Sinn? Wohl kaum. Erst im »Loslassen«, im »Vergessen« der Problemstellung trifft uns der kreative Gedankenblitz, wenn wir unserem Unbewussten dazu Zeit geben. Beethoven, Goethe, der Mathematiker Gauß und Einstein haben von solchen Erfahrungen berichtet, in denen es »plötzlich über sie kam«. Manche Menschen deuten dieses Phänomen als eine »spirituelle Eingebung« – Puccini beispielsweise: »Die Musik zu dieser Oper« – er sprach von seiner *Madame Butterfly* – »wurde mir von Gott diktiert, ich war nur derjenige, der sie aufschrieb und an die Öffentlichkeit brachte.« Nicht von ungefähr sprechen wir von »göttlicher Musik« oder von »göttlicher Dichtung«, wenn wir das Gefühl haben, solch wunderbare Melodien und solch wunderbar gefasste Worte könnten einem Menschen alleine und ohne jede »göttliche Inspiration« nie einfallen. An diesem Punkt trifft sich das Gefühl kreativer Menschen wie Puccini mit der indischen Weisheit, dass Lachen eine Form des Sprechens mit Gott sei. Die Neurowissenschaft sieht den Fall etwas nüchterner:

»Wer lacht, denkt nicht nach« – oder aus der Sicht des Psychologen: »Man lässt einfach den Fluss der Inspiration fließen.«

Das Potenzial ausschöpfen

Kreative Lösungen erdenken wir uns nicht mit unserer Ratio. Wer sitzt und grübelt, wird nie auch nur annähernd sein kreatives Potenzial ausschöpfen. Lösungen fallen uns einfach ein.

Entspanntheit macht Ideen

Das Fachblatt *Wirtschaftswoche*[2] befragte Manager und Vorstandsvorsitzende, wann und wo sie ihre besten Ideen und Geistesblitze hätten. Die zunächst überraschenden Antworten: »Nicht im Büro, nicht am Schreibtisch, nicht in der Konferenz.« Ideen, Einfälle, Lösungskonzepte, sogar zeit- und raumgreifende Visionen haben diese Menschen im Zustand hoher Entspanntheit und gelassener Fröhlichkeit: beim Spaziergang im Park, unter der Dusche, beim Golfen, Segeln oder beim leichten Joggen.

Um einer falschen Interpretation der Inspiration vorzubeugen: Von Bedeutung ist dabei der Zustand gelöster Entspanntheit und nicht der geografische Ort oder die Tätigkeit in freier Natur. Es geht nicht um den Golfplatz und auch nicht um den Park, es geht um den Zustand hoher Entspanntheit, den wir auf dem Golfplatz oder im Park erreichen. Dass wir nicht unbedingt einen bestimmten Ort brauchen, um diesen Zustand herbeizuführen, dass und wie das auch am Arbeitsplatz gelingt, erfahren Sie im Kapitel »Leben nach dem Lachprinzip«.

Entschieden entscheiden

Jeder von uns trifft am Tag Hunderte von Entscheidungen. Meist haben sie keine weitreichenden Konsequenzen – aber immerhin, wir entscheiden uns: Binden wir uns frühmorgens diese oder jene Krawatte um, ziehen wir die weiße, die hellblaue Bluse oder doch lieber ein T-Shirt an. Mittags in einem Restaurant entscheiden wir uns für diesen oder jenen Tisch. Wir lesen die Zeitung, und zwar die Klatsch- und die Sportseite, aber nicht die Lokalnachrichten – einfach weil wir jetzt keine Lust auf Lokales haben. Abends entscheiden wir dann, dass wir doch lieber zu Hause bleiben und nicht ins Kino gehen. Oder auch umgekehrt. Es ist wahrlich eine Flut von Entscheidungen, die wir über den Tag hinweg treffen, ohne uns dessen bewusst zu sein. Allein schon deshalb, weil diese Sekundenentscheidungen nicht unmittelbar und wesentlich in unser Leben eingreifen. Doch es gibt auch weitreichendere Entscheidungen: »Soll ich mit diesem Menschen zusammen in den Urlaub fahren oder nicht?«, »Ist es klug, die Firma zu wechseln – ja oder nein?«, »Ist es besser, mit unserem Konkurrenten zu fusionieren oder nicht?«

Entscheidungsbremsen

Eine Entscheidung setzt immer eine Wahl voraus. Oft werden uns diese verschiedenen Möglichkeiten nicht bewusst. »Fremdgesteuert« bewältigen wir dann unser Leben nach dem Motto: »Ich musste es tun, weil die Situation oder ein anderer Mensch es nötig machte.« Dabei vergessen wir, dass wir selbst in solchen Situationen die Wahl haben. Wer mit dem »Sachzwang« argumentiert, lässt sich zwingen.

Gut zu wissen
Um schnelle und stimmige Entscheidungen zu treffen, hilft uns die Intuition. Es ist ein Gefühl der subjektiven Gewissheit.

Dennoch ist es für uns nicht einfach, sich der Intuition hinzugeben, wir verlassen uns nur zu gern auf das, was wir »wissen«. Dann suchen wir weiter nach Zahlen, Daten und Fakten und nach noch mehr Informationen. Oder noch »besser«, wir vertagen die Entscheidung, vielleicht regelt sich die Sache in absehbarer Zeit aus sich heraus, löst sich von selbst und verschwindet damit aus der Welt. »Problem-Management nach Kohl« nennen in ironischer Anlehnung an den Ex-Kanzler Kreativberater diese Methode des Aussitzens. Faktisch handelt es sich dabei um einen mentalen »Produktionsstopp«, um einen Stillstand, der keine Gesellschaft, kein Unternehmen und auch keinen Menschen weiterbringt: Maschinen aus, Ideen aus, Licht aus, Türen zu.

Auf Intuition setzen

Wie wichtig Intuition und daraus folgend unmittelbare Entscheidungskompetenz ist, belegen etliche Erfolgsbeispiele aus der Wirtschaft. Eines der überzeugendsten kommt von Akio Morita, dem 1999 verstorbenen Boss des Elektronikkonzerns Sony und Erfinder des Walkman (siehe Kasten S. 196 f.).

Dass es möglich ist, Hi-Fi-Geräte, die kaum größer sind als ein Feuerzeug, zu konstruieren und mit großem Erfolg auf dem Markt zu platzieren, wurde millionenfach mit Discman, iPod, MD- und MP3-Playern bewiesen. Und noch viel mehr: Die »Vision einer Aufhebung des Stationären durch die Mik-

Die Geburtsstunde des Walkman

Während einer Strategiesitzung in den frühen siebziger Jahren stellte ein Entwicklungsteam die Idee vor, eine Hi-Fi-Anlage herzustellen, die man mit sich herumtragen könne. Morita erkannte im Augenblick das Potenzial des Vorschlags: Im gleichen Moment hatte er die visionäre Idee, dass diese Anlage so klein sein müsse, dass man sie mit einer Hand umfassen könne. Jedes einzelne Teammitglied, aber auch Moritas Kollegen aus der Geschäftsleitung lehnten diese Idee ab, da sie technisch unrealisierbar schien. Doch sie hatten ein vermeintlich noch besseres Argument auf ihrer Seite. »Klein« galt damals noch nicht als »smart«. Was großartigen Klang reproduzierte, musste auch groß sein – wuchtige Lautsprecher und kiloschwere Verstärkerblöcke beherrschten damals die Vorführstudios der Hi-Fi-Läden. Man würde, so das Argument, an den Erwartungen des Marktes vorbeiproduzieren. Ein typisches Argument des Sachzwangs und eine häufig in der Wirtschaft anzutreffende Verhinderungsstrategie. An dieser Stelle der Diskussion bewies Morita hohe Führungsqualität. Er hörte achtsam und wohlwollend jeden Einwand seines Teams an und lehnte deren Argumente nur so weit ab, als dass dadurch das Wir-Gefühl innerhalb der Gruppe nicht beschädigt wurde. Dann hielt er ein Plädoyer für ein zukünftiges Produkt, zu dessen möglicher Existenz er noch zu Beginn des Meetings keinen einzigen Gedanken gefasst hatte, von dem er nicht einmal ahnte, dass derlei zur

Sprache käme. Mit seinen hoch inspirierten Argumenten entwarf Morita die Vision zukünftiger Technologien und Märkte und gewann so die Ingenieure und seine Partner aus der Unternehmensführung. Das Meeting ging als die Geburtsstunde des Walkman in die Geschichte der Unterhaltungselektronik ein.

roelektronik« hatte weltumspannende Konsequenzen, die aus unser aller täglichem Leben nicht mehr wegzudenken sind. Greifen Sie in Ihre Tasche, und nehmen Sie Ihr Mobiltelefon zur Hand, klappen Sie Ihr mobiles Büro – auch Laptop genannt – auf, und Sie wissen, von welcher Revolution hier die Rede ist.

Eine kleine Idee mit großen Folgen

Wir erzählen die Morita-Episode aus zweierlei Gründen. Erstens, weil sie zeigt, welch globale Folgen ein einziger inspirierender Gedanke haben kann. Eine kleine Idee, eher nebenbei in einer Konferenz geäußert, kann über die Existenz oder Nichtexistenz von Zukunftsmärkten entscheiden, sie kann Arbeitsplätze schaffen, aber auch verhindern, Ressourcen schützen oder fatale Konsequenzen für die Umwelt haben. Es ist also wichtig, verantwortungsvoll mit dem umzugehen, was uns in den Sinn kommt.

Die zweite Bedeutung dieser Episode hängt mit der »Kraft des Lachens« zusammen. In einem späteren Interview bestätigte Morita, dass Tsunetomo Yamamoto einer seiner wichtigsten Lehrer gewesen sei. Yamamoto, ein ehemaliger Samurai-Krieger, der sich nach einer spirituellen Erfahrung in ein Zen-Kloster zurückgezogen hatte und Mönch geworden war, stellte – wir befinden uns im siebzehnten Jahrhundert – den legendären Verhaltenskodex *Hagakure* für Samurais auf. Darin ist zu lesen: »Innerhalb von sieben Atemzügen soll eine Idee geboren und eine Entscheidung getroffen werden.« Daran, so Morita, habe er sich während seiner gesamten Zeit als Wirtschaftslenker genauestens gehalten.

Konzentration auf das Wesentliche

Nach dieser Regel des *Hagakure* zu leben ist nicht einfach, sie erfordert höchste Konzentration, um sich in kürzester Zeit auf das Essenzielle zu fokussieren. Wie schwierig Konzentration für uns ist, kann man in einem simplen Versuch selbst erfahren.

Konzentrationsübung

Stellen Sie einen Wecker so, dass er in fünf Minuten klingeln wird. Setzen Sie sich dann mit aufrechtem Rücken auf einen Stuhl, bleiben Sie mit beiden Beinen auf dem Boden, schließen Sie die Augen. Jetzt beginnen Sie, Ihre Atemzüge zu zählen – von eins bis zehn und dann wieder von vorne. Bis der Wecker klingelt. Ziel der Übung ist es, immer wieder nur bis zehn zu zählen, nichts anderes. Wenn Sie dies über fünf Minuten hinweg schaffen: Gratulation. Sie sind hochkonzentriert bei dem, was Sie tun.

In der Regel werden wir jedoch von tausenden von Gedanken und Bildern während einer solchen Übung abgelenkt. Denn unser Gehirn arbeitet unentwegt. Ständig kommen Erinnerungen hoch, der Ärger, den wir neulich hatten, die Ergebnisse des Meetings von gestern Nachmittag und was sie vielleicht bedeuten können oder auch nicht: »Der Vorschlag von Kollege Müller war ausgesprochen unqualifiziert, und obendrein steht ihm sein Kinnbart überhaupt nicht.« Wenn unsere Gedanken nicht gerade in der Vergangenheit graben, dann planen sie in die Zukunft. »Ich muss unbedingt noch tanken, ich sollte noch einkaufen gehen, ich darf nicht vergessen, den Kunden nachher anzurufen.« Kurzum: Diese Übung zeigt uns, dass sich unser Kopf viel zu selten im »Jetzt« aufhält und viel zu wenig das Potenzial des Augenblicks wahrnimmt. Mit dem ständigen Geschnatter in unserem Gehirn ist es nahezu unmöglich, sich konzentriert nur einer einzigen Tätigkeit hinzugeben – beispielsweise dem Zählen der Atemzüge.

Bewusst im Hier und Jetzt

Konzentration ist die Fähigkeit, bewusst etwas zu tun oder etwas zu denken, ohne durch »Nebengeräusche« daran gehindert zu werden. Wir können nicht zwei Tätigkeiten mit der gleichen Aufmerksamkeit und Qualität gleichzeitig erledigen. Nur wenn wir uns auf eine Sache konzentrieren und unsere Gedanken nur mit dieser einen Sache in Verbindung bringen, ist das Ergebnis von Qualität und Erfolg gekrönt. Der Zen-Meister Umon pflegte entsprechend seine Schüler zu unterweisen: »Wenn ihr geht, dann geht. Wenn ihr sitzt, dann sitzt.«

Das Wesen des Zen
In einem japanischen Zen-Kloster, so wird berichtet, kam es einmal vor, dass der Vorsteher einem jungen Mönch auftrug, den Hof zu kehren. Der Mönch kehrte also und kehrte. Nach einer gewissen Zeit ging der Meister zu seinem Schüler und fragte: »Wie verhältst du dich, wenn der erwürdige Buddha kommt und uns einen Besuch abstattet?« Darauf der junge Mönch kurz und knapp: »Ich kehre den Hof.« Da lachte der Meister, denn er wusste: Der junge Mönch hat das Wesen des Zen in seinem Kern erkannt.

Auf das Management, ja auf unser ganzes Leben übertragen heißt das: »Wenn du planst, dann plane. Wenn du Auto fährst, dann fahre Auto. Wenn du einen Vertrag abschließt, dann schließe einen Vertrag ab. Und wenn du nichts tust, dann mache auch wirklich nichts. Kurzum: Sei zu hundert Prozent mitten in dem, was du tust.« Wie Sony-Boss Morita, als er im Meeting saß und den Vorschlägen seiner Ingenieure zuhörte – und *nur* im Meeting saß und *nur* zuhörte. Mit dem bekannten Erfolg. Wir haben in vorangehenden Kapiteln bereits darüber gesprochen, dass Zen-Meditation und Hasya-Yoga auf unterschiedlichem Weg dasselbe Ziel erreichen. Wer lacht, der lacht. Er macht nichts anderes, er denkt nicht darüber nach, was heute noch zu erledigen ist und ob er gestern bei der Ausarbeitung der Kalkulation etwas vergessen hat. Nein – er ist vollständig im Hier und Jetzt oder, um es in den Worten des jungen Zen-Mönchs zu sagen: Er kehrt den Hof.

Vom Fachmeeting zum Lachmeeting

Während unseres Coachings in Martins Firma (wir sprachen darüber im Kapitel »Die Lach-AG«) führten wir ein interessantes Experiment durch. Wir haben bereits die existenziell bedrohliche Lage, in welcher sich das Unternehmen befand, erwähnt. Zur Lösung der Problemfelder arrangierten wir mit den zuständigen Teams eine Krisensitzung (allein das schon ein fürchterliches Wort – es ist Krise und man sitzt herum). Über Stunden hinweg wurden mögliche Lösungswege diskutiert, verworfen, wieder aufgegriffen und mit neuen kombiniert. Während des Meetings trugen die Teilnehmer die unterschiedlichen Positionen mitunter sehr emotional und auch mit persönlichen Vorwürfen und Anschuldigungen vor. Am Abend kam die Gruppe an einen Punkt, an dem sie frustriert feststellte, dass die Situation wohl ohne Ausweg sei. Zu viele gegensätzliche Positionen, zu viele Hindernisse, zu viele Sachzwänge. Um zumindest ein Resultat des tagelangen Brainstormings vorzuweisen, wurden die unterschiedlichen Positionen in einem Ergebnispapier (das aber kein einziges Ergebnis enthielt) zusammengefasst.

Am folgenden Morgen, so unsere dem Team bekannt gegebene Planung, wollten wir am »Ergebnispapier« weiterarbeiten. Für die Teilnehmer eine bekannte Methode, denn in der Regel wird immer so verfahren. Doch dann kam die große Überraschung. Ohne Ankündigung begannen wir, die ausgelaugte Gesprächsrunde in ein Hasya-Yoga-Meeting umzufunktionieren. Mit erstaunlichem Erfolg. Obwohl die Stimmung in Martins Firma desaströs war, trat dennoch ein, was immer beim Hasya-Yoga passiert: Am Ende lagen zwanzig

Männer und Frauen am Boden und lachten, lachten und lachten.

Raus aus dem Stimmungstief

Nach einer kurzen Teepause machten wir uns dann wieder an das »Ergebnispapier« – mit für die Beteiligten überraschenden Konsequenzen: Alles, was am Tag vorher in mühseligen Debatten diskutiert worden war, wurde mit einem Schlag als unbrauchbar verworfen. Neue Ideen sprudelten stattdessen nur so hervor, von gegenseitigen Anschuldigungen war nichts mehr zu spüren. Es stellte sich ein grandioses »Wir-Gefühl« und vor allem auch Zuversicht ein, eine Sicherheit des »Wir packen das«. Nach einer knappen halben Stunde, das Meeting fand locker sitzend und liegend auf dem Boden statt, stand die Strategie zur Lösung der Krise. Und vor allem – sie wurde von allen Beteiligten gutgeheißen und ohne Einschränkung mitgetragen. In den folgenden Tagen hielt sich die Euphorie: in schwierigen Verhandlungen mit Geschäftspartnern, in Gesprächen zwischen der Geschäftsführung und den Mitarbeitern. Damit dieser Schwung nicht nachließe, entschieden wir uns, auch in den folgenden Wochen regelmäßige Lachmeetings durchzuführen. Es ist fast nicht zu beschreiben, wie die einst desolate Stimmung in Begeisterung umkippte, die durch erste Erfolge auf dem Weg der Gesundung des Unternehmens bestätigt wurde.

Was war da nur passiert? Im Prinzip eigentlich nichts Erstaunliches. Während der Hasya-Session wurden die Menschen in diese Zen-Zustand des »Ich kehre den Hof« gebracht. Mit anderen Worten: Sie waren ausschließlich bei dem, was sie gerade machten, nämlich lachen und nichts als lachen. Keine Gedanken an eine Krise, an interne Meinungsverschiedenheiten, an Streit, an die Angst um den Arbeitsplatz. In diesem »jungfräulichen« Zustand, voll getankt mit Friedensgesten und hoch euphorisiert, ging man die Sache neu und unbelastet an. Und wie Akio Morito innerhalb von »sieben Atemzügen« eine völlig neue Generation von Geräten der Unterhaltungselektronik (die übrigens Sony zum Weltkonzern hochkatapultierten) im Kopf entwarf, so waren auch hier innerhalb ganz kurzer Zeit die Wege aus der Krise gefunden. Der beste Beleg für Inspiration und Kreativität, wie sie sekundenschnell aus einem einzigen Zeitpunkt heraus entsteht.

Die Stelle der höchsten Sensibilität

Hans-Peter Dürr, der Quantenphysiker und langjährige Direktor des Max-Planck-Instituts für Kernphysik, kam in seinen Forschungen zu einem vergleichbaren Ergebnis: »Als Physiker nehme ich gerne ein Beispiel aus der Physik – ein Pendel. Ein Pendel unterliegt den gleichen Gesetzen wie wir. Wenn man ein Pendel in Bewegung setzt, kommt es irgendwann oben an einen Punkt, an dem man nicht vorhersagen kann, was passiert. Dieser Punkt ist gleichzeitig die Stelle der höchsten Sensibilität. An dieser Stelle nimmt das Pendel die ganze Welt wahr, ist in Kommunikation mit dem Universum. Das ist deshalb so interessant, weil gerade an dieser hochsensiblen Stelle die neue Physik zum Tragen kommt. Das Pendel tastet nun den geistigen Hintergrund ab, von dem aus es sozusagen seine Antwort bekommt. Wir Menschen sind ein Organismus, der auch voller Schwebepunkte ist. Und wir sind umso kreativer, je näher wir uns an der Stelle des Ungleichgewichts befinden. Denn das Kreative hat etwas mit Ungleichgewicht zu tun. Das heißt, wir müssen immer in die Schwebe gehen, und in diesem Augenblick sind wir am Gedächtnis der Welt angeschlossen. Unsere Kreativität gibt uns die Möglichkeit, Informationen aufzunehmen, die da sind. Und wir können selbst kreativ sein – durch einen kleinen Stoß. Die moderne Physik ist in diesem Sinn offen, dass sie immer noch zulässt, dass wir selbst mit unserer Absicht eine Richtung vorgeben können, aber nur, wenn wir uns an diesem Punkt der Hochsensibilität befinden.«[3]

Mut tut gut

Um diesen unkonventionellen Weg der Kreativität zu gehen (und helfen unserer Gesellschaft nicht nur noch die unkonventionellen Wege?), braucht es zuallererst Mut. Dieser muss immer ethisch legitimiert sein. Es nützt im Management nichts, mutig Dinge zu tun, die zum Schaden anderer sind. Das kann zwar kurz- und auch mittelfristig individuelle Erfolge generieren, doch in der Gesamtbilanz des Wirtschaftens eines Systems kommt es früher oder später zu einem Defizit. Das gilt innerhalb des Kleinsystems einer Firma, in der beispielsweise der Vertrieb zu seinen Gunsten gegen die Produktentwicklung arbeitet oder umgekehrt, und reicht bis zum weltumgreifenden Globalsystem eines Konzernriesen. Ein Beispiel: Es kann durchaus für ein Unternehmen von kurzsichtigem Nutzen sein, die Produktion in ein Land mit weniger starken Umweltauflagen auszulagern, um damit kein Kapital für Filteranlagen binden zu müssen. Das führt – lokal gesehen – am ursprünglichen Produktionsstandort zum Abbau von Arbeitsplätzen und – global betrachtet ebenso fatal – zu hohen Folgekosten in Form einer zerstörten Umwelt, die zwar den Verursacher nicht treffen, aber das Gesamtsystem der globalen Wirtschaft belasten. Und sei es erst in einer der folgenden Generationen.

Umsicht statt Kurzsicht

Es ist mehr als kurzsichtig, dass wir immer noch in räumlichen wie zeitlichen Grenzen denken und dabei unsere Erde nicht (oder nur im Urlaub) als das begreifen, was sie ist: ein wunderschönes und gigantisch großes Raumschiff, mit dem wir alle zusammen eine Reise unternehmen. Mit dem aber nur dann optimale Reisen möglich sind, wenn sich die einzelnen Gruppen als Team begreifen, deren Zusammenwirken und -halten diese Reise erst ermöglichen. Wir sollten uns in diesem Zusammenhang daran erinnern, dass Lachen eine »Friedensgeste« ist, die einst in der Savanne den unterschiedlichen Teams gegenseitige friedliche Absichten signalisierte. In heutigen, globalen Zeiten geht es nicht mehr darum, unser Friedenssignal hundert Meter weit über vorzeitliches Grasland zu senden. Der Empfänger unserer Zeichen, unseres Angebots »Komm – lass es uns zusammen machen« sitzt im einundzwanzigsten Jahrhundert in Brasilien und auf Borneo, in China und in Kamerun, in Indien und Indonesien.

Dieses gegen alle egoistischen Interessen nicht nur auf den Lippen zu führen, sondern gegenseitig zu leben, erfordert Mut.

Mut heißt in diesem Zusammenhang, das ethisch Gebotene zu verfolgen, unabhängig von persönlichen Nachteilen.

Ein Manager kann durchaus mutig sein, sobald er aber ethische Maßstäbe aus seinen Handlungsparametern streicht, wird der zum »unmutigen« Manager. Der Wirtschaftswissenschaftler Richard P. Nielsen[4] unterscheidet drei Grundtypen »unmutig« handelnder Manager: den »Richard III«-Typus, der kalkuliert unethisch handelt, um persönliche Vorteile zu erlangen; den »Faust«-Typus, der nach der Regel »Der gute Zweck heiligt die – manchmal auch schlechten – Mittel« agiert; und schließlich den »Eichmann«-Typ, der technisch effizient und moralisch bedenkenlos handelt. Dagegen der Mutige: Er muss umsichtig sein, sich immer vernünftig der Folgen seiner Entscheidungen und seines Handelns für andere bewusst sein, dabei gerechtigkeitsliebend, heiter, fröhlich und – im Vorgriff auf unsere weiteren Überlegungen – maßvoll.

Das rechte Maß

Feigheit schadet der Karriere, aber eine gewisse Anpassungsbereitschaft macht »mittlere« Karrieren glatter. Mutig handeln, das heißt weder, tollkühn Entscheidungen der Vernunft zu übergehen, noch vor lauter abwägender Vorsicht gar nicht zum Handeln durchzustoßen. Mutiges Entscheiden besiegt die Furchtsamkeit und vermeidet Leichtsinn. Im rechten

Moment für einen höheren Wert einzutreten, während alle anderen kurzfristige Bedenken vortragen – dazu gehört Mut. Den Einsatz aller Argumente für ein höheres Gut zu mobilisieren, während die Mehrheitsmeinung zu feigem Ausweichen rät – das erfordert Mut. Diese Art von Mut wird von Ausdauer, Kraft zur Auseinandersetzung, Realitätssinn, der entspannenden Kraft der Heiterkeit und einem realistischen Blick auf die Wirklichkeit begleitet.

Mutige Manager sind in der Regel souverän und großzügig, weil Mut Unabhängigkeit von vorgestanzten Meinungen und Standards bedeutet.

Das rechte Maß spielt im Zusammenwirken mit Mut eine wichtige Rolle. Unternehmerische Anforderungen sind das Maßhalten bei Entscheidungen, beim Umgang mit den Ressourcen des eigenen Unternehmens, der Natur und mit dem individuellen Leistungsvermögen. Visionen, Strategien und Entwürfe für die Zukunft des Unternehmens müssen maßvoll sein. Zu oft sind in jüngerer Vergangenheit Unternehmen wegen ihrer maßlosen Wachstumswünsche kollabiert. Immer wurde dabei unvernünftig gehandelt, eine maßvolle Strategie verfehlt, der Mut war zur Tollkühnheit und Selbstüberschätzung entartet. Erfahrungen, das Wissen um den Markt und unternehmerischer Mut helfen in Kombination, maßvolle Entscheidungen für die gesunde Weiterentwicklung eines Unternehmens zu treffen. Und auch der Manager selbst muss mit seinem Körper und seiner Psyche maßvoll und schonend umgehen. Manager, die am Burn-out-Syndrom leiden, handeln nicht mehr maßvoll.

Moralische Maßstäbe

In der Wirtschaft wie generell in allen geschäftlichen Beziehungen zwischen Menschen besteht immer die Möglichkeit, dass sich ethische und kommerzielle Überlegungen in die Quere kommen. Das ist kein neues Problem. Aber einen Unterschied gegenüber früher gibt es schon: Heutzutage finden Unternehmensentscheidungen und die moralischen Haltungen, die hinter ihnen stehen, ein weitaus breiteres und kritischeres Interesse in der Öffentlichkeit. Dabei müssen die moralischen Wegweiser nicht unbedingt immer in dieselbe Richtung zeigen. Es existiert keine universelle Richtschnur, nach der sich ethische Konflikte lösen lassen. Denn in einer pluralistischen Gesellschaft gibt es längst nicht mehr eindeutige moralische Legitimationsquellen, wie sie früher von Religion und Kirche, aber auch von der Gesellschaft selbst gestellt wurden. Wir müssen uns heute nach unserem eigenen Verhaltenskodex richten, wenn wir in einem gegebenen Konfliktfall nach angemessenen Regeln eine Entscheidung suchen. Das Ergebnis unserer Wahl macht uns zu dem, was wir sind. Und schließlich – so schwer es sein mag, einen ethischen Konflikt lösen zu müssen, bei dem unsere eigenen persönlichen Verhaltensregeln miteinander im Widerstreit stehen – treten die wirklichen Schwierigkeiten erst dann auf, wenn wir Entscheidungen treffen müssen, die die Interessen Dritter berühren. Im Wege von Versuch und Irrtum können wir herausfinden, welches Gewicht unseren eigenen Normen dabei zukommt. Aber Unternehmensentscheidungen verlangen von Managern dasselbe auch in Bezug auf die Normen anderer, indem wir alle widerstreitenden Interessen, die im Spiel sind, gegeneinander abwägen. Häufig müssen Manager zum Beispiel die Interessen der Arbeitnehmer gegen die der Aktionäre ausgleichen. Aber selbst das klingt einfacher, als es in Wirklichkeit ist. Denn da kann es unterschiedliche Ansichten unter den Aktionären ebenso geben, wie auch die Interessen der früheren, derzeitigen und künftigen Beschäftigten wahrscheinlich kaum identisch sind. Ethische Überlegungen aus geschäftlichen Entscheidungen herauszuhalten würde die Aufgabe des Managements deutlich vereinfachen. Doch dazu darf es nicht kommen.

Auf die Entscheidungen kommt es an

Wissen wir erst einmal, wo wir persönlich stehen, dann können wir zum zweiten Schritt übergehen. Der besteht im Nachdenken darüber, wer außer uns selbst durch die Entscheidung betroffen sein kann und wie wir die Interessen dieser Personen oder Personengruppen abwägen sollen. Einige werden durch gut organisierte Gruppen vertreten, andere haben gar keinen Fürsprecher. Ein Beispiel: Wenn ein Fabrikleiter mit Arbeitnehmervertretern über eine Lohnforderung verhandelt, machen sich beide Seiten der Nachlässigkeit schuldig, nur auf die Interessen derer zu achten, die schon beschäftigt sind. Dabei kann der Effekt einer Lohnvereinbarung durchaus darüber entscheiden, ob neue Mitarbeiter eingestellt werden. So darf der Manager beim Verhandlungsergebnis das Interesse potenzieller Beschäftigter nicht außer Acht lassen, obwohl dieses Interesse durch niemanden am Verhandlungstisch repräsentiert ist.

Was ist legitim?

In einer freiheitlich-demokratischen Gesellschaft kann zunächst einmal jeder Ansprüche erheben. Die Frage ist, welche als legitim, das heißt in unserem Zusammenhang als ethisch berechtigt gelten sollen. Dies zu prüfen ist Gegenstand eines »Legitimitätsdiskurses«[5], in dem es um die unparteiische Vertretbarkeit eines konkreten Anspruchs in einer bestimmten Situation von beziehungsweise gegenüber jedermann geht. Dabei ist es wichtig, dass alle Anspruchsträger (die Kapitaleigentümer, die Mitarbeiter, aber auch engagierte Bürgergruppen) den guten Willen mitbringen, die Aufrechterhaltung ihrer Ansprüche davon abhängig zu machen, ob sie einen unvoreingenommenen Legitimitätstest bestehen. Dieses vorrangige »Interesse« an argumentativer Verständigung über unparteiisch vertretbare Geltungsansprüche ist für jeden ethischen Diskurs wichtig. Menschen sind ohne Zweifel in der Lage, sich in Gedanken in eine andere Person zu versetzen und sich »so ein Bild von der Art und Weise zu machen, wie eine bestimmte Situation auf sie einwirken mag, das wir uns vorzustellen suchen, was wir selbst wohl in der gleichen Lage fühlen würden.«[6] Diese humane Fähigkeit ist die Wurzel unserer Moralität, unseres Menschseins. Es ist die Fähigkeit der kritischen Selbstreflexion unseres eigenen Handelns – oder auf einen Nenner gebracht: Es ist die Basis unserer zwischenmenschlichen Beziehungsfähigkeit, unserer moralischen Integrität.

Vielfalt der Alternativen statt Entweder-oder

Das Aufkommen organisierter Interessengruppen macht es noch bedeutsamer, dass Manager die Argumente aller berücksichtigen, die am Ergebnis des Entscheidungsprozesses legitimerweise interessiert sind. Interessengruppen suchen Publizität, um ihre Anliegen zu fördern, und sie haben entsprechend den Vorzug, sich bewusst nur auf ein einziges Ziel konzentrieren zu müssen. Sie sind beispielsweise gegen den Bau eines Staudamms an einem bestimmten Standort. Sie fühlen sich nicht verantwortlich dafür, eine bessere Alternative zu finden. Eine solch enge Sichtweise gewährt Interessengruppen in der Debatte gegen Unternehmensführungen einen bedeutsamen Vorteil: Diese können sich nicht auf gleiche Weise vor der Verantwortung drücken, Entscheidungen zu treffen. Der Wirtschaftswissenschaftler Mark Pastin hat dieses Phänomen recht scharfsinnig als »die moralische Überheblichkeit der Vereinfacher« bezeichnet.[7] Interessengruppen verstehen sich darauf, einen hohen moralischen Standpunkt einzunehmen und von dort aus zu behaupten, Manager seien bestenfalls voreingenommen und im schlechteren Fall die rückhaltlosen Diener privater Profitabsichten, denn schließlich besäßen Manager ja ein unmittelbares Interesse am Ergebnis ihrer Entscheidungen. Unserer Meinung nach müsste man als Manager dafür verantwortlich sein, dass Entscheidungen zustande kommen, die die Interessen aller davon Betroffenen in Rechnung stellen. Die Vereinfacher nehmen diese Verantwortung nicht wahr.

Eine Kultur der humanen Wertorientierung

Unternehmen mit internationalen Aktivitäten sehen sich bei ihren Entscheidungen einer zusätzlichen Erschwernis gegenüber. Zwar streben viele an, stets dieselben Maßstäbe bei ihrem geschäftlichen Verhalten zu beachten, wo immer das ist, und sich als gute Bürger jener Länder darzustellen, in denen sie sich aktiv betätigen. Aber diese beiden Ziele sind schwer vereinbar: Beförderung der Mitarbeiter nach Leistung mag zu Hause ein Unternehmensgrundsatz sein, doch Beförderung nach Dienstalter Sitte in dem anderen Land. Während die Finanzmathematik, auf die die Unternehmen ihre Entscheidungen gründen, im Allgemeinen und weltweit akzeptiert wird, variieren zwischen den Kulturen die Maßstäbe dafür, was als »moralisch gerechtfertigt« betrachtet wird.

Da kann es irgendwo akzeptierte Geschäftspraxis sein, was im Heimatland des Unternehmens als Korruption gilt. Anhänger des ethischen Relativismus sind hier der Überzeugung, dass kulturüberschreitende normative Verbindlichkeiten rational nicht begründbar seien. Der ethische Relativist zieht daraus den skeptischen Fehlschluss, das es gerade ein ethisches Gebot der interkulturellen Toleranz sei, jegliche moralisch motivierten »Einmischungen« in andere Kulturräume zu unterlassen. Dabei gerät er allerdings unvermeidlich in den Widerspruch, das er selbst schon die universale Gültigkeit des von ihm vertretenen Toleranzangebots implizit in Anspruch nimmt.

Es stellt sich also die Frage, wie sollen die Manager vor Ort, in dem anderen Land, reagieren? Unternehmen könnten natürlich nur in Länder gehen, in denen sie sich auch moralisch heimisch fühlen, immer vorausgesetzt, ihre Aktionäre vertreten dieselbe Auffassung. Indes könnte sich dieser Ansatz auch als übertrieben restriktiv erweisen. Und bezeugt es nicht eine gewisse Arroganz, wenn man ausländische Verhaltenskodizes abschätzig beurteilt, ohne zu bedenken, warum sie denn wohl so anders sind? Vielleicht erleben Unternehmen zum Beispiel, dass sie an Zöllner in einem fremden Land allein dafür zahlen müssen, damit diese ihren Amtspflichten nachkommen. Eine Überraschung, aber sie kann auch bedeuten, dass der Staat dort einen Teil seiner Verpflichtungen zur Bezahlung seiner Bediensteten auf den privaten Sektor ablädt – eine Alternative, dank der er am Ende das Mittel der Besteuerung weniger drastisch handhaben muss.

Wir plädieren in diesem Zusammenhang für die Begründung einer universalen humanen Wertorientierung. Es geht um die praktische Vernunft, um die Suche nach der Vielfalt legitimer Wertorientierungen in der Einheit einer »Kultur der Vernunft«[8] Das Ethische im Vernünftigen zu suchen ist aus der angedeuteten kulturgeschichtlichen Perspektive alles andere als der Ausdruck eines lebens- oder weltfremden akademischen Rationalismus; es ist im Gegenteil die einzige praktische Chance für die Befriedung einer multikulturellen Welt, in der ohne ein minimales interkulturelles »Weltethos«[9] jederzeit der gewaltsame Zusammenprall unversöhnlich vertretener, fundamentalistisch dogmatisierter Moralsysteme droht, wie die Erfahrung lehrt.

Lach mich an – mach mich an

Wie Liebe und Lachen miteinander zusammenhängen

Dies ist die – zugegeben: erfundene – Geschichte von einem Mann und einer Frau. Der Einfachheit halber und weil es sich so schön anhört, nennen wir die beiden Paulo und Paula. Paula, dreißigjährig, treffen wir heute Abend in einer Cocktail-Bar. Sie hat sich auf eine ziemlich schräge Sache eingelassen – und sie hat sich dafür besonders hübsch gemacht: Ein schwarzes Top unterstreicht ihre Kurven, Parfum, roter Lippenstift. Sie ist zufrieden mit sich selbst und wartet gespannt, was auf sie zukommen wird. Das sind exakt zwanzig Männer, die sie einen nach dem anderen innerhalb von jeweils fünf Minuten kennen lernen wird. *Speed Single Dating* heißt dieses kuriose, aber womöglich auch effektive Abenteuer. Ist ein für sie interessanter Mann dabei, wird sie ihm ihre Telefonnummer geben. Innerhalb von fünf Minuten kann also viel passieren. Ein kurzer Flirt mit langjähriger Konsequenz?

Flirten ist eine spezielle Art und Weise, mit einem Menschen des anderen Geschlechts Kontakt aufzunehmen, eine erotisch gefärbte Tändelei noch weit vor einer ernsthaften Liebeserklärung. Entsprechend definiert *Websters Dictionary* »to flirt« als »to act amorously without serious intentions« –

amourös agieren ohne ernsthafte Absichten. Etymologisch kommt der Flirt vom französischen *fleur* und von *fleureter*, also von »Blume« beziehungsweise von »Blumen schenken«. Das Reizvolle am Flirt besteht darin, dass über ihn nicht nur vorhandene Möglichkeiten ausgebaut, sondern auch die Entwicklung ganz neuer angeregt werden. Im Flirt liegt also immer auch ein Versprechen und eine Verheißung. Weil ja »noch nichts« passiert ist, erlaubt der Flirt, alle Ideen in der Fantasie durchzuspielen. Ein Spiel des Augenblicks also, aufregend und spannend, bei dem man sich spielerisch näher kommt. Denn Flirten verpflichtet zuerst einmal zu nichts, obwohl es vom kleinen Lächeln bis zum »Spiel mit dem Feuer« reicht.

Kein Flirt ohne Lachen

Für eine Untersuchung ließ die Zeitschrift *Elle* repräsentativ tausend Männer und Frauen befragen. Erstaunliches Fazit: Nahezu jeder Zweite hat am Flirten mehr Spaß als am Sex. Ferner: Männer sind zuerst etwas flirtfreudiger als Frauen. Drittens: Flirttalent haben vor allem Menschen mit hoher sozialer Kompetenz. Und: Lächeln und Lachen wird als wesentlicher Teil der Flirtstrategien erkannt und auch entsprechend eingesetzt.

Signale der Attraktivität

Flirten hat eine ganze Palette beflügelnder Auswirkungen auf unsere Psyche. Die Stimmung hebt sich, man ist freudig und optimistisch. Man schmunzelt, lächelt und lacht. Werden die Flirt-Signale erwidert, fühlt man sich attraktiv und auch begehrt. Was dabei im Gehirn, genauer gesagt im mesolimbischen Dopaminsystem abläuft, wissen wir bereits. Vor allem aber versteckt sich im Flirt ein großes Versprechen – die Aussicht auf Fortpflanzung.

Wir flirten nicht mit einem Menschen, den wir unsympathisch finden.

Damit wird bereits eine erste entscheidende Selektion der möglichen Partner zur Verbreitung und Vermischung der Gene getroffen. Lernen wir einen Mann oder eine Frau kennen, bilden wir uns bereits in den ersten vier Minuten eine Meinung. Die körperliche Attraktivität wird sogar innerhalb der ersten zehn Sekunden beurteilt. Jeder Mensch sendet dabei bewusste und unbewusste Signale, die ihn für einen potenziellen Partner attraktiv machen sollen. Dazu zählt ein fröhliches Gesicht und das Lachen, das für Frauen einen höheren Stellenwert hat als für Männer. Man muss sich nur die Bekanntschaftsanzeigen in Zeitungen und die Profile in den Flirt-Chats des Internets durchlesen, und man wird entdecken: Frauen nennen als häufige Kriterien eines möglichen »Mister Right« neben Treue und stabilen sozialen Verhältnissen seinen Sinn für Humor: »Lieben, Lachen, miteinander leben« sind gängige Formulierungen, die so nur einer Frau einfallen können, Männer setzen ganz andere Prioritäten. Doch was gewinnt eine Frau für sich mit einem Mann, der gleich zu Beginn des Kennenlernens Lachsignale sendet?

Archaische Muster in modernen Zeiten

An dieser Stelle stoßen wir wieder auf ein archaisches Verhalten, welches in die Zeit unserer Savannenvorfahren zurückreicht. Beim ersten Blickkontakt zwischen Frau und Mann wird es in Sekundenbruchteilen im Kopf der Frau wie von der Festplatte eines Computers abgerufen. Denn auf die Dauer ist für eine Frau ein Mann nur dann interessant, wenn er Sicherheit und Nahrung für sie und die gemeinsamen Nachkommen bieten kann. (Dies ist ein Grund, warum sich viele Frauen von älteren Männern angezogen fühlen. Sie gelten als erfahrener und haben größeren Zugang zu Ressourcen. Die Gesellschaft tabuisiert deshalb auch Verbindungen zwischen einem deutlich älteren Mann und einer jüngeren Frau weit weniger, als das noch immer im umgekehrten Fall der Fall ist.)

Daneben haben die Frauen über Jahrmillionen menschlicher Evolution gelernt, dass ein lachender Mann ein ganzes Bündel von Vorteilen gegenüber seinem miesepetrigen Konkurrenten aufweist: Erstens: Ein lachender Mensch ist im statistischen Durchschnitt gesünder als ein permanent nörgelnder. Dieser Sachverhalt gehört zum Urwissen der Menschheit, andernfalls wären Redewendungen wie »Lachen ist gesund« nicht lange vor jeder medizinischen Erforschung des Phänomens in den unterschiedlichsten Sprachen und Kulturkreisen entstanden.

»Lachen macht gutes Blut«, sagen die Italiener und »Der beste Arzt lebt in dir und lacht« die Inder.

Ein gesunder Mann ist auf die Dauer für den Erhalt der Nachkommen von zentraler Bedeutung. Zu Zeiten, als die Menschheit noch nichts von Zahnärzten wusste, war der Blick auf das Gebiss ein erster Indikator für den gesundheitlichen Zustand des potenziellen Fortpflanzungspartners – in diesem Sinn ist das Zähne zeigende Lachen durchaus als eine Art prähistorischer Visitenkarte zu deuten. Dass wir heute noch und wohl auch immer Wert auf »schöne Zähne« bei einem zukünftigen Partner legen, ist ein ferner Nachhall dieses archaischen Musters. Zweitens: Der lachende Mann tritt mit einer Friedensgeste ins Leben der Frau. Dieses Signal sagt ihr: Mit diesem Mann wird es weniger Konflikte mit den anderen Mitgliedern des Clans, des Stammes, des Dorfes geben. Auch das hat zentrale Bedeutung, denn dieser Mann verpulvert seine Kraft nicht in Händeln und Kämpfereien mit anderen Männern. Er hat deshalb mehr Energie für die Sorge um das Wohlergehen der Frau und des gemeinsamen Nachwuchses. Drittens: Der lachende Mann verspricht mit seinem Lachen der Frau ein konfliktfreieres Zusammenleben mit der Familie. Es ist eine zentrale Botschaft des Inhalts: »Es wird mit diesem Mann weniger Streit geben.« Und darüber hinaus: »Es wird mit diesem Mann heiter und lustig sein.« Unbeschwertheit ist neben gutem Sex der beste Kitt für eine Partnerschaft – eigentlich eine Binsenweisheit, spätestens seit Anton Tschechow:

»Am liebsten erinnern sich Frauen an jene Männer, mit denen sie lachen konnten.«

Liebesindikator Lachen

Weil dem Lachen neben dem Körpergeruch[1] schon beim ersten Kontakt zwischen Mann und Frau eine zentrale Rolle zukommt, haben Frauen ein sehr genaues Gespür dafür entwickelt, ob das Lachen des Mannes vis-à-vis ein aufgesetztes oder ein echtes und ehrliches, sozusagen von Herzen kommendes ist. Im Kapitel »Am Anfang war das Lachen« haben wir in anderem Zusammenhang auf diese hochsensible Fähigkeit hingewiesen: Weil Lachen – je nachdem, ob authentisch oder nicht – ein über Leben und Tod entscheidendes Friedenssignal sein kann, wurde im Lauf der Evolution unsere Wahrnehmung dafür geschärft. Frauen trainieren – mehr als Männer – diese soziale Fertigkeit beständig, indem sie möglichst viel schmunzeln und lachen und dabei – unbewusst – die Resonanz bei ihrem Gegenüber beobachten. Womöglich liegt hier einer der Gründe, warum es die Evolution so eingerichtet hat, dass Frauen deutlich häufiger lächeln und lachen als Männer. Denn zur sozialen Einbindung und »Nachwuchspflege« ist es für eine Frau sehr wichtig – siehe oben –, ob »ihr« Mann zu den freundlichen oder zu den grimmigen Zeitgenossen zählt. Wenn man allerdings frühmorgens in den U-Bahnen und Bussen der westlichen Metropolen unterwegs ist, dann möchte man an dieser Feststellung zweifeln. Doch der Schein trügt – man muss nur selbst freundlich lächelnd initiativ werden, und schon läuft dieser archaische Mechanismus des reflektiven Zurücklächelns und Zurücklachens wie von selbst ab. Auch bei diesen Versuchen zeigt sich, dass die Schmunzel-, Lächel- und Lachschwelle in der Psyche der Frauen deutlich tiefer liegt als bei Männern.

Der kleine Unterschied

Wie unterschiedlich das Interesse von Männern und Frauen am Lachen ist, konnten wir sogar während der Arbeit am vorliegenden Buch immer wieder beobachten: Mit einem »Sag mir bitte, wann es herauskommt, das will ich unbedingt lesen, ein tolles Thema« reagierten Freundinnen und weibliche Bekannte emotional und positiv auf unsere im Entstehen begriffene Arbeit, sobald wir davon erzählten. Unsere Männer-Freunde meinten dagegen skeptisch: »Sag mal, was willst du denn auf zweihundert Seiten übers Lachen schreiben?« und schüttelten zuerst einmal desinteressiert den Kopf.

Entsprechend rangieren bei der Partnerwahl aus der Perspektive des Mannes Humor und Lachen auf weit weniger prominentem Platz. Ihm geht es auch weit weniger um die sichere »Nestgestaltung«, sondern um maximale Verteilung seiner Gene. Deshalb reflektieren Männer spontaner auf primäre Sexualreize: volle Brüste, lange Beine und ein knackiger Po. Für einen Mann ist – im biologischen Kontext – eine Frau dann attraktiv, wenn sie jene Eigenschaften hat, die es ihm unmittelbar ermöglichen, seine Gene erfolgreich weiterzugeben.

Männliche Prioritäten

Äußere Attraktivität war ursprünglich und ist noch immer ein Zeichen dafür, dass man gesund und lebenstüchtig ist. Sie zieht den anderen an und gewährleistet die Fortpflanzung.

Attraktiv im Vorteil

Forschungen von Eagly, Ashmore, Makhijani und Longo[2] haben gezeigt, dass gut aussehenden Menschen unbewusst positive Eigenschaften wie Intelligenz, Freundlichkeit, Ehrlichkeit und Talent zugeschrieben werden. Deshalb bekommen attraktive Menschen bessere Jobs und verdienen bis zu vierzehn Prozent mehr.[3]

Immer schon war und ist für den Mann die Attraktivität, der Körper und das Erscheinungsbild einer Frau wesentlicher als ihre Intelligenz und ihr Charakter – zumindest in den ersten Sekunden des Kennenlernens. Wäre dem anders, könnten alle Herrenmagazine ihr Erscheinen einstellen, wären mit einem Schlag alle Prostituierten arbeitslos, könnten alle 0190-Nummern für den schnellen Sextalk ihre Anschlüsse stilllegen. Geht es um die Suche nach einer langfristigen Beziehung, verschieben sich auch bei Männern die Kriterien. Dann erwarten sie von ihrer Partnerin Zuverlässigkeit, Treue und Persönlichkeit. Erst dann folgen Intelligenz, Aussehen und Humor. Mehrere Untersuchungen[4] haben diese männliche Prioritätenliste bestätigt.

Es beginnt mit einem Lächeln

Doch zurück zu Paula und ihrem schrägen Date: Sie war schon nach kurzer Zeit genervt und gelangweilt – zu viele Männer mit zu wenig Charme und zu vielen dummen Sprüchen. Ihre beste Freundin hatte offensichtlich doch Recht. »Vergiss dieses komische Speed-Dating«, hatte sie gesagt – und Paula war schon entschlossen, nach Hause zu gehen. Da kam er! Eigentlich gar nicht Paulas Typ, aber er hatte etwas, das sie sofort zurücklächeln ließ. Was war es? Ganz einfach – er lachte sie an: einnehmend, gewinnend, über das ganze Gesicht ... Vor allem hörte er damit nicht auf. Er sagte viel Witziges und Charmantes – und dass er Paulo heißt. Aber Paula kann sich heute nicht mehr genau erinnern. Zu sehr war sie von seinem Lachen gefangen. Es war wie in einem Gedicht von Kurt Tucholsky: »Ich sah sie an, sie gab den Blick zurück: Wir fassten uns mit den Augen bei den Händen.« So haben sich Paula und Paulo kennen gelernt, so haben sie sich wieder getroffen, sind miteinander ausgegangen, haben sich ineinander verliebt. In ihren Bäuchen flatterten, wie man bildhaft sagt, die Schmetterlinge. Es war der Zauber des Anfangs.

Die Biochemie des Verliebens und Lachens
Neurobiologisch gesprochen, hat dieser Zauber einen etwas komplizierten Namen: Phenylethylamin – eine chemische Substanz, auch in Schokolade vorkommend und mit den Amphetaminen verwandt, die für dieses Gefühl verantwortlich ist. Sie lässt die Pulsfrequenz steigen, gleichzeitig »schaltet« das Gehirn auf Endorphinaktivierung. Der biochemische Vorgang ist jenem beim Lachen sehr ähnlich.

»Könnte es doch immer so bleiben«, wünscht sich Paula und fragt nachdenklich: »Was passiert, wenn unsere Verliebtheit vorbei ist?«

Wie es weitergeht

Ein Jahr später: Paulo und Paula liegen im Bett. Paula erzählt Paulo von ihrer Schwester, die vor einer Woche ihr Kind zur Welt gebracht hat. Voll Freude und Begeisterung berichtet sie, wie süß die kleine Tochter sei, und schaut mit einem Lächeln tief in Paulos Augen, dann gibt sie ihm einen Kuss. Paulo versteht – hier wird zum ersten Mal in ihrer Beziehung ein Kinderwunsch angemeldet. Jeden Monat im Leben von Paula macht sich aus einem Vorrat von einer viertel Million Eizellen eine davon auf den Weg in die Gebärmutter. Die Spermazelle von Paulo hat dann gerade mal zwei Tage Zeit, dieses Ei zu befruchten. Haben sich die beiden gefunden, »kommuniziert« das nun befruchtete Ei mit der Spermazelle für etwa dreißig Minuten. Denn es gibt viel zu »besprechen«, gilt es doch, ein neues Programm herzustellen – aus Informationen, weitergegeben über Jahrmillionen hindurch von Generation zu Generation. Es ist, wie wenn Karten neu gemischt werden – mit der Folge, dass alsbald zwei neue, jedoch jetzt miteinander verbundene Zellkerne entstehen. Das Ei hat sich geteilt. Es ist der Beginn eines noch nie da gewesenen Individuums, einer neuen Menschengeschichte.

Nach gut vierzehn Tagen ist das befruchtete Ei in der Gebärmutter durch wiederholte Zellteilungen um das Tausendfache gewachsen – es hat jetzt einen Durchmesser von zwei Millimetern. Acht Tage später schlägt bereits das Miniherz des Embryos. Nach weiteren acht Wochen – jetzt, wissenschaftlich gesprochen, schon ein Fötus und zwischen zwei und drei Zentimeter groß – hat es bereits menschliches Aussehen. Der Geschmackssinn ist angelegt. Das Ungeborene verzieht sein Gesicht, wenn das Fruchtwasser mit Bitterstoffen, und lächelt genüsslich, wenn es mit Süßstoffen versetzt wird. In dieser Zeit kristallisiert sich auch das Geschlecht des zukünftigen Menschen heraus. Eine Woche später beginnt es, an Daumen und Zehen zu lutschen, und übt damit das Saugen. Über seinen jetzt schon vorhandenen Tastsinn nimmt es seine pränatale Umwelt wahr, es fühlt beispielsweise Berührungen des Bauchs der Mutter. Ab dem vierten Monat entwickelt sich der Gehörsinn. Die Stimme, der Herzschlag und auch das Lachen der Mutter werden ihm vertraut. Das ist für die Zeit nach der Geburt besonders wichtig. Denn Lachen ist hinsichtlich der Frequenzverteilung, des Atemrhythmus und der Lachartikulation so individuell wie ein Fingerabdruck.

Kein Mensch auf der Welt lacht wie ein zweiter – und keine Mutter lacht so wie eine andere.

Erstes Erkennungszeichen: das mütterliche Lachen

Neugeborene erkennen ihre Mütter an deren Lachen (sie haben es ja während der Embryonalphase oft genug gehört), erst dann verbinden sie das Lachen mit dem dazugehörenden Gesicht. Und Mütter machen intuitiv genau das Richtige: Bereits kurz nach der Entbindung beugen sie sich über das Bettchen des Babys und beginnen, mit ihm zu lachen. So lernt das Kleine: »Aha – das Gesicht, das mich da anlacht, das ist meine Mutter, denn ich erkenne ihr Lachen.«

Damit der Embryo lange und oft genug das Lachen der Mutter verinnerlichen kann, lachen Schwangere erwiesenermaßen[5] häufiger, als das sonst in ihrem bisherigen Leben der Fall war. Aber nicht nur deshalb. Der Embryo registriert das Gefühlsleben der Mutter sehr genau: Ihr gleichmäßiger, ruhiger Herzschlag signalisiert: »Alles in Ordnung.« Entspannt kuschelt das Kind sich ins warme Wasser der Fruchtblase. Streitet die Mutter jedoch, ist sie in Angst oder bedrückt sie etwas, so wird auch das Kind in ihrem Bauch unruhig und aufgeregt. Es wirbelt in der Fruchtblase hin und her und kommt erst zur Ruhe, nachdem die Mutter sich beruhigt hat. Lang anhaltende Stresssituationen sind besonders gefährlich. Im limbischen System wird permanent Serotonin aktiviert.

Dies führt über einen hochkomplexen biochemischen Prozess zu einem wehenähnlichen Zusammenziehen der Gebärmutter, im schlimmsten Fall kann dies sogar eine Fehlgeburt zur Folge haben. Deshalb an dieser Stelle ein Appell an alle Männer: »Seid gut zu euren Frauen – aber seid besonders gut zu ihnen, während in ihrem Bauch eure gemeinsamen Söhne und Töchter heranwachsen.«

Kommunikation und Urvertrauen

Sri Chandrasekharan, einer der großen ayurvedischen Ärzte Indiens, ist davon überzeugt, dass sich bereits in ihrer Embryonalphase das Verhältnis der Kinder zu ihren zukünftigen Vätern bestimmt: »Der Fötus bekommt ganz genau mit, auf welche Außenreize die Mutter wie reagiert. Da macht es dann einen großen Unterschied, ob der Vater mit lauten Zornesausbrüchen und den Angstreaktionen der Mutter in Verbindung gebracht wird oder ob das Kind einen sanften, häufig lachenden Vater mit entsprechend positiver emotionaler Reaktion der Mutter erlebt.« Damit wird bereits in der pränatalen Phase das Lachen zu einer wichtigen Kommunikationsbrücke zwischen dem Kind und seinen Eltern.

Gut zu wissen

Je mehr Glücksgefühle die Mutter empfindet, je mehr sie lacht, desto besser geht es dem Embryo. Bereits in dieser Phase entwickelt sich Urvertrauen – mit weitreichenden Folgen ins weitere Leben des neuen Menschen hinein.

Die Entwicklung von Selbstvertrauen, sozialer Kontaktfähigkeit, körperlicher wie seelischer Kraft und Freude am Leben reichen weit in die postnatale Zeit hinein, werden aber bereits in der pränatalen Phase angelegt.

Das Schmusehormon

Damit Frauen während der Schwangerschaft heiter und gut gelaunt sind, hat sich die Evolution eine weitere Substanz »ausgedacht«, die in unserem Gehirn aktiv ist: Oxytocin. Oxytocin ist ein Neurohormon, das speziell in und nach der Schwangerschaft eine Mutter Gefühle der Zärtlichkeit für ihren Nachwuchs empfinden lässt. Untersuchungen am Karolinska Institut in Stockholm haben gezeigt, dass stillende Mütter über eine ausgeprägtere innere Ruhe verfügen als nicht stillende. Auslöser für eine Oxytocin-Aktivierung ist beispielsweise das Saugen des Babys an der Brust der Mutter. Deshalb wird Stillen von Müttern als lustvoll empfunden. Das gilt übrigens auch für das zärtliche Knabbern am Busen während des Liebesspiels. In beiden Fällen ist dieses Gefühl neben anderen Faktoren für die intensive Bindung zwischen Mutter und Kind, aber auch zwischen Frau und Mann verantwortlich. Deshalb wird Oxytocin auch »Schmusehormon« genannt. Dieses »Bindungshormon« wird bereits bei sexueller Erregung aktiv. Vor allem während des Orgasmus werden Spitzenwerte erreicht. Allerdings muss das Stimulans für eine lange Bindung zwischen den Partnern ständig erneuert werden, weil Oxytocin im Körper nicht konserviert wird. Mit anderen Worten: möglichst häufigen und möglichst guten Sex, dann »sprudelt« Oxytocin, der körpereigene Widersacher der Untreue. Geht eine hohe Oxytocin-Aktivierung mit einer hohen Endorphin-Aktivierung (wie bei intensivem Lachen) einher, braucht man sich um die Zukunft eines Paares keine Sorgen mehr zu machen. Es kommt zu einer intensiven emotionalen Bindung. Insofern sind Sex und Lachen der optimale Sofort- wie auch Langzeitkleber jeder Paarbeziehung.

Kurzer Exkurs über lachende Autos

Solche emotionalen, Oxytocin-gesteuerten Abläufe zwischen Mutter und Kind macht sich sogar die Industrie zunutze. »Limbische Reaktionen und Produktgestaltung« heißt das ausgeklügelte Programm, das es sogar schafft, Lächeln und Lachen zur Ware zu machen. Das beste, weil am konsequentesten zu Ende gedachte Beispiel neben all den freundlich uns anlachenden Menschen in den Werbespots (sie sind nichts anderes als die moderne Medienvariante der uns anlachenden, Friedensgesten sendenden Marktfrau) kommt aus der Autoindustrie – und zwar von BMW mit dem neuen Mini. Behaupten wir einmal, wer Kinder mag, mag auch den Mini. Behaupten wir ferner: Nicht zuletzt deshalb schwärmen – ihr Unterbewusstsein sorgt dafür – so gut wie alle Frauen für den Mini.

Im Bekannten- und Freundeskreis von uns Autoren befinden sich insgesamt neun Frauen (aber keine Männer!), die sich für dieses Auto entschieden haben. Wenn sie darüber sprechen, könnte man meinen, es sei von einem Baby oder einem Welpen die Rede. Renette zum Beispiel spricht nie von ihrem Auto oder – was naheliegender wäre – vom Mini. Nein: »Nehmen wir den Kleinen?«, fragt sie, wenn es darum geht, mit welchem Auto in die Stadt gefahren wird. »Da steht er ja, mein Süßer«, ruft sie schon einmal, wenn sie ihren Wagen im Parkhaus wiederfindet.

Appell an den Mutterinstinkt

Kein Einzelfall und vor allem kein Zufall, wie die für den Mini verantwortlichen Chefdesigner Gert Hildebrand und Frank Stephenson bestätigten, dafür aber ein durchaus von ihnen gewollter und kalkulierter Effekt: Hildebrand erzählt von Kundinnen, die neben »Süßer«, »Kleiner« und »Herzchen« ihr Auto sogar »Baby« nennen. Und referiert weiter, dass Männer nie derart »kuschelig emotional« auf ein Auto reagieren würden. Das liegt am Design des Mini, der mit lächelndem Kühlergrill und freundlichen Scheinwerferaugen ganz offensichtlich das »Kindchen-Schema« bedient. Und dieses »Kindchen-Schema« – ein von den Designern aus der Psychobiologie und Verhaltensforschung entlehnter Begriff – ist unmittelbar an den Mutterinstinkt gekoppelt. Was einen großen Kopf und einen kleinen Körper hat, das mag man streicheln, muss man lieb haben und beschützen. Deshalb finden Frauen junge Hunde, junge Katzen, Fohlen und Kälber »sooo süüß«. Wenn der Mini ein Lebewesen wäre, hätte es einen großen Kopf, große Augen und einen kleinen Körper – und schon funktioniert der emotionale Mechanismus. Wir haben den Test gemacht und Kollegen wie Freunde um ihre Meinung zum Mini befragt. »Der ist was für Mädels«, war unisono ihr Kommentar. Wie durchdacht und kalkuliert dieses auf Emotionalität abzielende Konzept von Design und Marketing des Mini ist, bestätigt die Werbung für dieses Auto. Da ist nirgends von Schnelligkeit, Power oder neuen technischen Dimensionen – wie es sonst bei Männer-orientierten Produkten der Fall ist – die Rede. Direkt wird auf die vom limbischen System gesteuerte, weibliche Emotion abgezielt. Der Werbeslogan für den Mini heißt schlicht und einfach: »Is it Love?«

It is Love

Paula und Paulo sind inzwischen Mutter und Vater geworden. In den ersten vier Jahren wächst das Gehirn ihres Kinds auf rund zwei Drittel seines endgültigen Volumens, seine Komplexität nimmt immens zu. Es ist die Zeit, in der das Kind am leichtesten lernt – vor allem auch die emotionalen Grundlektionen. Dazu gehört das Einüben sozialer Kontakte. Wie das bei Kindern und Ratten über Fangspiele, Kitzeln und Necken funktioniert, haben wir bereits im Kapitel »Am Anfang war das Lachen« besprochen. Heute weiß die Verhaltensforschung, dass heitere Kinder viel häufiger und schneller soziale Kontakte schließen als verschreckte. Sie leben freudvoller und können mit Aggressionen, die von außen an sie herangetragen werden, besser umgehen. Das führt dazu, dass sie sich in der Konkurrenz mit anderen besser behaupten. Häufig jedoch beginnt mit der Erziehung die Einschränkung des Lachens. Laute Worte, Schimpfen, bedrohliche Gesten, gar Schläge lassen das Kind spüren: »So, wie du bist, mag ich dich nicht!« Fatal wirkt sich aus, wenn diese Druckszenarien durch Lachverbote begleitet werden. »Beim Essen lacht man nicht!« »Wenn man Hausaufgaben macht, lacht man nicht!« Damit wird ein so genanntes »inneres Verbot« erzeugt. Denn Lachen ermöglicht es einem Kind, sich dem Außendruck zu entziehen, der Bedrohung seine Schärfe zu nehmen, Schutz zu finden. Ein Verbot des Lachens läuft de facto auf eine Blockade sozialer Fertigkeiten wie Selbstvertrauen, Verbundenheit mit anderen, Kommunikationsfähigkeit und Kooperationsbereitschaft hinaus. Diese emotionalen Kompetenzen soll das Kind eigentlich von den Eltern lernen. Sie sind Vorbilder. Wird bereits von Elternseite wenig gelacht, braucht es in der Entwicklung eines Kindes lange, bis es später diese Defizite selbst ausgleichen kann.

Lachen – der Kitt jeder Paarbeziehung

Das Gelingen einer Partnerschaft hängt grundsätzlich von den gleichen Voraussetzungen ab wie das erfolgreiche Leiten eines Unternehmens. Dabei können Begriffe aus der Unternehmensführung ohne weiteres ins Private übertragen werden. Manager kommunizieren und kooperieren; auch im Privaten geht es nicht ohne Gespräche, ohne »Meetings« und »Konferenzen«. Unter den Gesichtspunkten des Managements ist die Ehe eine arbeitsteilige Organisation.

Eine aufschlussreiche Studie über heitere Grundeinstellungen und deren Einfluss auf eine glückliche Ehe haben die Psychologen Lee Anne Harker und Dacher Keltner von der Berkeley Universität in Kalifornien vorgelegt. Sie untersuchten Fotos in den Jahrbüchern eines amerikanischen Mädchen-Colleges. Fazit: Frauen, die ein authentisches Lächeln auf den Fotos aufwiesen, pflegten intensivere soziale Kontakte und führten später eine harmonischere und glücklichere Partnerschaft als ihre gekünstelt »Cheese-lächelnden« Mitschülerinnen. Sie waren einfach erfolgreicher.[6]

Wie oft in einer Beziehung gelacht wird, kann durchaus als Indikator gesehen werden, ob eine Beziehung harmoniert – oder eben nicht. Denn: Lachen ist ein effektives und probates Mittel, um Aggressionen und Ärger abzubauen, Lachen entspannt, es löst den Druck in uns.

Gut zu wissen
Das unbeschwerte Lachen wie auch das leise Lächeln hat einen kathartischen, befreienden Effekt. Angestaute Gefühle und Verspannungen werden abgebaut.

Die schönste Liebeserklärung
Außerdem verbindet Lachen. Es schafft ein Wir-Gefühl in der Partnerschaft. Gemeinsame Einstellungen, Motive und Haltungen werden betont. Dadurch entsteht ein intensives Gefühl der Zusammengehörigkeit. Jedes Wort kann manchmal zu viel oder falsch sein. Lächeln »ist eine Geste der Zärtlichkeit ohne Berührung«7, die immer stimmig ist, die immer passt. Es erinnert uns auch an die gemeinsame Anfangszeit, die Zeit des Verliebtseins. Ferner: Lachen erotisiert – denn durch rhythmische Zwerchfellbewegungen werden der tiefe Bauch- und Beckenraum und damit die sexuelle Bereitschaft stimuliert. Kurzum: Lachen erzeugt Lust. Das haben

wir ja bei Paula und Paulo gesehen und selbst auch schon erlebt.

Wie sehr Lachen die Qualität einer selbst konfliktbeladenen Beziehung verbessert, erleben wir regelmäßig während unserer »Sich-wieder-lieben-lernen-Seminare« speziell für Paare »in der Krise«. Mich (A.S.) erfreut immer wieder, wenn Partner, die seit Monaten oder gar Jahren ihre Probleme streitend, keifend und selbst bis unter die Gürtellinie verletzend austragen, nach ein oder zwei Tagen gemeinsamem Hasya-Yoga und begleitender Mediation zu einem freundschaftlichen, ja sogar teilweise liebevollen Umgang miteinander zurückfinden. Damit ist schon ein erster wesentlicher Schritt zur Krisenbewältigung getan. Ich bin immer wieder fasziniert, wie entspannt Paare nach gewisser Zeit sogar über die Konflikte lachen können, bei denen sie sich vor geraumer Zeit noch in den Haaren lagen.

Gut zu wissen

Wir empfehlen deshalb auch vor jeder Beziehungsdiskussion ein paar Minuten Lachübungen zur emotionalen Lockerung und garantieren: Das Gespräch nimmt einen gänzlich anderen, weil positiv gestimmten und damit konstruktiven Verlauf.

Leben nach dem Lachprinzip

Wie man sich erfolgreich, glücklich und gesund lacht

Wie kann das gehen, Erfolg, Glück, Gesundheit durch Lachen? Ganz real – im täglichen Leben, im Beruf und auch privat? Zuerst einmal: Wer nicht die grundsätzliche Bereitschaft hat, sich heiter und fröhlich einzustimmen und damit ein Leben mit und nach dem Lachprinzip zu leben, wird dessen positive Kraft an sich selbst nie erfahren. Wer frühmorgens mit negativen Gedanken aus dem Bett steigt, den neuen Tag schon mit schlechter Laune beginnt, über das Wetter, die Arbeit, den Partner oder die Kinder nölt, wer also den Griesgram zu seinem Lebensprinzip erhebt, muss sich nicht wundern, wenn dieser Tag abends mindestens ebenso übellaunig endet. Heiterkeit, Fröhlichkeit und Glück brauchen ihre Chance. Wenn man nicht an sie glaubt, werden sie sich nicht einstellen. Schlichte Appelle à la »Lach mal wieder!« oder »Einfach lachen« helfen dabei nicht weiter. Es muss schon etwas mehr getan werden, wollen wir uns selbst – sofern wir es nicht schon sind – zu heiteren, glücklicheren und damit erfolgreicheren Menschen machen.

Die Kraft der Gedanken

Beginnen wir mit einem Selbstversuch, der nur knapp fünf Minuten in Anspruch nehmen wird:

Immer weiter drehen ...
Stellen Sie sich (am besten allein, so sind Sie ungestört) in aufrechter, aber entspannter Haltung in die Mitte eines Zimmers. Strecken Sie den rechten Arm gerade nach vorne (Linkshänder machen die Übung mit dem linken Arm und in der Folge entsprechend seitenverkehrt). Halten Sie dabei die Finger geschlossen, nur der Daumen ist erhoben. Schließen Sie Ihr linkes Auge und fixieren Sie mit dem rechten die Daumenspitze. Jetzt beginnen Sie, mit nach wie vor ausgestrecktem Arm Ihren Oberkörper so weit als möglich nach links zu drehen, bleiben aber mit den Füßen in der ursprünglichen Haltung. Die erreichte Position fixieren Sie über Ihren Daumen an der Zimmerwand. Zur besseren Memorierung können Bilder, Wandlampen, bestimmte Punkte an einem Möbelstück und dergleichen helfen. Dann kehren Sie mit gestrecktem Arm in Ihre Ausgangsposition zurück. Jetzt schließen Sie beide Augen, lassen den Arm sinken, atmen mehrmals tief ein und aus, entspannen sich. Mit geschlossenen Augen stellen Sie sich vor, wie Ihr Oberkörper zu einem Wunder an Elastizität wird, wie Sie sich weit nach links drehen können. Weit, weiter und noch weiter. Diese Visualisierung wiederholen Sie in aller Ruhe vier- oder fünfmal. Vor

Ihrem inneren Auge sehen Sie Ihren Oberkörper sich nach hinten drehen, drehen und drehen. Jetzt öffnen Sie die Augen, strecken den Arm wieder mit erhobenem Daumen nach vorne und wiederholen die ursprüngliche Übung. Wenn Sie jetzt den Maximalpunkt erreichen, stellen Sie fest: Sie haben sich um ein ganzes Stück weiter gedreht.

Solche Visualisierungstechniken zur Optimierung eigener Fähigkeiten wurden noch vor zehn oder fünfzehn Jahren als esoterischer Schnickschnack abgetan. Mittlerweile ist jedoch ihre Effektivität in vielen Versuchen belegt – nicht von ungefähr gehören sie seit längerem zum mentalen Trainingsprogramm von Hochleistungssportlern. Formel-1-Piloten gehen im Geist die Rennstrecke durch und sehen sich selbst wie auf Flügeln durch die Kurven getragen. Tennisspieler »denken« sich die Bälle des Gegners langsam und visualisieren den sicheren Return. Skirennläufer »fahren« bereits eine halbe Stunde vor dem Start in ihrer Fantasie die Abfahrt hinab, sehen sich traumwandlerisch sicher jeden Sprung nehmen und um jedes Streckenfähnchen gleiten.

Oliver Kahn, Torwartlegende der deutschen Fußballnationalmannschaft, mehrfach zum besten Torhüter Deutschlands, Europas, der Welt gewählt, berichtet von solch einer mentalen Stärkungsübung (siehe Kasten auf S. 236).

Das Kino im Kopf

Visualisieren ist ein Vorgang, den jeder Mensch vielmals in seinem Leben durchführt, ohne sich dessen bewusst zu sein.

Mentaler Sieg
Die Situation: Finale der Champions League 2001 in Mailand – zwischen dem FC Bayern und Valencia steht es 1:1 nach Verlängerung, es kommt zum entscheidenden Elfmeterschießen. Im Hexenkessel aus Schlachtgesängen, Pfeifkonzerten und Fahnenmeeren legt sich Kahn etwas abseits von den Spielern auf den Rasen des Spielfelds und schließt die Augen: »Ich habe mir einen wunderschönen Ort vorgestellt, mit strahlend blauem Himmel, wo die Sonne durch die Bäume schien und ich im Gras lag. Das machte mich ruhig. Dann Szenenwechsel. Ich stellte mir vor, ich halte jeden Ball, fliege, fauste. Dann bin ich aufgewacht, total frisch, voll überzeugt von mir – und los ging's.« Und wie es los und vor allem weiter ging! Kahn hielt an diesem Abend drei Elfmeter, der FC Bayern holte sich die Fußballkrone Europas.

Wir haben während solcher Visualisierungen geweint und gelacht, und das in Situationen, in denen es eigentlich nichts gab, was uns so hätte rühren können. »Wann soll das gewesen sein?«, werden Sie sich fragen. Denken Sie an eine solche Situation: Sie hielten ein anderes Buch in Händen – einen spannenden Krimi, der im nebligen London spielt, eine historische Erzählung aus dem Leben von Kleopatra oder Kolumbus, eine Liebesgeschichte. Ohne darüber nachzudenken, sehen wir uns während des Lesens als Kommissar in der Fleet Street, wir sehen uns im Palast der ägyptischen Königin, an der Seite des Seefahrers unter den Segeln der Santa Maria mitten auf dem Atlantik oder im Bett mit einem gut aussehenden, jungen Passagier auf der Titanic – ebenfalls mitten auf dem Atlantik. Wir fiebern in unserer Fantasie mit, können nicht aufhören zu lesen. Auf diese Weise lassen wir uns emotional involvieren, und Freude oder Trauer sind nicht weit. Erinnern Sie sich an Leseerlebnisse, damals als Kind, auch noch als Jugendlicher, vielleicht sogar als Erwachsener: Lassie wird eingefangen und kehrt nach vielen Abenteuern wieder zurück, Robinson hält seinen toten Freitag in den Armen, der kleine Prinz stirbt, Winnetou geht in die ewigen Jagdgründe ein, Werther begeht Selbstmord. Mit Sicherheit haben Sie bei diesen Szenen geweint, obwohl Sie gemütlich auf der Couch oder im Strandkorb lagen. Eigentlich bestand nicht der geringste Grund für eine einzige Träne – aber die Kraft Ihrer eigenen Visualisierung hat Sie traurig gestimmt.

Sich glücklich denken

Diese Methode kann man auch in die entgegengesetzte Richtung steuern, sich also glücklich denken. Kommen wir noch einmal zum Elfmeterkiller Kahn zurück: »Ich stelle mir einen wunderschönen Ort vor (…). Das macht mich ruhig. Dann Szenenwechsel. Ich stelle mir vor …«

Lachen visualisieren

Machen Sie es wie Oliver Kahn: Schließen Sie die Augen, träumen Sie sich in Ihre ganz persönliche Wunschlandschaft, sehen Sie sich über Blumenwiesen oder im Schatten von Bäumen tanzen, wie Sie zuerst leise vor sich hinlächeln, langsam beginnen, verhalten zu lachen, dann lauter, lauter und immer lauter lachen. Stellen Sie sich vor, wie Sie sich schließlich am Boden wälzen vor Lachen, wie Ihr ganzer Körper mit Lachen angefüllt ist. Und wie Sie damit nicht mehr aufhören können.

Um solchen Visualisierungen ihren gewünschten langfristigen Effekt zu sichern, ist es erforderlich, diesen »Kopfkinofilm« immer wieder anzusehen. Am besten gleich nach dem Aufwachen, vor dem Einschlafen und, ganz wichtig, immer dann, wenn eine aktuelle Lebenssituation psychische und physische Stärke erfordert. Nach zwei oder drei Wochen dieser Übung werden Sie an sich selbst entdecken: Ich werde zu dem heiteren Menschen, als den ich mich denke.

Probleme auslachen

In unseren Laughter-Coachings führen wir mit Erfolg solches Mentaltraining durch – vor allem für Teilnehmer mit privaten oder beruflichen Problemen. Natürlich ist es nicht so, dass über Visualisierungen Probleme und ihre Ursachen aus der Welt verschwinden. Allerdings – und das ist für unseren Umgang mit ihnen und für die Lösung wichtig – verlieren sie die Kraft, uns zu deprimieren. Wir haben eine Reihe von Visualisierungsübungen entwickelt, in deren Verlauf die Teilnehmer des Laughter-Couchings ihre Probleme regelrecht auslachen. Gleich zu Beginn bitten wir sie, die privaten oder beruflichen Sorgen auf einem Zettel zu notieren und in einem Kuvert zu verschließen. Ein paar Tage nach den Visualisierungsübungen lassen wir die Umschläge öffnen – und bekommen Erstaunliches zu hören. »Jaja, ich weiß schon, das *war* mein Problem. Aber mittlerweile habe ich eine Lösung gefunden.« Oder: »Ich kann mir gar nicht mehr vorstellen, warum mich das alles so bedrückt hat.« Wir kennen die Skepsis, die solch mentale Stärkungen für märchenhafte Erzählungen hält, meinen aber, dass man diese Phänomene an sich selbst erleben muss, um sie entsprechend beurteilen zu können.

»Wer nicht in den Fluss springt, wird nicht schwimmen«, sagt ein indianisches Sprichwort.

Alte Programmierungen ersetzen

Natürlich kann man die »Software« unseres Gehirns nicht einfach austauschen wie auf einer Computerfestplatte. Aufgrund neurologischer Forschungen wissen wir, dass die Nervenzellen des Gehirns eine so rasche Umprogrammierung nicht mitmachen. Die Informationen, die unsere Nervenzellen im Gehirn tragen, sind mehr als nur deren molekularer Inhalt, sie sind auch durch Form, Größe und Struktur der Vernetzung mit anderen Nervenzellen definiert. Ein Austausch unserer »Software« muss also neue Zellen im Gehirn herbeischaffen und die alten ersetzen. Dies gelingt nur partiell und über einen längeren Zeitraum hinweg. Ein griesgrämiger Mensch wird also nicht durch den einfachen Beschluss »Ab heute werde ich heiter« zu einem Ausbund an Fröhlichkeit und Lebensfreude werden. Es dauert seine Zeit, bis er die alten »Programmierungen« in seinem Kopf durch eine neue Software ersetzt hat.

In diesem Zusammenhang gilt es inzwischen als erwiesen, dass unsere Sprache und das Sprechen miteinander unsere

Wahrnehmung nur zu einem geringen Teil bestimmen. Deshalb ist es schwierig, in einer Diskussion jemand von einer gegenteiligen Meinung zu überzeugen. Wir kennen das, wenn wir über Politik debattieren. Man kann der eigenen Meinung nach noch so viele gute Argumente für oder gegen eine Idee vorbringen, es wird immer schwer, ja fast unmöglich sein, den Anhänger der anderen Position vom eigenen Standpunkt zu überzeugen. Das hat mit den Mechanismen unserer Wahrnehmung zu tun. Gesteuert wird sie vorwiegend von den Erinnerungen und Überzeugungen, die ein jeder im Gehirn gespeichert hat. Das bedeutet aber: Je mehr man für positive Bilder in seinem Leben sorgt, desto positiver wird auch die Wahrnehmung.

Gut zu wissen
Wer viel lacht, ändert auf Dauer die Grundstimmung seines Gehirns und programmiert sich mit der Zeit selbst um.

Unserer Erfahrung nach ist Hasya-Yoga der direkte Weg zu einer positiven Programmierung des Gehirns. Hier erfahren Sie nun, wie das geht. Und vor allem, wie einfach das ist.

Bevor man mit Lachyoga loslegt

Hasya-Yoga sollte man zum Kennenlernen und Einüben zuerst in der Gruppe praktizieren. Mit anderen Menschen zusammen lacht es sich einfacher und schöner, man kommt zudem schneller ins Lachen. Im Kapitel »Der große Lachanfall« haben wir diesen gruppendynamischen Effekt erklärt. Ist man bereits ein geübter »Hasya-Yogi« – dieser Zustand stellt sich bereits nach wenigen Stunden regelmäßigen Gruppentrainings ein –, kann man die Übungen auch für sich allein ebenso effektiv praktizieren. Um sich den ganzen Tag bei bester Laune zu halten, genügen bereits fünf bis zehn Minuten tägliche Praxis. Es gibt viele Übungen, die für das Lachen alleine (also ohne mitlachenden Partner) ideal sind, wir werden sie weiter unten vorstellen.

Wie und wo kann man Hasya-Yoga kennen lernen? Zuerst einmal: in unseren Seminaren, speziell in einem eintägigen für Einsteiger mit starker Praxisausrichtung. Termine, Preise und Veranstaltungsorte sind auf unserer Homepage www.lachprinzip.de zu finden. Zudem hat die Hasya-Welle inzwischen Deutschland, Österreich und die Schweiz erreicht. Lachyoga wird in Wellness-Hotels angeboten, Volkshochschulen haben Kurse eingerichtet. Übers ganze Land sind in den letzten Jahren lokal operierende Lachclubs nach indischem Vorbild entstanden. Um einen hohen Qualitätsstandard zu sichern, bildet der »Verband der deutschen Lachyoga-Therapeuten« Hasya-Yoga-Trainer aus, die ihrerseits Lachgruppen leiten (Kontaktadresse, auch des österreichischen und schweizerischen Verbands, ebenfalls auf der Lachprinzip-Homepage und im Kapitel »Noch mehr Lachprinzip«). Einmal jährlich kommt auch Madan Kataria (wir haben ihn im Kapitel »Der große Lachanfall« vorgestellt) nach Europa, um zwischen Dublin und Davos Vorträge und Seminare abzuhalten.

Jeder kann es

Weil jeder Mensch lachen kann, ist Hasya-Yoga jedem möglich. Man braucht dazu weder Vorkenntnisse noch körperliche Geschicklichkeit, kein kompliziertes Training, keine langwierigen Einweisungen und auch keine spezielle Ausrüstung. Lockere Kleidung genügt. Einzig fünf simple Grundregeln sind zu beachten:

Erstens: Jeder Mensch kommt leichter ins Lachen, wenn er dabei einem anderen in die Augen schaut. Deshalb: Während der Übungen nicht auf den Boden, auf die Saaldecke oder in den Himmel, sondern in die Augen eines Mitlachers oder einer Mitlacherin blicken und immer wieder Augenkontakt zu anderen Mitgliedern der Lachgruppe aufnehmen.

Zweitens: Hasya-Yoga ist nicht statisch, während der meisten Übungen bewegen wir uns und gaukeln wie ein Schwarm Schmetterlinge durcheinander. »Motion followed by emotion« nennen das die Inder in augenzwinkernder Abwandlung der Bauhaus-Maxime »form follows function«. Gemeint ist damit: Aus der Körperbewegung entsteht eine Gefühlsbewegung.

Drittens: Die einzelnen Übungen des Hasya-Yoga werden durch rhythmisches Klatschen getrennt, jeweils akustisch begleitet von einem lauten, fünf- bis maximal siebenmal wiederholten »Hoho hahaha«. Bei diesen Klatschübungen ist ganz wesentlich darauf zu achten, dass wir nicht einfach wie beim Applaudieren mit den Händen patschen. Stattdessen werden die Finger und der Daumen beider Hände weit gespreizt, sodass dabei die Handballen sich leicht hervorwölben. Das ist wichtig, denn beim wiederholten Klatschen werden die Akupressurpunkte in den Handflächen angeregt. De facto erreichen wir so eine permanente Massage und Stimulanz der Handreflexzonen. Vor allem die Akupressurpunkte, welche die Organe der Körperselbstreinigung – also Leber, Niere und Milz – und die Lunge stimulieren, werden damit aktiviert. Im Kundalini-Yoga geht man wie generell in den traditionellen asiatischen Medizinen davon aus, dass alle Bereiche der Hand unterschiedliche Reflexzonen aufweisen, die über Energieflüsse mit den Organen und bestimmten Regionen des Gehirns verbunden sind. Nach dieser Lehre sind die Hände eine Art Spiegel unseres Körpers und unseres Geists. So haben die einzelnen Finger und der Daumen einen direkten Bezug zu bestimmten Regionen der Lunge. Daumen und Zeigefinger korrespondieren mit dem oberen Bereich der Lunge, der Mittelfinger mit dem mittleren und Ring- und kleiner Finger mit dem unteren Bereich beider Lungenflügel. Das ist ein wichtiger Aspekt für die mit Hasya-Yoga verbundenen Mudras, auf die wir weiter unten zu sprechen kommen.

Aus genannten Gründen ist auf eine exakte Durchführung des Hoho-hahaha-Klatschens zu achten. Diese Hoho-hahaha-Übung beruht auf einer *Kapalabhati* genannten Atemübung des Hatha-Yoga, bei der Luft rhythmisch ein- und ausgestoßen wird. Der gesundheitliche Effekt dabei ist die Reinigung der Atemwege und des Nasenraums, eine Verbesserung des Luftaustausches in den Bronchien und die rhythmische Aktivierung des Zwerchfells wie der Bauchmuskulatur. Ein weiterer Zweck der Übung besteht in der Kontrolle, die wir damit über die Bewegung des Zwerchfells bekommen, ferner beseitigt sie krampfartige Engstellungen der Bronchien. In der ayurvedischen Medizin wird diese Übung speziell in der Asthma-Therapie empfohlen, da sie das gesamte Atmungs-

und Kreislaufsystem stimuliert und das Blut reinigt. *Kapalabhati*, so die ayurvedische Medizin, regt das Körpergewebe an und erneuert es dabei, indem große Mengen Kohlendioxyd abgegeben werden und gleichzeitig das Blut mit Sauerstoff angereichert wird. Parallel werden durch die anhaltende Bewegung des Zwerchfells die Bauspeicheldrüse, Magen und Leber aktiviert. Wie eng Hatha-Yoga und Hasya-Yoga verbunden sind, zeigt die Wirkung der zur Hoho-hahaha-Übung abgeleiteten *Kapalabhati* aus dem Hatha-Yoga: »Während und nach der Übung spürt man oft ein angenehmes, ja sogar Freude auslösendes Vibrieren, besonders in den Zentren im Rückgrat. Durch diese Übung wird die in den Nerven gespeicherte Energie derart angeregt, dass sich das ganze Rückenmark wie ein lebendiger elektrischer Draht erspürt, so als fühle man die Bewegung dieses Energiestroms.«[1]

Viertens: Wenn wir mit einem künstlichen Lachen beginnen, lachen wir immer nur die gleichen Lachvokale: also »hahaha« oder »hohoho« oder auch »hihihi«. Das erleichtert es wesentlich, in ein echtes Lachen zu fallen. Kein Mensch lacht »ho-hi-huhu-hä-hihi«.

Fünftens: Die Sache sachte angehen. Beginnen Sie immer mit Atemübungen (diese werden im Folgenden vorgestellt), fahren Sie mit eher stilleren Hasya-Übungen fort, und wenden Sie sich erst dann den lauten und sehr intensiven Übungen (ebenfalls im Folgenden beschrieben) zu. Zwischen jeder fünften bis zehnten Übung und vor allem am Ende des »Lachtreffens« immer wieder mit Atemübungen entspannen. Weil Hasya-Yoga sehr atem- und bewegungsintensiv ist, verlieren wir durch Ausatmen und Transpiration Flüssigkeit. Deshalb nach den einzelnen Übungsblöcken reichlich trinken – selbstverständlich Alkoholfreies.

Ergänzend zu diesen Regeln zur praktischen Ausführung gibt es eine Art Hasya-Kodex. Er besagt: Wir lachen zwar auch zu unserer Freude, aber zuallererst lachen wir für unsere Gesundheit! Denn Lachen ist primär präventiv und in zweiter Linie heilend.

Lache also, bevor du krank wirst! Denn wer lacht, wird nicht krank.

Deshalb versprechen wir uns selbst, regelmäßig zu lachen. Am besten mit anderen zusammen, aber auch alleine. Das kann täglich sein oder auch nur jeden zweiten oder dritten Tag. Wenn wir dann lachen, wollen wir nicht nur uns selbst mit unserem Lachen glücklich machen, sondern vor allem auch den anderen helfen, mit unserem und ihrem Lachen glücklich zu werden.

Nur keine Scheu!

Bevor wir uns den einzelnen Übungen zuwenden, noch ein wichtiger Hinweis: Während das Lachen selbst eine angenehme Beanspruchung und Aktivierung darstellt, die man sehr positiv erlebt, verspüren manche Menschen vor allem am Beginn eines Hasya-Seminars eine gewisse Belastung durch sozialen Stress. Ihnen ist es ein wenig peinlich, die für Außenstehende zugegebenermaßen teilweise kurios wirkenden Übungen durchzuführen. Sie fürchten, sich vor anderen lächerlich zu machen, zu laut, zu wenig oder zu verhalten zu lachen. Da die ersten Übungen mit künstlichem Lachen beginnen, schleichen sich diese Gedanken ein. An anderer Stelle haben wir ausgeführt, wie sensibel und damit auch distanziert wir auf ein künstliches Lachen reagieren. Deshalb – salopp formuliert – unser Ratschlag: Hirn ausschalten, Augen zu und durch – durch die ersten Übungen, die ersten Minuten, vielleicht auch die erste halbe oder ganze Stunde. Irgendwann verliert sich die kritisch kontrollierende Selbstbeobachtung, und die Hürde ist genommen. Um sicherzustellen, dass sozialer Stress für niemanden ein belastender Faktor bleibt, ist es besonders wichtig, dass beim Hasya-Yoga-Training eine offene und freundliche Atmosphäre herrscht, in der es jedem erlaubt ist, so und so viel zu lachen, wie er möchte. Kommentare über das Lachen anderer, sowohl vom Trainer als auch von den anderen Teilnehmern, sind kontraproduktiv, unfreundschaftlich und unbedingt zu vermeiden. Es ist wichtig, auf niemanden Druck auszuüben und unsicheren, vielleicht belasteten Menschen einfach Zeit zu lassen, bis sie ins Lachen fallen.

Gut zu wissen

Die freundliche, tolerante Atmosphäre, in der jeder Mensch akzeptiert wird, wie er ist, auf die gut ausgebildete Hasya-Yoga-Trainerinnen und -Trainer sehr großen Wert legen, ist eine ganz entscheidende Voraussetzung dafür, dass sich die einzelnen Übungen positiv auswirken.

Ebenso wichtig ist, dass der Hasya-Yoga-Einsteiger sich nicht selbst unnötig unter Druck setzt. Gedanken à la »Die anderen lachen schon, warum lache ich noch nicht« bremsen den

Zugang zum Lachen. Insofern gilt auch hier: Hirn ausschalten und nicht groß über das eigene Lachen wie das der anderen reflektieren. Dadurch, dass alle Teilnehmer einer Hasya-Yoga-Gruppe dieselben kuriosen Übungen machen und dabei einen riesigen Spaß haben, verschwinden diese »bremsenden« Gedanken in der Regel nach kurzer Zeit.

Auf zum inneren Joggen!

Hasya-Yoga kann man durchaus als eine Art Aerobic, als ein inneres »Joggen« bezeichnen. Für William Fry, den bereits erwähnten Pionier der Lachforschung, stellte sich die physiologische Wirkung des Lachens als ebenso komplex dar wie die psychologische. Er fand heraus, dass sowohl der anregende als auch der kathartische, also befreiende und reinigende Effekt des Humors sein Pendant im physiologischen Bereich hat.

> **Gut zu wissen**
> Im Gegensatz zu anderen Verhaltensweisen beinhaltet das Lachen eine ausgiebige körperliche Aktivität, deren Wirkung einer sportlichen Betätigung gleichkommt. Die Atemtätigkeit, der Sauerstoffaustausch, die muskuläre Aktivität und die Herzfrequenz werden gesteigert und das kardiovaskuläre sowie das sympathische System angeregt.

Lachen stimuliert also die Muskulatur zu erhöhter Aktivität. Und das über den gesamten Körper, weil fast alle Muskeln vom Gesicht über den Nacken zu Rumpf, Armen und den Beinen bei den diversen Übungen des Hasya-Yoga beteiligt sind. Während dieser Übungen lösen sich Muskelverspannungen, man lacht sich förmlich schlapp.

Hoho hahaha: die Übungen des Hasya-Yoga

Hasya-Yoga besteht aus weit über hundert verschiedenen Übungen, von denen die überwiegende Zahl eine Kombination aus Atemübungen des Hatha-Yoga mit pantomimischen Bewegungen ist. Die dreißig wichtigsten werden wir zusammen mit einigen Hasya-Mudras im Folgenden vorstellen. Alle diese Übungen haben einen medizinischen Hintergrund.

Gut zu wissen
Durch die während des Lachens ausgelöste Schwingung in der Luftröhre und durch Bewegung des Zwerchfells erfolgt eine Art »innere Massage« für alle Organe und die Drüsen am Hals.

Zudem wird der Herz-Meridian (wir kommen bei der entsprechenden Übung genauer darauf zu sprechen) stimuliert. Ferner erfolgt eine intensive Anreicherung des Blutes mit Sauerstoff, weshalb während der Durchführung für ausreichend frische Luft zu sorgen ist. Die rund eine halbe Stunde dauernden Übungsblöcke des Hasya-Yoga beginnen grundsätzlich mit einer *Talasana* genannten Atem- und Entspannungsübung:

Talasana: Stellen Sie sich entspannt mit geschlossenen Beinen hin, die Hände baumeln links und rechts am Körper herunter. Die Arme mit einer schwingenden Bewegung wie Windmühlenflügel senkrecht in die Höhe strecken, dabei tief durch die Nase einatmen, die Brust nach vorne wölben, sich dabei strecken und zur Unterstützung leicht auf die Zehenspitzen gehen. Den Atem zirka vier Sekunden anhalten, dann langsam durch den Mund ausatmen, dabei die Arme senken. Diese Übung drei- oder fünfmal wiederholen. Der gesamte Körper wird gestreckt, die Lungen geweitet und die Blutzirkulation angeregt. Daneben werden der Nacken und die gesamte Schulterpartie gedehnt. Das führt zur Entspannung der Muskulatur. Diese *Talasana*-Übung trainiert die Aufnahmefähigkeit unserer Lungen, von der Ausdauer und Intensität unseres Lachens abhängen. Wir wiederholen sie vier- bis fünfmal innerhalb eines halbstündigen Übungsblock sowie an dessen Ende. Während wir diese Atemübung durchführen, können wir die Finger beider Hände zu bestimmten Mudras (Genaueres dazu unten) formen. Sie verstärken den positiven Effekt von *Talasana.*

Kapalabhati mit Hoho hahaha: Unmittelbar anschließend gehen wir in das Hoho-hahaha-Klatschen über.

Weitere Übungen, die uns heiter stimmen, aber noch nicht zu intensivem Lachen führen, folgen. Sie werden mit Hoho-hahaha-Klatschen voneinander getrennt. Im Einzelnen können das sein:

Namaste-Lachen (Indian Greeting Laughter): Diese Übung basiert auf einer Atmanjali genannten Mudra (siehe unten) und ist mit der indischen Begrüßungsgeste identisch. Sinngemäß übersetzt bedeutet Namaste: »Das Göttliche in mir begrüßt und ehrt das Göttliche in dir.« Atmanjali-Mudra bringt Frieden mit sich selbst und anderen sowie innere Sammlung und Ausgeglichenheit. Wir falten für diese Übung beide Hände wie zum Gebet derart vor der Brust, dass zwischen den Handinnenflächen ein schmaler Hohlraum entsteht. Dann atmen wir tief durch die Nase ein und mit halb offenem Mund und einem glucksenden »h h h h h« wieder aus. Diese Übung mehrmals mit schmunzelndem Gesicht wiederholen, sie führt automatisch zu einem sanften Lachen. Augenkontakt ist dabei besonders wichtig.

Westliches Begrüßungslachen (Western Greeting Laughter): Mit ausgestreckter Hand gehen wir auf jemand in der Lachgruppe zu und begrüßen ihn, indem wir seine Hand schütteln. Dabei stellen wir uns die Freude eines herzlichen Wiedersehens vor. Lachen Sie gedämpft: »Hahaha, hahaha.« Auf ständigen Augenkontakt achten.

Handy-Lachen (Mobile Phone Laughter): Obwohl sich diese Übung »modern« anhört, basiert sie auf der traditionellen Kaleshvara-Mudra. Sie ist der hinduistischen Gottheit Kaleshvara, dem Hüter der Zeiträume, geweiht. Diese Mudra dämpft den Fluss der Gedanken in unserem Kopf, sie macht ruhig, ausgeglichen und fröhlich. Wir beginnen mit der klassischen Mudra-Haltung: Die Daumen- und Mittelfingerkuppen beider Hände berühren sich, die anderen Finger sind derart nach innen geknickt, dass Fingerrücken an Fingerrücken liegt. Zur korrekten Haltung die Daumen auf die Brust, die Mittelfinger vom Körper weg richten. In dieser Position etwa zehn- bis fünfzehnmal tief ein- und ausatmen. Anschließend geht diese Mudra-Haltung ins Handy-Lachen über. Wir lassen die linke Hand fallen und führen die rechte (nach wie vor in dieser Fingerstellung) wie einen Telefonhörer ans Ohr, atmen tief ein und mit einem wiederholten »Hm hm hm« wieder aus. Augenkontakt ist bei dieser Übung sehr wichtig.

Japanisches Lachen (Japanese Laughter): Wir halten beide Hände vor unser Gesicht und kichern dahinter mit einem schüchternen »hi-hi-hi-hi«, wobei wir immer wieder links und rechts hinter unseren Händen oder zwischen den Fingern hervorlugen. Auf ständigen Augenkontakt achten.

Verlegenheitslachen (Shyness-Laughter): Die Hand vor den Mund halten, die Schultern leicht anziehen und mit einem gespielten, schamhaften Lachen in die hohle Hand kichern. Japanisches und Verlegenheitslachen sind ideal zum Einstieg für Teilnehmer, die noch nie mit Hasya-Yoga zu tun hatten, weil beide Übungen in Gestik und Habitus ihrer eigenen Situation entsprechen und diese gleichzeitig augenzwinkernd nachahmen.

Anerkennungslachen (Well-done-Laughter): Wir holen tief Luft und klopfen uns beim Ausatmen mit einem tief aus dem Bauch kommenden »ho-ho-ho-ho-ho« gegenseitig anerkennend auf die Schulter. Dabei darauf achten, dass wir nicht von oben, sondern eher von hinten her auf die Schulter des anderen klopfen. Das ist wichtig, weil »Klopfen von oben« auf die Schulter eine den anderen »klein machende« Geste ist. Klopfen auf das Schulterblatt ist dagegen pure Anerkennung.

Chilly-Lachen (Spicy-Food-Laughter): Wir stellen uns vor, wir hätten gerade ein sehr scharfes Essen zu uns genommen, sodass uns fast die Luft wegbleibt. Wir holen tief Luft, fächeln uns mit beiden Händen Luft zu und atmen mit einem schnell gehauchten »Cha cha cha chaaaa« wieder aus.

Arme-Leute-Lachen (Poor Man Laughter): Auch diese Übung basiert auf einer Mudra. Wir kennen sie vor allem von (stehenden) Buddha-Statuen aus Myanmar, Sri Lanka und Thailand sowie von vielen hinduistischen Götterdarstellung. Varada-Mudra ist die »Geste der Wunschgewährung und der Vergebung«. Sie macht mild gegenüber anderen Menschen. Wir stehen aufrecht mit geöffneten Handflächen, die Arme leicht nach vorne gehalten, so als wollten wir zeigen, dass wir keinen Cent mehr besitzen. Wir holen tief Atem und beginnen mit dem Ausatmen, einfach über die Situation unserer Mittellosigkeit zu lachen.

Muschellachen (Laughter Shell): Wir halten unsere Hände gefaltet wie beim Namaste-Lachen, führen sie dann vor den Mund und beginnen, sie mit einem leisen Kichern aufzulachen, dabei öffnen wir die Hände langsam wie eine Muschel. Besonders lustig wird es, wenn wir die mit Lachen »gefüllte« Handmuschel über dem Kopf eines der Teilnehmer der Hasya-Gruppe auskippen. Die Mitlacher laufen dann wie Kinder kreuz und quer, um dieser imaginären »Lachdusche« zu entgehen.

Vorbeugelachen (Kotau-Laughter): Zwei Teilnehmer der Gruppe stehen in einem Abstand von zirka einem Meter aufrecht vis-à-vis und halten Augenkontakt. Mit einem verhaltenen Lachen beginnen sie, sich ganz langsam nach vorne zu beugen. Während des Beugens wird das Lachen immer intensiver. Bei dieser Übung sich so weit nach vorne beugen, bis man sich fast mit der Stirn berührt, dabei immer Augenkontakt halten.

Opernglas-Lachen (Far-Distance-Laughter): Wir verschränken die Finger der linken und rechten Hand und formen die Daumen und Zeigefinger zu einem Ring. Tief einatmen und die Hände vor die Augen führen, als ob es sich um ein imaginäres Fernglas handeln würde. Wir beginnen, je nach Laune zu kichern oder zu lachen, denn sicher sehen wir etwas Belustigendes durch unser »Opernglas«. Bei dieser Übung ist Augenkontakt besonders wichtig.

Schnipp-Schnapp-Lachen (Snip-Snap-Laughter): Zuerst tief einatmen. Dann schnippen wir zuerst mit Daumen und Zeigefinger der rechten Hand. Wir kennen diese Handbewegung von den Bandleadern der Big Bands. Zeitgleich starten wir mit einem plötzlichen, herausplatzenden Lachen: »Hahahaha«. Dann schnippen wir mit der linken Hand und wechseln in ein ebenso intensives »Hohohoho«. Diesen Wechsel vollziehen wir fünf- bis zehnmal, er führt automatisch in so intensives Lachen, dass man die Übung nicht mehr exakt machen kann, was aber letztlich Sinn der Sache ist.

Im Anschluss an das Aufwärm-Lachen folgt eine Gruppe von Übungen, die als »Steigerungslachen« bezeichnet wird. Sinn dieser Übungen ist es, das Lachen während der einzelnen

Übung kontinuierlich zu intensivieren, um uns schließlich in ein echtes Lachen zu bringen. Einige sehr effektive Übungen – ebenfalls immer durch »Hoho hahaha« getrennt – sind:

Meter-Lachen (Three-Feet-Laughter): Wir halten unsere ausgestreckten Arme Handfläche gegenüber Handfläche in Brusthöhe und stellen uns vor, dass beide Hände wie mit einem starken Gummiband verbunden sind. Jetzt ziehen wir mit einem »Ha-ha-ha-ha-ha … ha-ha-ha-ha-ha … ha-ha-ha-ha-ha« dieses Gummiband in drei Stufen auseinander, bis unsere Arme zu ganzer Spannweite gestreckt sind. Unser Lachen wird dabei mit jedem Schritt lauter und intensiver.

Anschwellendes Lachen (Increasing Laughter): Die Übung beginnt mit leisem Gekichere, das zusehends lauter und lauter wird, bis es zuerst in ein verhaltenes und schließlich in ein lautes Lachen übergeht. Am effektivsten ist diese Übung, wenn man sich dabei den Bauch hält und gegen Ende so tut, als würde man vor Lachen nicht mehr können.

Lachhimmel-Lachen (Laughterheaven Laughter): Die Gruppe stellt sich in engem Kreis auf, wir beugen uns nach vorne, als ob wir etwas vom Boden (ein Lachen, eine imaginäre »Lachhantel«) hochheben möchten. In zwei Schritten »stemmen« wir sie, von einem »haaaaaa« begleitet, auf Brusthöhe und schleudern sie dann mit einem lauten Lachen in den Himmel, dabei reißen wir die Arme weit über den Kopf nach oben.

Harley-Davidson-Lachen (Motorcycle-Laughter): Eine sehr lustige Übung: Wir stampfen mit dem linken Fuß auf, so als ob wir ein schweres Motorrad anwerfen wollten, und stoßen dabei ein kräftiges »Ha!« aus. Der »Motor« springt nicht an, wir versuchen es ein zweites Mal: aufstampfen und »Ha! Haha.« Erst beim dritten Versuch startet die Maschine: »Ha! Hahahahaha ...« Tief aus dem Bauch lachend, kurvt die Gruppe kreuz und quer durcheinander, dabei halten wir die Arme so, als ob wir das Motorrad lenken würden.

Vier-Stufen-Lachen (Four-Steps-Laughter): Die Finger der rechten Hand sind nach innen gelegt, nur der Zeigefinger (wir nennen ihn in der Folge »Lachfinger«) ist gestreckt. Die linke Hand halten wir offen, Handfläche nach oben, vor der Brust. Mit dem »Lachfinger« tippen wir ein verhaltenes Lachen genau in die Mitte der Handfläche der linken Hand. Anschließend tippen wir ein etwas stärkeres Lachen in die Armbeuge des linken Arms, dann tippen wir uns mit dem »Lachfinger« mehrmals auf die Brust (etwas unterhalb des Brustbeins, Herzchakra) und steigern dabei das Lachen nochmals. Im vierten Schritt tippen wir mit dem »Lachfinger« exakt einen Zentimeter über der Nasenwurzel zwischen den Augen (»drittes Auge«, Stirnchakra) und beginnen, lauthals zu lachen. Zwischen jedem der einzelnen Schritte (Tippen in die Handfläche, in die Armbeuge, auf die Brust, auf die Stirn) holen wir durch die Nase tief Luft. Im Anschluss an diese Übung vertauschen wir die Seiten, sodass jetzt der Zeigefinger der linken Hand zu unserem »Lachfinger« wird. Diese Übung kann man auch paarweise durchführen und sich gegenseitig mit dem »Lachfinger« stimulieren, was zu noch sichererem Lacherfolg führt. Dabei immer Augenkontakt halten. Laut ayurvedischer Medizin werden bei dieser Übung in der mehrfachen Wiederholung Energieknoten entlang des Herzmeridians (die Inder nennen diese durch den Körper laufenden Energiestränge »nagi«) angeregt, was allein dadurch bereits zu einer positiven Einstimmung führt.

Hat man sich bis hierhin durchgekichert, sind die folgenden Übungen dazu da, das anfangs künstliche Lachen durch ein echtes Lachen aus vollem Herzen abzulösen. Unsere Favoriten:

Zank-Lachen (Tutumeme-Laughter): Diese Übung hat ihren Namen von der sehr populären Sitcom-Serie *Tutumeme* des indischen Fernsehens. In jeder Folge dieser witzigen »Zankshow« wird unablässig gestritten. Zur Durchführung heben wir unseren gestreckten Zeigefinger der linken oder rechten Hand, holen tief Luft und platzen mit einem Lachen heraus, während wir fingerschüttelnd vor dem Gesicht des anderen herumfuchteln, so als würden wir mit ihm zanken.

Schneeball-Lachen (Snowball-Laughter): Wir klatschen zweimal (einmal von links, einmal von rechts) in die hohlen Hände, als ob wir einen imaginären Schneeball formen würden, begleiten die Bewegung mit je einem »Haa« und werfen dann den »Schneeball« mit einem aus uns herausbrechenden »Ha ha ha haaahaaaa« auf andere Teilnehmer der Gruppe. Dabei immer auf Augenkontakt achten.

Elektroschock-Lachen (Electroshock-Laughter): Wir stellen uns vor, unsere Hand ist mit »Lach«-Starkstrom geladen. Kaum dass wir jemand aus der Gruppe berühren, kommt es zu einer Entladung, die mit einem plötzlichen Lachen aus uns herausbricht.

Hühner-Lachen (Chicken-Laughter): Für uns eine der kuriosesten Übungen des Hasya-Yoga. Wir ballen die Hände zu Fäusten, klemmen sie unter die Achseln, atmen tief ein, wölben die Brust nach vorne und beginnen mit den angewinkelten Armen wie mit Flügeln zu flattern. Dabei lachen wir laut aus uns heraus und flattern wie Hühner über den Hühnerhof.

Tarzan-Lachen (Jungle-Laughter): Wir atmen tief ein, wölben die Brust wie voller Stolz nach vorne, ballen die rechte Hand zur Faust und klopfen uns in Höhe der Thymusdrüse rhythmisch auf die Brust. Beim Klopfen skandieren wir ein tiefes, aus dem Bauch kommendes »Ho hohohoho«.

Mango-Lassi-Lachen (Milkshake-Laughter): Wie ein den Verkehr absperrender Polizist halten wir die Arme weit nach links und rechts vom Körper gestreckt. Alle Finger sind dabei nach innen gerollt, beide Daumen stehen nach oben. Wir stellen uns vor, die rechte Hand wäre ein Glas, das mit einem Milch-Shake oder Mango-Lassi (einem köstlichen, süßen indischen Getränk) gefüllt ist. Diese Hand führen wir nun in hohem Bogen (wie ein großer Scheibenwischer) und einem lauten »haaaaaaaaaa« zur linken Hand (in der wir ebenfalls ein imaginäres Glas halten), als ob wir das Getränk umfüllen wollten. Danach führen wir die rechte Hand zurück. Nun machen wir diese Bogenbewegung (wieder mit einem lauten »haaaaaaaaaa«) in die entgegengesetzte Richtung zur rechten, als ob wir das Getränk zurück ins ursprüngliche Glas kippen wollten. Jetzt führen wir schwungvoll die Hand zum halb offenen Mund, beugen uns dabei leicht nach hinten und kippen das imaginäre Getränk mit lautem Lachen in den Mund.

Muhammad-Ali-Lachen (Muhammad-Ali-Laughter): Wir tänzeln wie die weltberühmte Boxlegende durch den Raum und »punchen« einen imaginären Gegner im Stil des »Schattenboxens«. Mit jedem Links- und Rechtsausleger stoßen wir ein intensives, aus der Kehle kommendes »Hha … hha hha … hha« aus.

Löwen-Lachen (Lion-Laughter): Diese Übung ist wohl die populärste und bekannteste des Hasya-Yoga. Wegen ihrer exzessiven Art bedarf es bei den Teilnehmern einer gewissen Hemmungslosigkeit. Deshalb machen wir diese Übung erst in unseren Seminaren, wenn ein Großteil der Teilnehmer schon »richtig gut drauf« ist. Das »Löwen-Lachen« ist von der Yoga-Übung *Simha Mudra* abgeleitet. Dazu spreizen wir die Finger beider Hände, die wir – Handflächen nach vorne – links und rechts wie Löwenpranken neben unser Gesicht halten. Dann lassen wir die Zunge so weit und entspannt wie möglich aus dem Mund herausfallen, atmen tief ein, reißen Augen und Mund auf und stoßen die Luft mit einem zwar dreckig klingendem, aber keinesfalls aggressivem »Hähähähähä« aus. Achtung: Beim »Löwen-Lachen« nicht kratzig aus dem oberen Brustkorb, sondern aus dem Bauch heraus lachen. Diese Übung ist ideal zur »inneren Massage« der Schilddrüse und des Kehlkopfs, sie dehnt die gesamte Hals- und Gesichtsmuskulatur. Ferner regt sie die Speicheldrüse und die Durchblutung der Mandeln an.

Begriffen-Lachen (I-got-it-Laughter): Wir klatschen mit der rechten, flachen Hand in die linke flache Hand und stoßen ein kräftiges »Ha!« dabei aus. Dann drehen wir die linke Hand um und klatschen mit der rechten jetzt auf deren Handrücken: »Ha!« Jetzt schlagen wir – immer von diesem kräftigen »Ha!« begleitet – in die Armbeuge des linken Arms, dann auf den Ellbogen, dann auf den Hinterkopf und schließlich auf die Stirn. Der letzte Schlag auf die Stirn löst allerdings kein »Ha!«, sondern ein heftiges »Ha ha hahaha« aus, das mit ziemlich hoher Wahrscheinlichkeit immer ein echtes Lachen ist. Besonders effektiv ist diese Übung, wenn man sie auf dem Boden sitzend (Lotus- oder Schneidersitz) durchführt und sich beim Schlag auf die Stirn nach hinten wegkippen lässt. Hinweis: Kissen oder eingerollte Decke in Höhe des Hinterkopfs auf den Boden legen.

Höre-auf-dein-Lachen-Lachen (Listen-to-your-Laughter-Laughter): Mit den Zeigefingern beider Hände drücken wir auf den Gehöreingang, sodass wir unser eigenes Lachen von innen heraus hören. Wir holen tief Luft und beginnen, einfach vor uns hin zu glucksen, zu kichern und zu lachen. Je nach eigener Laune spielen wir die gesamte Palette aller Lachlaute und -varianten von verhalten bis laut durch.

Pinguin-Lachen (Penguin-Laughter): Bei dieser Übung imitieren wir den Watschelgang der Pinguine. Wir lassen die Arme links und rechts am Körper locker baumeln, stellen dabei aber die Hände wie kleine Flügelstummel nach außen und flattern mit ihnen. Tief einatmen, auf die Zehenspitzen stellen und mit einem kichernden »Hihihi« aufeinander zugehen, dann auf die Ferse abrollen und mit einem tiefen, aus dem Bauch kommenden »Hohoho« sich wieder voneinander entfernen. Am besten funktioniert diese Übung, wenn sich die Teilnehmer im Kreis aufstellen und in die Kreismitte hinein- und dann wieder hinauswatscheln. Diese Übung dreimal wiederholen.

Gimme-Five-Lachen (Gimme-Five-Laughter): Wir klatschen gegenseitig die Hände der anderen Gruppenteilnehmer ab, wie wir das von Basketballspielern kennen, wenn sie einen Korb geworfen haben. Das Klatschen begleiten wir mit einem intensiv herausgestoßenen, knappen »Ha!«, dem wir wie als unmittelbares Echo ein »Ha ha ha« folgen lassen.

Lachstern (Laughing Star, auch Free-Laughter): Das ist die ideale Übung zum Abschluss eines Lachtreffens. Alle Teilnehmer legen sich – Köpfe in die Mitte und Füße nach außen – auf den Boden. Weil inzwischen die Stimmung bereits im »Lachhimmel« angekommen ist, bedarf es so gut wie nie eines Auslösers durch eine Übung (um ganz sicherzugehen, kann man das oben beschriebene Vier-Stufen-Lachen anweisen), die Teilnehmer fangen – entspannt am Rücken liegend – einfach an, völlig grundlos zu lachen. Bei dieser Übung kommt es zu wahren Lacheruptionen, die sich bis zu einer Stunde und noch länger hinziehen können. Deshalb nach gut einer halben Stunde in einer relativen Beruhigungsphase diese Übung mit einem sanften Hoho-hahaha-Klatschen ausklingen lassen.

Hasya-Mudra

Mudras sind bestimmte Hand- und Fußhaltungen und symbolische Gesten, die nach vedischer Lehre bestimmte Bewusstseinszustände und -vorgänge zum einen darstellen, zum anderen auch einleiten, aktivieren, unterstützen. Im Formen der Mudras gleitet unser Bewusstsein in jenen Zustand, den die angewendeten Mudras symbolisieren. Es gibt Mudras der Geborgenheit, der Gelassenheit, Geduld und Gleichmut, der Zuversicht, Mudras gegen Angst und Traurigkeit, Mudras zur Unterstützung der Aktivität, der Lebensfreude, der Selbstzentrierung, der Charakterstärke. Alle Mudras haben auch einen medizinischen Aspekt: Es gibt Mudras zur Unterstützung der Verdauung und gegen Magenverstimmung, gegen Rückenschmerzen, Kopfweh und allgemeine Schwäche.

Gut zu wissen

Mudras sind einfach in der Anwendung. Man muss lediglich den Daumen und die Finger in bestimmte Position bringen, sie entsprechend strecken beziehungsweise einrollen, die Fingerkuppen mit sanftem Druck aufeinander pressen – und die entspannte Hand so für einige Minuten halten.

Begleitprogramm zum Lachen

Die im Hasya-Yoga praktizierten Mudras sind aus den klassischen Fingerstellungen abgeleitet und mit einem ganz leisen, aber anhaltenden Lachen verbunden. Zur Anwendung kommen jene Mudras, welche nach alter vedischer Lehre die

Bewusstseinszustände Lebensfreude, Glückseligkeit und Zufriedenheit stimulieren.

Gut zu wissen
Diese Mudras müssen, um optimal wirken zu können, symmetrisch mit beiden Händen durchgeführt werden. Je nach Mudra empfiehlt sich eine Übungsdauer von fünf bis fünfzehn Minuten.

Ausnahmslos sind sie eine sehr gute Alternative und Ergänzung zu den oben beschriebenen Lachübungen. Ihr großer Vorteil: Man kann sie ganz alleine praktizieren, sie eignen sich hervorragend als »Lachanker« und sind deshalb ideal für fünfminütige bis viertelstündliche Lachübungen frühmorgens oder zwischendurch. Ein tägliches Anwenden dieser Mudras führt zu den nachhaltig positiven Veränderungen in unserem Kopf, wie wir sie im Kapitel »Gelacht wird im Gehirn« beschrieben haben. Man kann sie zu Hause anwenden, aber auch beim Spazierengehen, beim Warten an der Bushaltestelle oder in einer kurzen Pause im Büro. Die einzelnen Mudras können, müssen aber nicht von Hohohahaha-Klatschen unterbrochen werden. Bevor Sie diese Übungen durchführen, noch ein Hinweis: Suchen Sie sich vorerst zwei oder drei Favoriten aus, die Sie über Tage und auch Wochen stets wiederholen. Zu viele Mudras kurz nacheinander und wahllos anzuwenden bremst eher ihre lachauslösende Wirkung (das Gehirn muss sich bei der Konditionierung auf einige wenige Muster fixieren). Wenn Sie nach einiger Zeit der Meinung sind, neue Hasya-Mudras kennen lernen und anwenden zu wollen – kein Problem. Allein die zeitnahe Vermischung mehrer Fingerübungen sollte vermieden werden.

Es folgen einige der Klassiker, die sich besonders gut in Verbindung mit Hasya-Yoga eignen. Die letzten drei Fingerübungen (*Hansde Angutha, Ghoomta Angutha, Hansde ungli ka Nritya*) gehören nicht zu den klassischen Mudras, sind diesen aber in ihrer lachauslösenden Wirkung mindestens ebenbürtig. Sie wurden von Chittur Vijayan, einem der großen tantrischen Heiler und Astrologen Südindiens, und mir (H.U.) entwickelt. Vor allem *Hansde Angutha,* den »lachenden Daumen« und *Hansde ungli ka Nritya,* den »Tanz der lachenden Finger«, praktiziere ich regelmäßig, meist zwischendurch am Schreibtisch. Ich habe es gerade eben, während ich diesen Satz schreibe, wieder ausprobiert, mit dem Effekt, dass ich in ein still heiteres Lachen gefallen bin und jetzt schmunzelnd und noch wohlgelaunter vor dem Computer sitze.

Apan-Mudra: Mittel- und Ringfinger werden nach innen gebogen, sodass ihre Spitzen die Spitze des gestreckten Daumens erreichen. Zeige- und kleiner Finger sind nach vorne gestreckt. Langsam, aber tief durch die Nase Luft holen, das Ausatmen durch den nur ganz leicht geöffneten, schmunzelnden Mund erfolgt mit einem verhaltenen, sanft stoßenden »Hm hm hm hm hm hm«. In dieser Stellung verbleiben und die Übung nach Belieben immer wieder bis zu fünf Minuten lang wiederholen. In der Folge kommt man in ein stilles Lachen. Der Apan-Mudra wird das Energiefeld der Leber und der Gallenblase zugeordnet. Sie stimuliert Gelassenheit, Geduld und Harmonie mit sich selbst und anderen.

Dharmachakra-Mudra: Daumen und Zeigefinger berühren sich, sodass ein Kreis entsteht, die anderen Finger werden leicht gekrümmt nach vorne weggestreckt. Die Haltung nehmen wir mit beiden Händen ein. Jetzt mit der Daumen-/Zeigefingerspitze der rechten Hand die Fingerkuppe des Mittelfingers der linken Hand berühren und auf der Fingerkuppe leicht drehen. Im Ayurveda wird diese Fingerhaltung mit einem positiven Wandel der Stimmung verbunden. Tief einatmen und die Drehbewegung mit einem schnellen »Hah hah hah« begleiten.

Kubera-Mudra: Die Spitzen von Daumen-, Zeige- und Mittelfinger werden aneinander gelegt. Ring- und kleiner Finger sind zur Handinnenfläche hin eingerollt und berühren diese. Tief Luft holen und mit einem »Hm hm hm« durch die halb geöffneten Lippen ausatmen. Die Übung mehrmals wiederholen, man kommt dabei unwillkürlich ins Schmunzeln und dann in ein heiter stilles Lachen. In der traditionellen indischen Medizin wird der Kubera-Mudra reinigende und entschleimende Wirkung auf die Stirnhöhlen zugesprochen, vor allem wenn man beim Einatmen die Nasenflügel »breit« macht, als wolle man den Duft einer Blüte oder das Bouquet eines Weines einziehen. Diese Mudra – so die indische Lehre – fördert Freude und Zuversicht in die Zukunft. Sie ist nach dem hinduistischen Gott Kubera benannt. Er ist die Gottheit des materiellen Reichtums und der Mehrung des Wohlstands.

Pran-Mudra Die Kuppen von Daumen, Ring- und kleinem Finger werden aufeinander gelegt, Zeige- und Mittelfinger sind gestreckt. In dieser Handhaltung tief durch die Nase einatmen, das Ausatmen mit einem hell gehauchten »Hh-hh-hh« begleiten. Die Übung mehrmals bis zu drei Minuten wiederholen, sehr schnell kommt man dabei in ein locker gelöstes Lachen. Pran-Mudra wird auch als »Mudra des Lebens« bezeichnet, die typische Handhaltung ist auch im Westen bekannt. Man findet sie bereits in der Romanik auf Darstellungen des auferstandenen Christus sowie auf griechisch und russisch orthodoxen Ikonen. Dieser Mudra wird aktivierende Wirkung auf das Wurzelchakra, den Sitz der Lebensenergie und Lebensfreude, zugesprochen.

Hansde Angutha (Lachender Daumen): Wir verschränken die Finger beider Hände vor dem Bauch oder vor der Brust. Die Daumen stehen dabei nach oben. Tief einatmen, dann die Kuppen beider Daumen rhythmisch aneinander tippen und im gleichen Takt mit einem »Ha ha ha ha« lachend ausatmen.

Ghoomta Angutha (Drehender Daumen) Diese Übung ist der Dharmachakra-Mudra ähnlich. Wir halten die offenen Hände mit leicht gespreizten und gestreckten Fingern in Brusthöhe. Jetzt drehen wir die nach oben gerichteten Handfläche so zueinander, dass sich die Daumenkuppen berühren. Wir atmen tief ein und beginnen beim Ausatmen, die Hände über die Daumenkuppen gegeneinander zu drehen. Während des Drehens atmen wir mit einem anschwellenden »Hähä hähä hähähähähä« aus. Nach unseren Erfahrungen ist dies eine Übung, die bei mehrfacher Wiederholung intensives Lachen nahezu garantiert.

Hansde ungli ka Nritya (Tanz der lachenden Finger): Beide Hände mit leicht gespreizten und gestreckten Fingern etwa zwanzig Zentimeter vor die Brust halten. Dann die Fingerkuppen rhythmisch aneinander tippen, und zwar derart, dass sich zuerst die Kuppen von Daumen und Mittelfinger, dann jene von Zeige- und Ringfinger und dann jene von Mittel- und kleinem Finger berühren. Das Tippen auf die Fingerkuppen springt also von Fingerpaar zu Fingerpaar, dann läuft die Übung rückwärts, schließlich beginnen wir wieder mit der Anfangsposition und so weiter. Zum Beginn der Übung tief einatmen und die einzelnen Berührungen der Fingerkuppenpaare mit einem »Ha ha ha« im gleichen Takt begleiten, dabei das »Ha ha ha« wie auf einer Tonleiter hoch- und herunterlachen.

Hasya-Yoga macht kreativ. Vor allem in den indischen, aber auch in europäischen und amerikanischen Lachclubs werden ständig neue Übungen kreiert. Damit Sie immer auf dem Laufenden sind und weil ihre Fülle über den Rahmen dieses Buches hinausginge, finden Sie weitere klassische wie auch aktuelle Hasya-Übungen auf unserer Homepage www.lachprinzip.de.

Eine Art Beipackzettel für Hasya-Yoga

Günstige Veränderungen sind nur durch regelmäßiges Lachen über einen längeren Zeitraum möglich. Man kann auf keinen Fall erwarten, dass die Teilnahme an einem einzigen Hasya-Yoga-Seminar längerfristig anhaltende Wirkungen auf Körper und Geist hat. Dasselbe gilt ja auch für andere Maßnahmen. Kein Mensch würde zum Beispiel erwarten, dass man deutlich abnimmt, weil man einen Tag lang fastet, dass man zur Sportskanone wird, nur weil man einmal hundert Meter über die Aschenbahn gelaufen ist.

Die Übungen des Hasya-Yoga sind, wenn intensiv genug durchgeführt, mit geringfügiger körperlicher Betätigung und Anstrengung verbunden und, wenn regelmäßig praktiziert, mit einem sanften Bewegungstraining vergleichbar.

Gut zu wissen

Generell ist ausschließlich von positiven Auswirkungen auf Psyche und Physis zu berichten. Denn Lachen, auch in der intensiven Form des Lachyoga, ist absolut nebenwirkungsfrei.

Dennoch: Bei einigen Krankheitsbildern kann Hasya-Yoga kontraproduktiv sein. Deshalb sollte bis zu einer Zeitspanne von einem Vierteljahr nach einem operativen Eingriff der behandelnde Arzt befragt werden. Er ist darauf hinzuweisen, dass Hasya-Yoga mit einer höheren Beanspruchung von Lunge, Atemwegen, Bauchmuskulatur und Zwerchfell verbunden ist. Bei Personen mit extrem hohem Blutdruck oder Epilepsie soll Lachyoga nicht zu exzessiv und nur nach ärztlichem Einverständnis und begleitender Beobachtung praktiziert werden. Menschen mit akuten psychischen Erkrankungen wie Schizophrenie, Depression, Borderline-Syndrom oder schweren Traumata dürfen Lachyoga nur unter der Anleitung entsprechend ausgebildeter Fachleute wie Psychiatern und Psychologen machen. Wer an Angina pectoris, Aneurysmen (arterielle Blutgefäßausweitungen) sowie Hernien (Bruchstellen der vorderen Bauchwand) leidet, soll grundsätzlich auf Hasya-Yoga verzichten. Selbstredend trifft das auch zu für Menschen mit Infektionskrankheiten, die durch Tröpfchen und über Hautkontakt übertragen werden, wenn Lachyoga in der Gruppe praktiziert wird. So vielversprechend ergänzende therapeutische Anwendungen von Hasya-Yoga in der Reha-Betreuung von Hirnschlag-, Infarkt- und Schmerzpatienten sowie in der Arbeit mit psychisch Kranken sind, so muss doch dringend auf die Notwendigkeit von ärztlicher Begleitung und Kontrolle hingewiesen werden.

Gut zu wissen

Bei allen schweren Erkrankungen bedarf es vor der Ausübung von Hasya-Yoga einer ärztlichen Konsultation.

Lachen erlaubt!

Bedeutet das nun eine traurige Nachricht für all jene Menschen, bei denen das eben Gesagte zutrifft? Bedeutet es, dass für die Kraft des Lachens in ihrem Leben kein Platz ist? Keinesfalls! Es heißt lediglich, dass in der jetzigen Situation ihres Lebens die teilweise sehr körperintensiven Übungen des Hasya-Yoga – wie beispielsweise »Löwenlachen« oder »Stilles Lachen« – ungeeignet, der Gesundheit nicht förderlich und mitunter sogar gefährlich sind. Doch neben den Hasya-Yoga-Klassikern haben wir eine ganze Reihe von Übungen und Techniken kennen gelernt, die uns aufs Sanfteste zum heiter »lachenden Menschen« werden lassen. Denken Sie zum Beispiel an die Visualisierungsmethoden, durch welche wir uns selbst in unserer Fantasie als unerschütterliche Lacher erleben. Denken Sie vor allem an die äußerst effektiven Techniken der Mudras, die zu einer stillen Heiterkeit und einem ruhigen, aber nicht minder wirkungsvollen Lachen führen. Je länger und intensiver wir Autoren uns mit dem Lachen in der Praxis beschäftigten, desto mehr schätzen wir die Qualitäten dieser Mudras. Wir sind fest davon überzeugt, dass sie Menschen, für die die »lauten« Übungen des Hasya-Yoga untauglich sind, eine große Bereicherung und Hilfe sein können.

Lachen – schöner Götterfunke

Jeder, der klassische Musik liebt, wird zumindest einmal in seinem Leben eine Aufführung von Beethovens Neunter Sinfonie erleben wollen. Wir, die Autoren, lieben neben Jimi Hendrix, Frank Zappa, australischem Shiraz-Wein, Ravi Shankar, Depeche Mode und Astor Piazzolla klassische Musik. Deshalb haben wir, jeder von uns, auch schon Beethovens Neunte im Konzert erlebt. Für uns ist diese Symphonie eine Summe mannigfaltiger Erfahrungen. Von einer ganz speziellen wollen wir hier erzählen. »Es ist schon eigenartig …«, haben wir einmal bei einem Glas Shiraz festgestellt, »… da singt sich ein Chor die Seele aus dem Leib, schmettert ein vielfaches ›Freude‹ dem Auditorium entgegen, und die Menschen sitzen da – steif, mit konzentriert strenger Miene und sozusagen dem Ernst der klassischen Musik angemessen.« Kein Tanzen, kein Mitsingen, kein Lachen, keine Freude – zumindest sieht es nicht danach aus. »Ist das im Sinne Beethovens?«, haben wir uns dann gefragt und uns vorgestellt, wie es wohl wäre, wenn der Chor ein überraschendes »Lachen! … Lachen! … Lachen – schöner Götterfunke …« in die Berliner und Münchner Philharmonie, in die New Yorker Carnegie Hall und den Saal des Wiener Musikvereins schmettern würde. Immerhin ist Lachen der reinste Ausdruck aller Freude. Und diesen Funken, diese Freude, dieses Lachen gilt es zu zünden. »Alle Menschen werden Brüder«, singt der Chor weiter. Doch was, wenn nicht das Lachen, macht Menschen zu Brüdern und Schwestern, zu einer großen, Friedens- und Freundschaftsgesten sendenden weltweiten Familie, die wir werden müssen, wollen wir die unmittelbar anstehenden globalen Herausforderungen unser aller Zukunft meistern.

Träume von einer besseren Welt

Manchmal, gegen Ende unserer Laughter-Coachings und Hasya-Yoga-Seminare, wenn junge wie alte Teilnehmer quer durch alle sozialen und ethischen Schichten (ungelogen – vom Feuerwehrmann, der Bäckerin, von Politikern, Managern, dem Chefarzt, der Opernsängerin, einer Pilotin, dem Arbeitslosen, von Indern und Afrikanern, etlichen Amerikanern, einer Chinesin bis zur Kolumbianerin traf und trifft sich dabei die denkbar bunteste Mischung von Menschen) auf dem Boden liegen und nur mehr lachen, sich umarmen und herzlichst drücken, dann steigen Bilder in uns hoch: Wir sehen die Präsidenten, Premierminister und Kanzler der G8-Staaten vor uns. Wir sehen, wie sie sich gegenseitig ihre »Lachfinger« in die Handflächen tippen, wie ihre Augen heiter zu strahlen beginnen, wie sie sich zuerst anschmunzeln, sich tief in die Augen schauen und wie sie dann lachen und schließlich nur mehr lachen, lachen, lachen … Wir sehen alle afrikanischen, indischen, pakistanischen, chinesischen, israelischen, arabischen, schwedischen, argentinischen Staatsoberhäupter und ihre Außenminister, alle jüdischen, christlichen, muslimischen, hinduistischen und buddhistischen Religionsführer – vereint in einem einzigen, globalen Lachrausch. Wir sehen Soldaten, die ihre Helme abnehmen, ihre Kalaschnikows und Uzis zur Seite legen, wir sehen sie – eben noch Feinde – aufeinander zugehen, sich mit einem Namaste-Lachen begrüßen, sich dann mit Mango-Lassi-Lachen zuschütten und als lachende Pinguine über Schlachtfelder watscheln, die längst keine mehr sind. »Ihr seid ein Gipfel an Blauäugigkeit und Naivität«, kann man uns sagen. »Mag sein«, antworten wir dann, »wir nennen es Optimismus und Zuversicht in die Zukunft.«

Alles ist im Kern enthalten ...

Nach einem Seminar erzählte ich (H.U.) meinem Freund und Co-Autor André einmal eine Begebenheit, die ich Ihnen nicht vorenthalten möchte:

Was klein beginnt, wird groß

Ich war in Mexiko unterwegs, zusammen mit einem Azteken, der mir half, indianische Erzählungen und Märchen für ein Buch zu sammeln. Wir wanderten durch struppiges Savannenland, in dem riesige Avocado-Bäume ihre weiten Kronen – groß wie Buchen – ausbreiteten. Verstreut lagen reife Früchte am Boden, Xokonoschtletl – so der Name des Azteken – hob eine auf, aß etwas von ihrem Fleisch, hielt mir den golfballkleinen Kern entgegen und sagte, auf einen der Avocado-Giganten deutend: »Alles, was dieser Baum ist, ist in diesem Kern enthalten. Seine Kraft, seine Größe. Alles, was es braucht, um sich zu entwickeln, bekommt er von Mutter Erde und von Vater Sonne. Nur Zeit und Geduld muss er selbst einbringen. Alles, was klein beginnt, kann sehr groß werden.«

Als grenzenlos positiv gestimmte Optimisten sind wir überzeugt, dass diese »Avocado-Geschichte« auch für das Lachen gilt. Dass Lachen ein schöner Götterfunke ist, der – einmal gezündet – alle Menschen rund um den Globus entflammt und sie zu Brüdern und Schwestern werden lässt. Und dass jedes Lachen, das wir weitergeben, ein weiteres Blatt an diesem aus dem Kern herauswachsenden Sprössling ist. Wir sind zuversichtlich, dass die eine oder andere Leserin, der eine oder andere Leser das Seine dazu beiträgt, damit ein großer Baum aus ihrem, aus seinem, aus unserem Lachen wird. Und wir möchten jedem, der uns seine Zeit, seine Aufmerksamkeit geschenkt und uns bis an diese Stelle begleitet hat, dafür danken. Mit einem Lachen, jetzt schon und wann und wo immer auch wir uns begegnen.

Noch mehr Lachprinzip

Seminare, Termine, Informationen, Literatur

Sie wollen den »Weg des Lachens« gehen? Im Internet finden Sie unter www.lachprinzip.de die Termine für Seminare, Vorträge und Lesungen der Autoren. Unter dieser Adresse (und unter Tel.: 0049-2256-958410 sowie Fax: 0049-2256-958412) sind auch Firmen- wie Publikumsseminare zu buchen.

Weitere Informationen über Zen und Zen-Seminare mit André Steiner unter www.zencoaching.de.

Einmal pro Jahr leitet Heiner Uber eine 16-tägige Autorenreise (sie findet im Winter statt) durch Südindien. Neben einer zweitägigen Einführung in Hasya-Yoga und täglichem Training stehen unter anderem eine Hausboot-Tour durch die Backwaters in Kerala, Lachmeetings mit Lachclubs in Bombay, Besuche diverser Tempelanlagen sowie der berühmten Palmblatt-Bibliothek von Bangalore auf dem Programm. Informationen zur Reise auf oben genannter Homepage sowie gleich beim Reiseveranstalter: www.Lotus-Travel.com (Tel.: 0049-89-201 12 88).

Wer sich zum Hasya-Yoga-Trainer oder -Therapeuten ausbilden lassen möchte, wendet sich an folgende Kontakte:

Verband der deutschen Lach-Yoga-Therapeuten,
Tel.: 0049-221-91647-128, www.hoho-haha.de
(Über diesen Kontakt auch Vermittlung zu den jeweiligen Lach-Yoga-Verbänden in Österreich und der Schweiz.)

Bei der Arbeit an diesem Buch haben uns viele Autorenkollegen mit ihren Büchern »begleitet«. Wir wollen deshalb »unsere« wichtigste Literatur nennen und dem Leser empfehlen. Die sehr persönliche Auflistung hat nicht immer unmittelbar mit dem Themenkomplex Lachen zu tun, es geht auch weiterführend um die Bereiche Gehirnforschung, Meditation, Yoga und Psychologie.

Calvin, William H., *Einsicht ins Gehirn,* München 2000
von Cube, Felix, *Lust auf Leistung,* München 1998
Damasio, Antonio R., *Descartes' Irrtum,* München 1997
Goleman, Daniel, *Emotionale Intelligenz,* München 1996
Graf Dürckheim, Karlfried, *Meditieren – wozu und wie,* Freiburg 1976
Häusel, Hans-Georg, *Think Limbic,* Planegg, 2000
Hirschi, Gertrud, *Mudras,* München 2003
Jacquemart, P., Elkéfi, S., *Yoga als Therapie,* Augsburg 1995
Kachler, Roland, *Warum Lachen die beste Therapie für Paare ist,* Stuttgart 2001
Kataria, Madan, *Lachen ohne Grund,* Petersberg 2002
Liedloff, Jean, *Auf der Suche nach dem verlorenen Glück,* München 1980
Maxwell, John C., *Leadership,* Gießen 2002
Middendorf, Ilse, *Der erfahrbare Atem,* Paderborn 1995
Peseschkian, Nossrat, *Der Kaufmann und der Papagei,* Frankfurt 1979

Prost, Winfried, *Führe dich selbst!*, Wiesbaden 1994
Osho, *Leben, Lieben, Lachen*, Zürich 2002
Rütting, Barbara, *Lachen wir uns gesund*, München 2001
Sekida, Katsuki, *Zen-Training*, Freiburg 1993
Seligman, Martin, *Pessimisten küsst man nicht*, München 1993
Steinberger, Niccel, *Ich bin fröhlich*, Territat 2001
Titze, Michael, *Die heilende Kraft des Lachens*, München 2001
Titze, Michael, *Therapeutischer Humor*, Frankfurt 1998
Uber, Heiner, *Länder des Lachens*, München 2001
Vishnu-Devananda, Swami, *Das große Yoga-Buch*, Braunschweig 1975
Weinstein, Matt, *Management by fun*, München 2002
Zehentbauer, Josef, *Körpereigene Drogen*, Düsseldorf 2003

Anmerkungen

Am Anfang war das Lachen

1 Im Vergleich zum Speer, den die altsteinzeitlichen Jäger bereits vor rund 50 0000 Jahren benutzten, sind »Pfeil und Bogen« eine relativ »moderne« Erfindung. Die ältesten Vertreter dieser Waffe wurden in Skandinavien entdeckt. Ihr Alter wird auf 8000 bis 10 000 Jahre datiert.
2 D. Peterson und J. Goodall, *Von Schimpansen und Menschen,* Reinbek bei Hamburg 1994, S. 275 f.
3 Die umfassende Darstellung von Provines Forschungsergebnissen in: R. Provine, *Laughter: A Scientific Investigation,* New York 2003.
4 Peterson, Goodall 1994, S. 276.
5 F. Nietzsche, »Jenseits von Gut und Böse« (Sentenz 294), zitiert nach ders., *Werke,* hrsg. von K. Schlechta, Bd. 3, Frankfurt u. a. 1969, S. 753.

Lachen als Erlösung und Erleuchtung

1 S. Holthaus, *Das Lachen der Erlösten, Warum Glaube und Humor zusammengehören,* Basel 2003, S. 68.
2 *Osho, Leben, Lieben, Lachen,* Köln 1992, S. 190.
3 Zwischen dem jüdischen Humor und dem der mexikanischen Indios gibt es, was seine melancholische Färbung angeht, erstaunliche Parallelen. Leider existiert bislang keine vergleichende Untersuchung zu diesem zugegeben etwas eigenwilligen Thema.
4 Zitiert nach Rev. A. Butler, *The Lives of the Fathers, Martyrs and Other Principal Saints,* Bd. III, Oxford 1864.
5 G. H. Mohr, *Sermon. Ob der Christ etwas zu lachen habe,* Hamburg 1959; zitiert wird die Originalschrift von Oekolampad: *Dragmata Graecae Literaturae,* Basel 1518.
6 Eine umfassende Reportage über das Lachfest in Kawabe-cho in: H. Uber, *Länder des Lachens – Reisen zu heiteren Menschen,* München 2002, S. 71 ff.

Andere Länder – andere Lacher

1 Kopal (im Nahuatl, der Sprache der Azteken *kopalli* genannt) ist das

Harz des Kopal- oder Amberbaums. Es ist unter der Bezeichnung Sytrax in Apotheken erhältlich.

2 Haldi, Haridra (beides Sanskrit) ist der auch Kurkuma genannte Gelbwurz, ein Ingwergewächs, dessen Rhizom (dicht unter dem Boden wachsender Spross) genutzt wird. Kurkuma ist in ganz Südasien verbreitet, das Rhizom – getrocknet und gemahlen – ist wichtige Zutat in Gewürzmischungen, Heilpulvern und Färbemitteln. Die gelb-orangeroten Roben der buddhistischen Mönche sind z. B. mit Kurkuma gefärbt. Europa erfuhr wahrscheinlich erst durch Marco Polo vom Haldi-Pulver. Haldi wird im Ayurveda hoch geschätzt. Es reinigt Körper und Geist, stimuliert die Verdauung und sorgt für eine gesunde Darmflora, daneben ist Kurkuma ein äußerst wirkungsvolles, natürliches Antibiotikum. Yogis empfehlen die Einnahme von Haldibrei, weil er die Elastizität der Bänder fördert, was speziell bei Hatha-Yoga wichtig ist.

Der große Lachanfall

1 Osho, *Leben, Lieben, Lachen,* 1996 S. 174.

2 Osho, *Meditationsführer,* München 2002, S. 204 ff.

3 Osho, *Leben, Lieben, Lachen,* 1992, S. 180.

4 In der Genesis finden wir eine vergleichbare Idee, wenn berichtet wird, dass »Gott mit seinem Atem Adam das Leben einhauchte«.

5 Einer der Naturwissenschaftler, die sich intensiv mit den Grundlagen des Themenkomplexes »Photonen, Lichtschwingung, Farbe und ihre Auswirkung auf die Zellbiologie« beschäftigen, ist der Biophysiker und Leiter des Instituts für Biophysik in Kaiserslautern, Professor Fritz Albert Popp. Siehe dazu auch: F. A. Popp, *Die Botschaft der Nahrung,* Frankfurt 1993, sowie: M. Bischof, *Biophotonen – Das Licht in unseren Zellen,* Frankfurt 1995.

Gelacht wird im Gehirn

1 Vgl. U. Hess und S. Blairy, »Facial mimicry and emotional contagion to dynamic emotional facial expressions and their influence on decoding accuracy«, in: *International Journal of Psychophysiology,* 40, 2001, S. 129-141.

2 E. Hatfield, J. T. Cacioppo und R. L. Rapson, *Emotional contagion,* Cambridge 1994; ferner: T. L. Chartrand und J. A. Bargh, »The chameleon effect. The perception-behavior link and social interaction«, in: *Journal of Personality and Social Psychology,* 76, 1999, S. 893-910; B. Wild, M. Erb und M. Bartels, »Are emotions contagious? Evoked emotions while viewing emotionally expressive faces: quality, quantity, time course and gender differences«, in: *Psychiatry Research,* 2001, S. 109-124.

3 U. Dimberg, »Facial electromyography and emotional reactions«, in: *Psychophysiology,* 27, 1990, S. 481-494; ferner: U. Dimberg, M. Thunberg und K. Elmehed, »Unconscious facial reactions to emotional facial expressions«, in: *Psychological Science,* 11, 2000, S. 86-89.
4 R. R. Provine, »Contagious laughter: laughter is a sufficient stimulus for laughs and smiles«, in: *Bulletin of the Psychonomic Society,* 30, 1992, S. 1-4.
5 M. Hallett, »Plasticity of the human motor cortex and recovery from stroke«, in: *Brain Research Reviews,* 36, 2001, S. 169-174.
6 C. Pantev, A. Engelien, V. Candia und T. Elbert, »Representational cortex in musicians. Plastic alterations in response to musical practice«, in: *Annals of the New York Academy of Sciences,* 930, 2001, S. 300-314.
7 D. Mobbs, M. D. Greicius, E. Abdel-Azim, V. Menon und A. L. Reiss, »Humor modulates the mesolimbic reward centers«, in: *Neuron,* 40, 2003, S. 1041-1048.
8 Auch das Einatmen von Lachgas, korrekt als Distickstoffoxid zu bezeichnen, führt zu heftigen »Lach«-Attacken. Lachgas ist wie auch Ozon und Methan ein gefährliches Treibhausgas, es wirkt leicht narkotisierend und stark schmerzstillend. Dieses nebenwirkungsärmste Narkotikum ist wegen seiner halluzinogenen Wirkung auch in der Drogenszene zu finden. Mit dem Lachen an sich hat es jedoch wenig zu tun. Sein Name rührt von Verkrampfungen des Zwerchfells her, die beim Einatmen entstehen und sich für Außenstehende wie Lachen anhören.
9 J. Olds und P. Milner, »Positive reinforcement produced by electrical stimulation of septal area and other regions of rat brain«, in: *Journal of Comparative Physiological Psychology,* 47, 1954, S. 419-427.
10 Omega-Perilla gibt es mittlerweile auch unter dem Markennamen Tuim in der Apotheke. Das Präparat ist rein pflanzlich. Omega-3-Fettsäuren aus der Perilla-Pflanze haben gegenüber den Omega-3-Fettsäuren tierischen Ursprungs den Vorteil, dass sie vom Körper einfacher aufgenommen werden.
11 William A. Calvin und George A. Ojeman, *Einsicht ins Gehirn* (Originaltitel: *Conversation with Neil's Brain),* München 2000, S. 84 und S. 177.
12 Antonio R. Damasio, *Descartes' Irrtum,* München 1997, S. 237.

Lachen – die beste Medizin

1 R. A. Martin, »Humor, laughter, and physical health: methodological issues and research findings«, in: *Psychological Bulletin,* 127, 2001, S. 504-519.
2 D. F. Cechetto und C. B. Saper, »Role of the cerebral cortex in autono-

mic function«, in: A. D. Loewy und K. M. Spyer (Hg.), *Central Regulation of Autonomic Functions,* New York 1990, S. 208-223; ferner: W. R. Lovallo, *Stress and Health. Biological and Psychological Interactions.* Thousand Oaks 1997; E. A. Mayer, »The neurobiology of stress and gastrointestinal disease«, in: Gut, 47, 2000, S. 861-869.

3 S. Folkman und J. T. Moskowitz, »Positive affect and the other side of coping«, in: *American Psychologist,* 55, 2000, 647-654.

4 R. J. Davidson, »Emotion and affective style: hemispheric substrates«, in: *Psychological Science,* 3, 1992, S. 39-43, ferner: R. J. Davidson, »Affective style and affective disorders: perspectives from affective neuroscience«, in: *Cognition and Emotion,* 12, 1992, S. 307-330, I. Papousek und G. Schulter, »Covariations of EEG asymmetries and emotional states indicate that activity at frontopolar locations is particularly affected by state factors«, in: *Psychophysiology,* 39 2002, S. 350-360; B. Wild, F. A. Rodden, W. Grodd und W. Ruch, »Neural correlates of laughter and humour«, in: *Brain,* 126, 2003, S. 2121-2138.

5 I. Papousek und G. Schulter, »Associations between EEG asymmetries and electrodermal lability in low versus high depressive and anxious normal individuals«, in: *International Journal of Psychophysiology,* 41, 2001, S. 105-117, ferner: W. Wittling, »Brain asymmetry in the control of autonomic-physiological activity«, in: R. J. Davidson und K. Hugdahl (Hg.), *Brain Asymmetry,* Cambridge (Mass.) 1995, S. 305-358.

6 R. Cogan, D. Cogan, W. Waltz und M. McCue, »Effects of laughter and relaxation on discomfort thresholds«, in: *Journal of Behavioral Medicine,* 10, 1987, S. 139-144; D. L. Mahony, W. J. Burroughs und A. C. Hieatt, »The effects of laughter on discomfort thresholds: does expectation become reality«, in: *Journal of General Psychology,* 128, 2001, S. 217-226; M. Weisenberg, I. Tepper und J. Schwarzwald, »Humor as a cognitive technique for increasing pain tolerance«, in: *Pain,* 63, 1995, S. 207-212; M. Weisenberg, T. Raz und T. Hener, »The influence of film-induced mood on pain perception«, in: *Pain,* 76, 1998, S. 365-375; D. Zillmann, S. Rockwell, K. Schweitzer und S. S. Sundar, »Does humor facilitate coping with physical discomfort?«, in: *Motivation and Emotion,* 17, 1993, S. 1-21; K. Zweyer, B. Velker und W. Ruch, »Do cheerfulness, exhilaration, and humor production moderate pain tolerance. A FACS study«, in: R. A. Martin (Hg.), *Sense of Humor and Health (special issue). Humor: International Journal of Humor Research.*

7 A. Nakajima, H. Hirai und S. Yoshino, »Reassesment of mirthful laughter in rheumatoid arthritis«, in: *Journal of Rheumatology,* 26, 1999, S. 512-513; Fujimori Yoshino und Kohda , »Effects of mirthful laughter

on neuroendocrine and immune systems in patients with rheumatoid arthritis«, in: *Journal of Rheumatology,* 23, 1996, S. 793-794.

8 M. Weisenberg, T. Raz und T. Hener, »The influence of film-induced mood on pain perception«, in: *Pain,* 76, 1998, S. 365-375.

9 H. L. Fields, »Pain modulation: expectation, opioid analgesia and virtual pain«, in: E. A. Mayer und C. B. Saper (Hg.), *Progress in Brain Research,* Bd. 122, Amsterdam 2000, S. 245-253.

10 L. S. Berk, S. A. Tan, W. F. Fry, B. J. Napier, J. W. Lee, R. W. Hubbard u. a., »Neuroendocrine and stress hormone changes during mirthful laughter«, in: *American Journal of the Medical Sciences,* 298, 1989, S. 390-396; J. Itami, M. Norbori und H. Teshima, »Laughter and immunity«, in: *Japanese Journal of Psychosomatic Medicine,* 34, 1994, S. 565-571.

11 L. Jasmin, S. D. Rabkin, A. Granato, A. Boudah und P. T. Ohara, »Analgesia and hyperalgesia from GABA-mediated modulation of the cerebral cortex«, in: *Nature,* 424, 2003, S. 316-320.

12 D. C. Zelman, E. W. Howland, S. N. Nichols und C. S. Cleeland, »The effects of induced mood on laboratory pain«, in: *Pain,* 46, 1991, S. 105-111; S. A. Janssen, »Negative affect and sensitization to pain«, in: *Scandinavian Journal of Psychology,* 43, 2002, S. 131-137; F. J. Keefe, S. J. Smith, A. L. H. Buffington, J. Gibson, J. L. Studts und D. S. Caldwell, »Recent advances and future directions in the biopsychosocial assessment and treatment of arthritis«, in: *Journal of Consulting and Clinical Psychology,* 70, 2002, S. 640-655.

13 D. Miron, G. H. Duncan und M. C. Bushnell, »Effects of attention on the intensity and unpleasantness of thermal pain«, in: *Pain,* 39, 1989, S. 345-352; C. Villemure und M. C. Bushnell, »Cognitive modulation of pain: how do attention and emotion influence pain processing«, in: *Pain,* 95, 2002, S. 195-199.

14 W. L. Ventis, G. Higbee und S. A. Murdock, »Using humor in systematic desensitization to reduce fear«, in: *Journal of General Psychology,* 128, 2001, S. 241-253.

15 D. L. Mahony, W. J. Burroughs und A. C. Hieatt, »The effects of laughter on discomfort thresholds: does expectation become reality«, in: *Journal of General Psychology,* 128, 2001, S. 217-226.

16 W. Jänig und H. J. Häbler, »Specificity in the organization of the autonomic nervous system: a basis for precise neural regulation of homeostatic and protective body functions«, in: E. A. Mayer und C. B. Saper (Hg.), *Progress in Brain Research,* Bd. 122, Amsterdam 2000, S. 351-367.

17 B. S. McEwen, »Protective and damaging effects of stress mediators«,

in: *New England Journal of Medicine,* 338, 1998, S. 171-179; B. S. McEwen und E. Stellar, »Stress and the individual: mechanisms leading to disease«, in: *Archives of Internal Medicine,* 153, 1993, S. 2093-2101; P. Sterling und J. Eyer, »Allostasis: a new paradigm to explain arousal pathology«, in S. Fisher und J. Reason (Hg.), *Handbook of Life Stress, Cognition and Health,* New York 1998, S. 629-649.

18 W. Jänig und H. J. Häbler, »Specificity in the organization of the autonomic nervous system: a basis for precise neural regulation of homeostatic and protective body functions«, in: E. A. Mayer und C. B. Saper (Hg.), *Progress in Brain Research,* Bd. 122, Amsterdam 2000, S. 351-367.

19 G. Galloway und A. Cropley, »Benefits of humor for mental health: empirical findings and directions for further research«, in: *Humor,* 12, 1999, S. 301-314.

20 R. S. Lazarus und S. Folkman, *Stress, appraisal, and coping,* New York 1984.

21 M. Hubert, M. Moller und R. de Jong-Meyer, »Film-induced amusement changes in saliva cortisol levels«, in: *Psychoneuroendocrinology,* 18, 1993, S. 265-272; L. Levi, »The urinary output of adrenalin and noradrenalin during pleasant and unpleasant emotional states: a preliminary report«, in: *Psychosomatic Medicine,* 27, 1965, S. 80-85.

22 A. D. Loewy und K. M. Spyer, *Central Regulation of Autonomic Functions,* New York 1990.

23 G. Galloway und A. Cropley, »Benefits of humor for mental health: empirical findings and directions for further research«, in: *Humor,* 12, 1999, S. 301-314; S. Folkman und J. T. Moskowitz, »Positive affect and the other side of coping«, in: *American Psychologist,* 55, 2000, S. 647-654.

24 J. C. Barefoot, W. G. Dahlstrom und R. B. Williams, »Hostility, CHD incidence, and total mortality: a 25 year follow up study of 255 physicians«, in: *Psychosomatic Medicine,* 45, 1983, S. 59-63; W. J. Kop, »Chronic and acute psychological risk factors for clinical manifestations of coronary artery disease«, in: *Psychosomatic Medicine,* 61, 1999, S. 476-487.

25 D. L. Felten, »Neural influence on immune responses: underlying suppositions and basic principles of neural-immune signaling«, in: *Progress in Brain Research,* 12, 2000, S. 381-389.

26 S. Cohen und T. B. Herbert, »Health psychology: psychological factors and physical disease from the perspective of human psychoneuroimmunology«, in: *Annual Review of Psychology,* 47, 1996, S. 113-142; R. H.

Bonneau, »Experimental approaches to identify mechanisms of stress-induced modulation of immunity to herpes simplex virus infection«, in: R. Glaser und J. K. Kiecolt-Glaser (Hg.), *Handbook of Human Stress and Immunity,* San Diego 1994, S. 125-160.

27 L. S. Berk, D. L. Felten, S. A. Tan, B. B. Bittman und J. Westengard, »Modulation of neuroimmune parameters during the eustress of humor-associated mirthful laughter«, in: *Alternative Therapies in Health and Medicine,* 7, 2001, S. 62-76; D. C. McClelland und A. D. Cheriff, »The immunoenhancing effects of humor on secretory IgA and resistance to respiratory infections«, in: *Psychology and Health,* 2, 1997, S. 329-344.

28 G. Kreutz, S. Bongard, S. Rohrmann, V. Hodapp, D. Grebe und H. G. Bastian, »Effects of choir singing or listening on secretory immunoglobulin A, cortisol and emotional state«, in: *Journal of Behavioral Medicine,* im Druck.

Die Lach-AG

1 G. Bettenhausen, »Understanding Prosocial Behavior«, in: *Journal of Applied Psychology,* 75, 1990, S. 698-709.

2 D. Goleman, R. Boyatzis und A. McKee, *Emotionale Führung,* München 2002.

3 S. Barsade und D. Gibson, »Group Emotion: A View from the Top and Bottom«, in: D. Gruenfeld u. a. (Hg.), *Reserach on Managing Groups and Teams,* Greenwick 1998.

4 R. W. Clouse und K. L. Spurgeon, »Corporate Analysis of Humor«, in: *Psychology: A Journal of Human Behavior,* 32, 1995, S. 1-24.

5 C. A. Lavis und R. C. Sinclair, *Are happy workers better workers? Examining the effects of mood on productivity. Proceedings & Abstracts of the Annual Meeting of the Midwestern Psychological Association,* 1995.

Exkurs über Verantwortung

1 Suzuki, Daisetz Teitaro, *Zen und die Kultur Japans,* Berlin 1993.

2 Wirtschaftswoche Ausg. 36/29. 8. 2002, S. 70.

3 Hans-Peter Dürr aus dem Vortrag »Wirken als Einheit – Ausprägung in Zweiheit und Vielfalt, gehalten auf der Konferenz »Unity in Duality« (10-13.10.2002) in München. Auszugsweise in: *Natur & Heilen* 3/2004, S.35 ff.

4 Richard P. Nielsen, »Arendt's Action Philosphy and the Manager as Eichmann, Richard III, Faust, or Institution Citizen«, *California Management Review* 83/84.

5 Siehe dazu: Peter Ulrich, »Integrative Wirtschaftsethik. Grundlagen einer lebensdienlichen Ökonomie«, 1997, S. 142 ff.

6 Der Gedanke des »gedanklichen Rollentauschs«stammt von Adam Smith, ausgeführt in: *Theorie der ethischen Gefühle.* Hrsg. von W. Eckstein. Hamburg 1985.
7 Mark Pastin, *The hard Problems of Management,* Chicago 1985.
8 Wir beziehen uns auf Kants Darlegung einer »Kultur der Vernunft« in: Immanuel Kant, *Kritik der reinen Vernunft,* Werkausgabe Bd. IV. Hrsg. von W. Weischedl. 5. Aufl. Frankfurt 1981.
9 Der Terminus beruht auf dem Titel eines diesbezüglichen Essays von Hans Küng: »Projekt Weltethos«, Serie Piper, München 1992

Lach mich an – mach mich an

1 Anders als optische, akustische und haptische Sinnesreize (also »sieht gut aus«, »hat eine angenehme Stimme«, »fühlt sich gut an«), die zuerst das Seh- bzw. Hörzentrum erreichen, werden Geruchsempfindungen direkt ans limbische System geleitet. Geruch wirkt also am unmittelbarsten auf unsere Emotion gegenüber einem anderen Menschen. Wenn uns der andere optisch nicht gefällt, gehen wir deshalb nicht gleich auf Distanz zu ihm. Wenn wir aber seinen Geruch als unangenehm empfinden, versuchen wir, möglichst schnell aus seinem »Dunstkreis« zu verschwinden.
2 A. H. Eagly, R. D. Ashmore, M. G. Makhijani, und L. C. Longo, »What is Beautiful is Good But ... A Meta Analytic Review of Research on the Physical Attractiveness Stereo-Type«, in: *Psychological Bulletin,* 110, 1991, S. 109-128.
3 D. Hammersmith und J. E. Biddle, »Beauty and the Labor Market«, in: *American Economic Review,* 84, 1994, S. 1174-1194.
4 B. P. Allan, *Warum Männer lügen und Frauen immer Schuhe kaufen,* München 2002, S. 133 ff.
5 S. Patil, *Me and my Baby – A Study on prenatal Life,* Dehli 1999.
6 L. A. Harker und D. Keltner, »Expression of positive emotions in women's college yearbooks, pictures and their relationship to personality and life outcomes across adulthood«, in: *Journal of Personality and Social Psychology,* 1, 2001, Bd. 80, S. 112-124.
7 Roland Kachler, *Warum Lachen die beste Therapie für Paare ist,* Stuttgart 2001, S. 45.

Leben nach dem Lachprinzip

1 Swami Vishnu-Devananda, *Das große illustrierte Yoga-Buch,* Braunschweig 1992, S. 47.

Register